Giovani Glaucio de Oliveira Costa

Estatística Aplicada à Informática e às suas Novas Tecnologias
Volume 2

Giovani Glaucio de Oliveira Costa

Estatística Aplicada à Informática e às suas Novas Tecnologias

Volume 2

Estatística Aplicada à Informática e às suas Novas Tecnologias – Volume 2
Copyright© Editora Ciência Moderna Ltda., 2015

Todos os direitos para a língua portuguesa reservados pela EDITORA CIÊNCIA MODERNA LTDA.

De acordo com a Lei 9.610, de 19/2/1998, nenhuma parte deste livro poderá ser reproduzida, transmitida e gravada, por qualquer meio eletrônico, mecânico, por fotocópia e outros, sem a prévia autorização, por escrito, da Editora.

Editor: Paulo André P. Marques
Produção Editorial: Aline Vieira Marques
Capa: Daniel Jara
Diagramação: Daniel Jara
Copidesque: Laura Santos Souza
Assistente Editorial: Dilene Sandes Pessanha

Várias **Marcas Registradas** aparecem no decorrer deste livro. Mais do que simplesmente listar esses nomes e informar quem possui seus direitos de exploração, ou ainda imprimir os logotipos das mesmas, o editor declara estar utilizando tais nomes apenas para fins editoriais, em benefício exclusivo do dono da Marca Registrada, sem intenção de infringir as regras de sua utilização. Qualquer semelhança em nomes próprios e acontecimentos será mera coincidência.

FICHA CATALOGRÁFICA

COSTA, Giovani Glaucio de Oliveira.
Estatística Aplicada à Informática e às suas Novas Tecnologias – Volume 2

Rio de Janeiro: Editora Ciência Moderna Ltda., 2015.

1. Estatística Matemática 2. Ciência da Computação
I — Título

ISBN: 978-85-399-0629-1

CDD 519.5
004

Editora Ciência Moderna Ltda.
R. Alice Figueiredo, 46 – Riachuelo
Rio de Janeiro, RJ – Brasil   CEP: 20.950-150
Tel: (21) 2201-6662/ Fax: (21) 2201-6896
E-MAIL: LCM@LCM.COM.BR
WWW.LCM.COM.BR

À minha mãezinha querida, Oneida Barreto de Campos Costa; aos meus irmãos, amigos e companheiros André Luiz de Oliveira Costa e Andréa Viviane de Oliveira Costa; à minha afilhadinha e sobrinha amada, Juliana Paula Costa Lima, e à Editora Ciência Moderna, pela confiança que depositou em meu trabalho.

Prefácio

O professor Giovani Glaucio de Oliveira Costa é um militante na divulgação da estatística no país. A par de sua atuação docente ele tem uma produção bibliográfica que visa ampliar o acesso do público aos métodos estatísticos necessários a uma série de atividades profissionais. O conhecimento da estatística é cada vez mais demandado nos cursos superiores das mais diferentes áreas e apresentar esses conhecimentos de uma forma clara e acessível é um desafio que o autor enfrenta de forma admirável.

O livro 'Curso de Estatística Aplicada à Informática e às suas Novas Tecnologias' tem o mérito de aproximar a estatística do público usuário das novas tecnologias de informação, utilizando uma linguagem acessível e exemplos antenados com o cotidiano do mundo virtual. Mais uma vez, Giovani Glaucio presta um serviço inestimável a todos os que necessitam utilizar métodos estatísticos em sua rotina profissional ou acadêmica, mas não possuem formação na área. Voltada especificamente para o uso no campo da informática, esta obra cumpre o papel de instrumentalizar os leitores para o uso dos métodos estatísticos, aproximando-os da linguagem e das técnicas usuais nessa área do conhecimento.

Com certeza esta obra vem preencher uma lacuna importante e muito tem a contribuir com estudantes, professores e profissionais que atuam no campo da informática. Aproveitem a leitura!

José Airton Chaves Cavalcante Junior
Doutor em Ciência, Tecnologia e Inovação
Professor de Redes do Departamento de Tecnologias e Linguagens do Instituto
Multidisciplinar da Universidade Federal Rural do Rio de Janeiro

Apresentação

"Informática" é o termo usado para se descrever o conjunto das ciências da informação, estando incluídos neste grupo a ciência da computação, a teoria da informação, o processo de cálculo, a análise numérica e os métodos teóricos da representação dos conhecimentos e de modelagem dos problemas.

Essa expressão tem sido usada no Brasil para se referir especificamente ao processo de tratamento da informação por meio de máquinas eletrônicas definidas como computadores.

A estatística na atualidade tem contribuído de forma significativa para o processo de tomada de decisão, pois grande parte do que se faz é baseado em métodos quantitativos, sendo a estatística uma dessas áreas. Na era da informação e do conhecimento, essa utiliza a matemática para dar apoio aos profissionais da iniciativa privada, do governo e pesquisadores. O grande volume de informações produzido pelo mundo moderno precisa ser analisado de forma consistente e fidedigna. Esse suporte ocorre por meio da estatística. Onde houver incerteza, essa ferramenta pode ser usada. Assim, todas as áreas do conhecimento humano a requerem como técnica de análise de dados.

A estatística é, então, a ciência que procura evidências do comportamento de variáveis associadas a populações ou universos. Trata de procurar regularidades em massas de informações, muito comuns em áreas da informática.

É comum, na informática, encontrarmos populações em que podemos associar variáveis ou características que apresentam variações e seria muito interessante, senão relevante social e cientificamente, conhecer o comportamento destas variações. Por exemplo, de um conjunto de impressoras, poderemos observar altura, largura, profundidade e velocidade de impressão em preto. Poderemos também obter informações do tempo de vida de computadores digitais; do tempo de realização de uma tarefa por programas computacionais; da evolução do número de amigos de perfis de usuários do Orkut e do perfil de usuários do Facebook; do desempenho de programas computacionais na execução de tarefas, através de métricas formais, da quantidade de memória RAM em função do tempo de resposta de sistemas computacionais; das "vulnerabilidades" de segurança de sistemas computacionais; estudo de impactos da informática na produtividade de empresas e países; entender as práticas e o contexto de trabalho em uma organização, um grupo ou em comunidades, como subsídio para especificar sistemas de informação para esta organização, grupo ou comunidade; da simulação de situações reais através de sistemas computacionais, com o uso de conhecimentos estocásticos. Nos casos em que a simples criação de um programa/sistema novo não é suficiente como pesquisa, é necessário encontrar algum "conhecimento" sobre o programa/sistema obtido de forma mais metodológica. Dito de outra forma, é preciso avaliar o programa/sistema.

Portanto, a estatística pode ser aplicada à informática em muitas situações do mundo real, com vistas a se conhecer o comportamento da variabilidade de características de populações alvos em sistemas de informação, em ciência da computação e em engenharia da computação.

O livro que apresento tem o objetivo de disponibilizar em uma linguagem simples, objetiva e básica as aplicações da estatística na área da informática e suas novas tecnologias, com um texto didático e muitos exemplos práticos, incluindo o fascinante mundo da internet e suas redes sociais. As teorias e os conceitos são apresentados de forma sucinta, sem muitos formalismos ou demonstrações matemáticas, procurando focar nas aplicações na área, na realização de exercícios e na interpretação dos resultados, visando as tomadas de decisão.

A obra está estruturada em três partes principais: estatística descritiva, probabilidades e inferência estatística-correlação linear-regressão linear simples. Estas três partes estão divididas em dois volumes.

O volume 1 contempla a estatística descritiva, no qual o conceito de estatística, variáveis, amostragem, fases do método estatístico, séries estatísticas, números relativos, gráficos, medidas de tendência central, de posição, de dispersão, assimetria e curtose são abordados. O objetivo desta abordagem é fornecer técnicas para que o leitor possa reduzir e representar suas populações e dados estatísticos, com informações suficientes sobre as distribuições de frequências.

O volume 2 versa sobre a teoria de probabilidades, noções de inferência estatística, correlação linear e regressão linear simples. A teoria das probabilidades é desenvolvida com seus conceitos básicos, axiomas, teoremas, probabilidade condicionada, teorema de Bayes, variáveis aleatórias discretas, contínuas, as principais distribuições de probabilidades de variáveis aleatórias discretas e contínuas e simulação estocástica. Em noções de inferência estatística, é abordado estimação, com inclusão das técnicas de intervalos de confiança, e testes de significância de estimativas. Com a correlação linear e correlação linear simples, introduzi os conceitos de análise estatística de mais de uma variável simultaneamente, focando na análise da correlação e da modelagem funcional de variáveis quantitativas contínua em espaços bidimensionais. A conclusão desta abordagem embasará o leitor para modelagem de situações de incertezas, nomeadamente a inferência estatística, com técnicas de intervalo de confiança, testes de significância, correlação linear e regressão linear simples, o que permitirá ao analista e leitor sair do terreno puramente descritivo, ao efetuar suas pesquisas quantitativas.

No final do volume 1 , apresento anexos com textos auxiliares e as tabelas estatísticas pertinentes ao curso e que serão utilizados também no volume 2.

O livro pode ser usado em cursos de graduação em sistema de informação, ciência da computação e engenharia da computação, bem em cursos de graduação de matemática, estatística, engenharias e economia. Na pós-graduação, como mestrado e doutorado, pode ser livro texto em disciplinas de matemática aplicada ou estatística aplicada da formação de pesquisadores na área de informática.

Aproveito a oportunidade para manifestar meus sinceros agradecimentos ao Professor José Airton Chaves Cavalcante Júnior, Doutor em Ciência, Tecnologia e Inovação e docente da Universidade Federal Rural do Rio de Janeiro, pelas preciosas revisões do texto da obra referente ao uso correto dos conceitos e termos da informática nas aplicações da estatística.

Muito embora a revisão de um livro seja feita por muitas pessoas, alguns erros podem passar despercebidos, assim não se furtem em apontar erros e as avaliações críticas e sugestões dos leitores são muito bem vindas para o refino desta obra.

Será muito gratificante para mim se meu livro tiver sido de alguma forma útil para o leitor, nem que tenha sido em somente um parágrafo e/ou uma página. Entretanto, espero de verdade que ele seja relevante em todo o seu conteúdo. Obrigado a todos e boa leitura.

O Autor
giovaniglaucio@ufrrj.br
giovaniglaucio@hotmail.com

Sumário

Capítulo 1
Noções de Probabilidades – Conceitos Básicos 1
Probabilidades 1
Espaço amostral (S) 2
Evento (E) 3
Conceito de Probabilidades em Função da Noção de Eventos 4
Definição Frequêncial (Intuitiva) de Probabilidades – *"A Posteriori"* ...5
Tipos e Associações de Eventos 6
Definição Matemática de Probabilidades – *"A Priori"* 9
Tipos e Associações de Eventos 10
Axiomas do Cálculo das Probabilidades 13
Regra do Produto para Eventos Independentes 16
Atividades Propostas 20

Capítulo 2
Noções de Probabilidades – Probabilidade Condicionada 29
Probabilidade Condicionada 29
Atividades Propostas 39

Capítulo 3
Noções de Probabilidades – Teorema de Bayes 49
Histórico 49
Teorema da Probabilidade Total 49
Teorema de Bayes 50
Significado da Expressão do Teorema de Bayes 50
Atividades Propostas 56

XIV • Estatística Aplicada à Informática e às suas novas Tecnologias

Capítulo 4
Variáveis Aleatórias Discretas............................ 79
Variável Aleatória 79
Modelos Estocásticas 80
Variáveis Aleatórias Discretas 81
Distribuição de Probabilidades...82
Função Repartição de Probabilidades.....................................85
Propriedades da Função Repartição de Probabilidades 86
Esperança Matemática 93
Conceitos Práticos do Parâmetro Esperança Matemática 93
Propriedades da Esperança Matemática 101
Propriedades da Variância...103
Atividades Propostas 108

Capítulo 5
Variáveis Aleatórias Contínuas 119
Variáveis Aleatórias Contínuas.. 119
Cálculo de Probabilidades Envolvendo Variáveis Aleatórias
Contínuas...120
Distribuição de Probabilidades (Função Densidade de
Probabilidades) 121
Função Repartição de Probabilidades...................................122
Esperança Matemática: 122
Variância 122
Atividades Propostas 124

Capítulo 6
Distribuição Binomial 131
Modelagem de Variáveis Aleatórias 131
Distribuição de **Bernoulli** 131
Parâmetros Características da **Bernoulli** 133
Distribuição Binomial 133
Probabilidade Binomial 134
Parâmetros Característicos da Binomial 136
Atividades Propostas 141

Sumário • **XV**

Capítulo 7
Distribuição de Poisson.................................... 153
Variável Aleatória de *Poisson* 153
Suposições Básicas da Distribuição de *Poisson*............................153
Condições para Construção do Modelo de *Poisson*.....................154
Lei dos Fenômenos Raros...154
Formulação do Modelo de *Poisson* 155
Parâmetros Característicos da Distribuição de *Poisson* 155
Processo de *Poisson* – Processo de Contagem............................157
Propriedades dos Processos de Contagem....................................158
Atividades Propostas 159

Capítulo 8
Distribuição Uniforme....................................... 165
Variável Aleatória Uniforme 165
Parâmetros Característicos da Distribuição Uniforme: 166
Atividades Propostas 170

Capítulo 9
Distribuição Exponencial 177
Variável Aleatória Exponencial...177
Visualização da Relação Poisson e Exponencial 178
Função Densidade de Probabilidade da Distribuição Exponencial 179
Função Repartição de Probabilidades da Distribuição
Exponencial...179
Parâmetros Característicos da Exponencial 179
Propriedade da Distribuição Exponencial de Falta de Memória ...180
Atividades Propostas 184

Capítulo 10
Distribuição Normal 191
Distribuição Normal – Definição 191
Função Densidade de Probabilidades da Distribuição Normal.....192
Parâmetros Característicos da Distribuição Normal 192
Aplicações da Distribuição Normal...192
Geometria da Distribuição Normal..193

XVI • Estatística Aplicada à Informática e às suas novas Tecnologias

Propriedades da Distribuição Normal 193
Passos de Cálculo de Probabilidades sob a Distribuição Normal ..195
Atividades Propostas 200

Capítulo 11
Simulação Estocástica... 217
Simulação 217
Simulação Estocástica 217
Métodos de Geração de Números Aleatórios.............................219
Números Pseudo-aleatórios...219
Método Congruencial Linear ou de Congruência Mista 220
Gerar Sequências que Tenham Distribuição Uniforme:..............223
Gerar Sequências que Tenham Distribuição de Bernoulli...........227
Gerar Sequências que Tenham Distribuição Binomial................229
Gerar Sequências que Tenham Distribuição *Poisson* 230
Gerar Sequências que Tenham Distribuição Exponencial...........234
Gerar Sequências que tenham Distribuição Normal Padrão 236
Simulação de Sistemas para Certas Situações Reais 238
Métricas de Desempenho de Computadores..............................248
Atividades Propostas 254

Capítulo 12
Noções de Inferência Estatística 289
Estatística Inferencial 289
Divisão da Inferência Estatística:...290
Estimação 290
Estimador 290
Estimativa 291
Tipos de Estimação 291
Estimação Pontual...292
Estimação por Intervalo 292
Distribuição t-Student 292
Teorema Central do Limite 296
Intervalos de Confiança 301
Características dos Intervalos de Confiança.................................301
Confiança e Nível de Significância...302

Intervalo de Confiança para a Média μ quando σ é conhecido......302

Intervalo de Confiança para a Média μ, Quando σ é Desconhecido, mas o Tamanho da Amostra é Grande, $n \geq 30$......306

Intervalo de Confiança para a Média μ, Quando σ é Desconhecido, mas o Tamanho da Amostra é Pequeno, $n < 30$ 307

Intervalo de Confiança para a Proporção π.................................308

Intervalo de Confiança para Diferença de Médias Quando as Variâncias Populacionais são Conhecidas....................................309

Intervalo de Confiança para Diferença de Médias Quando as Variâncias Populacionais são Desconhecidas, mas Supostamente Iguais..311

Intervalo de Confiança para Diferença de Médias Quando as Variâncias Populacionais são Desconhecidas, mas Supostamente Desiguais..313

Intervalo de Confiança para a Diferença de Proporções...............316

Testes de Significância..318

Problema de Teste de Significância...318

Formas de Apresentar as Hipóteses...319

Decisões Possíveis de um Teste de Significância............................320

Tipos de Testes de Significância..320

Técnicas de se Realizar Testes de Significância.............................321

Conceito de Valor-p..321

Cálculo do Valor-p...322

Estimativa Significante...323

Nível de Significância..323

Exemplo 1..323

Teste de Significância Utilizando o Intervalo de Confiança..........324

Teste de Significância para Média da Amostra, Quando a Variância Populacional é Conhecida...325

Teste de Significância para Média da Amostra, Quando a Variância Populacional é Desconhecida e o Tamanho da Amostra Não é Suficientemente Grande..................................329

Teste de Significância para a Proporção da Amostra.....................331

Teste de Significância para a Diferença de Médias das Amostras Quando as Variâncias Populacionais são Conhecidas....334

Teste de Significância para a Diferença de Médias das

XVIII • Estatística Aplicada à Informática e às suas novas Tecnologias

Amostras Quando as Variâncias Populacionais são
Desconhecidas, mas Supostamente Iguais 336
Teste de Significância para a Diferença de Médias das
Amostras Quando as Variâncias Populacionais são
Desconhecidas, mas Supostamente Desiguais 338
Teste de Significância para a Diferença de Proporções das
Amostras 342
Erros do Tipo I, Tipo II e Potência do Teste 344
Atividades Propostas 344

Capítulo 13
Correlação Linear 393
Conceito de Correlação 393
Correlação Linear 393
Coeficiente de Correlação Linear de *Pearson (r)* 393
Expressão do Coeficiente de Correlação de *Pearson (r)* 394
Intervalo de Variação de r 394
Diagramas de Dispersão de X e Y com Casos Possíveis de r: 396
Atividades Propostas 411

Capítulo 14
Regressão Linear Simples 423
Conceito de Regressão Linear 423
Conceito de Regressão Linear Simples 423
Finalidades da Análise de Regressão Linear Simples 423
Variável Independente (X) 424
Variável Dependente (Y) 424
Equação de Regressão Linear Simples 424
Coeficiente de Regressão (β) 425
Fases da Regressão Linear Simples 426
Estimação dos Parâmetros do Modelo de Regressão Linear
Simples 426
Coeficiente de Explicação ou de Determinação (R^2) 438
Distribuição F–*Snedecor* 441
Análise da Variância 443
Modelo de Classificação Única 443

Teste de Comparação Múltipla 450
Diferença Mínima Significante (d.m.s).......................................450
Teste de Tukey...451
Testes de Significância da Existência de Regressão Linear Simples
ou Teste da Significância do Coeficiente de Explicação (R^2)........452
Validação das Pressuposições Básicas 459
Análise dos Resíduos..460
Ausência de Pontos Discrepantes (**Outlier**) 463
Independência ou Não Autocorrelação Residual 464
Variância Constante (Homocedasticidade) 465
Normalidade 466
Importância da Análise dos Resíduos 468
Atividades Propostas 469

Bibliografia **499**
Anexos **503**

Capítulo 1

Noções de Probabilidades
Conceitos Básicos

Probabilidades

É o campo do conhecimento que estuda os fenômenos ou experimentos aleatórios.

Experimentos Aleatórios

São aqueles cujos resultados nem sempre são os mesmos, apresentam variações, são imprevisíveis, mesmo quando repetidos indefinidamente em condições uniformes.

Exemplos:

- O lançamento de um dado é um experimento aleatório, pois os resultados variam de forma imprevisível;
- O lançamento de uma moeda é um experimento aleatório, pois os resultados se comportam de forma aleatória.

Ao observar o comportamento das variáveis abaixo, temos contextos de incertezas, pois não sabemos previamente qual o valor exato dos resultados antes da realização dos mesmos:

- Número de erros emitidos por um programa em uma linguagem computacional na realização de uma tarefa;
- Tempo que um programa demora para realizar uma tarefa;
- Tempo que sistemas bancários ficam fora do ar inesperadamente;

- Número de computadores vítimas de invasão de *hackers* em uma cidade;
- Número de computadores com defeitos produzidos por uma indústria;
- Tempo que um analista demora para finalizar um programa computacional;
- Tempo que um banco de dados demora para finalizar uma pesquisa relacional;
- Número de problemas que os computadores domésticos apresentam ao longo de sua vida útil;
- Extensão em metros do formulário contínuo produzido pela saída de um programa computacional;
- Peso de CPUs de computadores de uma empresa;
- Altura de CPUs de computadores de uma empresa.

Espaço amostral (S)

Podemos notar que, nos exemplos acima, quando temos um fenômeno aleatório não podemos prever com certeza qual será o seu resultado, contudo podemos descrever, em muitas situações, os possíveis resultados desse experimento.

Espaço amostral é o conjunto de todos os resultados possíveis de um experimento aleatório.

Exemplos:

Seja a experiência que consiste no lançamento de uma moeda, o espaço amostral associado é:

{Cara, Coroa}

Seja a experiência que consiste no lançamento de um dado, o espaço amostral associado é:

{1, 2, 3, 4, 5, 6}

Seja a experiência aleatória que consiste em selecionar um computador de um conjunto de cinco de um setor de uma empresa e verificar se tem instalado um programa antivírus, o espaço amostral associado pode ser:

$$\{Sim, Sim, Não, Não, Sim \}$$

Seja a experiência aleatória que consiste em colher a opinião de programadores sobre qual algoritmo é mais eficiente para um determinado programa, o espaço amostral associado é:

$$\{Algoritmo A, Algoritmo B\}$$

Seja a experiência aleatória que consiste em observar o número de *chips* de um celular, o espaço amostral associado pode ser:

$$\{1, 2, 3, 4\}$$

Evento (E)

É todo subconjunto finito de um espaço amostral. É um resultado ou um conjunto de resultados de interesse em uma experiência aleatória.

Exemplos:

Seja a experiência aleatória que consiste em selecionar um computador de um conjunto de cinco em um setor de uma empresa e verificar se um programa antivírus está instalado. Podemos ter os seguintes eventos de interesse:

$$E_1 = \{Sim, Sim, Sim\}$$
$$E_2 = \{Não, Não\}$$

Seja a experiência aleatória que consiste em colher a opinião de programadores sobre qual algoritmo é mais eficiente para um determinado programa. Podemos ter os seguintes eventos de interesse:

$$E_1=\{\text{Algoritmo A}\}$$
$$E_2=\{\text{ Algoritmo B}\}$$

Seja a experiência aleatória de observar em cada um dos quatro anos da gestão de um presidente o número de "apagões" e queda do sistema de energia elétrica que enfrentou. Podemos ter o seguinte evento de interesse:

$$E=\{1,1,2,3\}$$

Seja a experiência aleatória que consiste em selecionar um *smartphone* e observar o número de *chips* deste. Podemos ter os seguintes eventos de interesse:

$$E_1=\ \{\ 1\ \}$$
$$E_2=\ \{1,\ 2,\}$$

Conceito de Probabilidades em Função da Noção de Eventos

É uma medida numérica, em termos relativos ou percentuais, que expressa a chance de um evento de interesse ocorrer. É a quantificação de incertezas.

Exemplos:

Seja a experiência que consiste no lançamento de uma moeda. A medida numérica que expressa a chance de ocorrer o evento cara, em um dado lançamento, é 50%;

Seja a experiência aleatória que consiste em selecionar um *smartphone* e observar o número de *chips* deste. É intuitivo que a probabilidade de ter um *chip* é 25%.

Definição Frequêncial (Intuitiva) de Probabilidades – *"A Posteriori"*

- Trata-se da probabilidade avaliada, empírica;
- Tem por objetivo estabelecer um modelo adequado à interpretação de certa classe de fenômenos observados (não todos);
- A experiência é a base para se montar o modelo ou para ajustá-lo ao ideal (teórico).

Exemplo:

Vamos supor uma experiência aleatória que consiste em observar o número de celulares com quatro *chips* de quatro amostras de celulares:

n=25		n=250		n=2500	
4	*16,0%*	80	*32,0%*	200	*8,0%*
1	*4,0%*	100	*40,0%*	230	*9,2%*
2	*8,0%*	50	*20,0%*	205	*8,2%*
9	*36,0%*	20	*8,0%*	210	*8,4%*

Para amostras de tamanho 25, pequenas, as variações das frequências percentuais são mais acentuadas, mas para amostras de tamanhos grandes (2500) as frequências percentuais pouco diferem entre si. É o que chamamos de **"Regularidade Estatística dos Resultados"**.

O valor hipotético fixo no qual tende a haver uma estabilização da frequência relativa, denomina-se probabilidade. No exemplo, seria a probabilidade de selecionarmos um celular e ele ter quatro *chips* em uma população destes aparelhos. A frequência relativa é, portanto, considerada uma medição experimental do valor da probabilidade.

Diríamos:

$$P\ (E) = \lim_{n \to \infty} \{F(E)/n]$$

Onde:

P (E) = probabilidade de ocorrer o evento E
F (E) = frequência absoluta do evento ocorrer E
n = tamanho da amostra

Do ponto de vista matemático, essa definição de probabilidade apresenta dificuldades porque um número limite real pode não existir. Assim, a formalização da definição não obedece rigorosamente a teoria matemática de limite. Isso traz como consequência dificuldades em demonstrar os teoremas de probabilidades, muito embora essa definição seja bastante intuitiva.

A denominação *"a posteriori"* resulta do fato de termos que repetir a experiência várias vezes para calcular a probabilidade.

Tipos e Associações de Eventos:

a) Evento Simples

É o evento formado por um único elemento do espaço amostral associado.

Exemplos:

- Seja a experiência que consiste no lançamento de uma moeda, podemos ter os seguintes eventos simples de interesse:

$$E_1=\{Cara\}, \quad E_2= \{Coroa\}$$

- Seja a experiência que consiste no lançamento de um dado, podemos ter os seguintes eventos simples de interesse:

$$E_1=\{1\}, E_2= \{2\} , E_3=\{3\}. E_4=\{4\} \text{ e } E_5= \{5\}$$

- Quando uma pessoa é sorteada para avaliar como ótimo, bom, regular, ruim ou péssimo um novo modelo de *iPhone*, podemos ter os seguintes eventos simples de interesse:

$E_1 = \{\text{ótimo}\}$
$E_2 = \{\text{bom}\}$

b) Eventos Compostos

- É o evento formado por dois ou mais elementos do espaço amostral S associado.

Exemplos:

- Seja a experiência que consiste no lançamento de uma moeda, podemos ter o seguinte evento composto de interesse:

$$E = \{\text{Cara, Coroa}\}$$

- Seja a experiência que consiste no lançamento de um dado, podemos ter os seguintes eventos compostos de interesse:

$$E_1 = \{1, 2\},$$
$$E_2 = \{3, 4, 5\},$$
$$E_3 = \{1, 2, 3, 4, 5, 6\}$$

- Quando uma pessoa é sorteada para avaliar como ótimo, bom, regular, ruim ou péssimo um novo modelo de *iPhone*, podemos ter os seguintes eventos compostos de interesse:

$$E_1 = \{\text{ótimo, bom}\}$$
$$E_2 = \{\text{regular, ruim, péssimo}\}$$

c) Evento Certo (C)

É aquele que sempre ocorre, em qualquer realização da experiência aleatória, coincidindo com o próprio espaço amostral. Consequentemente, a probabilidade de ocorrer o evento certo é sempre *P(C) = 1 ou P(C) = 100%*, isto é, a certeza.

8 • Estatística Aplicada à Informática e às suas novas Tecnologias

Exemplos:

- Seja a experiência que consiste no lançamento de uma moeda, o evento certo associado é:

$$C=\{Cara, Coroa\} \rightarrow P(C)=1$$

- Seja a experiência que consiste no lançamento de um dado, o evento certo associado é:

$$C=\{1, 2, 3, 4, 5, 6\} \rightarrow P(C)=1$$

- Ao lançar um novo modelo de *smartphone,* ele pode ter as seguintes configurações de *chips*:

$$S=\{1,2,3,4\}$$
$$C=\{1,2,3,4\}$$
$$P(C)=100\%$$

d) Evento Impossível (I):

É aquele que nunca ocorre, em nenhuma realização do experimento aleatório. Assim, o evento impossível é representado por I = Æ (conjunto vazio). A probabilidade de um evento impossível é sempre igual a zero, isto é, P(I)=0.

Exemplos:

- Seja a experiência que consiste no lançamento de um dado, um evento impossível associado é:

$$I = \{face > 6\} \rightarrow I = \varnothing \rightarrow P(I) =0$$

- Quando uma pessoa é sorteada para avaliar como ótimo, bom, regular, ruim ou péssimo o roteiro de determinado pacote turístico, um evento impossível associado é:

Capítulo 1 Noções de Probabilidades – Conceitos Básicos • 9

$$I=\{Outra\} \rightarrow I = \emptyset \rightarrow P(\,I) = 0$$

- Ao lançar um novo modelo de *smartphone,* ele pode ter as seguintes configurações de *chips*:

$$S=\{1,2,3,4\} \rightarrow logo \ I=\{5\} \rightarrow P(I) = 0$$

Definição Matemática de Probabilidades – *"A Priori"*

Seja uma experiência aleatória em que todos os elementos de um espaço amostral S associado a esta tenham a mesma chance de ocorrer e seja E um evento de interesse do espaço amostral S. Logo, a probabilidade de ocorrer o evento E pode ser assim definida por:

$$P(E)=\frac{n(E)}{n(S)}$$

Onde:

- n (E) é o número de elementos do evento de interesse E;
- n (S) é o número de elementos do espaço amostral S.

Exemplos:

1) Uma pessoa tem 2 *netbooks* e 1 *desktop*. Ela escolhe aleatoriamente um computador para navegar na *internet*. Qual a probabilidade de escolher um *netbook*?

E = a pessoa escolher um *netbook*

n (E) = 2
n(S) = 3, então:

$$P(E)=\frac{2}{3}=67\%$$

2) Em uma loja de departamento de informática de um *shopping* existem 150 capas para *tablets* de couro vermelho e 250 de couro preto. Selecionando uma capa aleatoriamente dentre as 400 existentes, qual a probabilidade da capa selecionada ser de couro preto?

E = capa selecionada ser de couro preto

n (E) = 250
n (S) = 400

$$P(E) = \frac{250}{400} = 62,5\%$$

3) Quando um usuário de informática é sorteado para avaliar como ótimo, bom, regular, ruim ou péssimo um determinado programa para realização de uma rotina, qual a probabilidade do usuário avaliar positivamente o referido programa?

E = a pessoa avaliar positivamente o referido programa.

E = {ótimo, bom}

n (E) = 2
n (S) = 5

Portanto:

$$P(E) = \frac{2}{5} = 40\%$$

Tipos e Associações de Eventos:

a) União de Dois Eventos

Sejam E_1 e E_2 dois eventos de um mesmo espaço amostral (S), a união deles é representada por $E_1 \cup E_2$ e é formada pelo conjunto de todos os elementos amostrais que estão somente em E_1, somente em E_2 ou em ambos. Esquematicamente, temos:

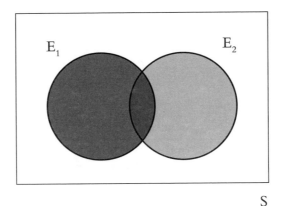

Esquema da união entre dois eventos

b) Interseção de Dois Eventos

Sejam E_1 e E_2 dois eventos de um mesmo espaço amostral (S), a interseção deles é representada por $E_1 \cap E_2$ e é formada pelo conjunto de todos os elementos amostrais que estão em E_1 e em E_2, isto é, que são comuns aos dois eventos. Esquematicamente, temos:

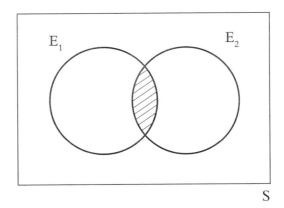

Exemplo:

Seja o experimento aleatório que consiste no lançamento de um dado. Sejam os eventos E_1 = ocorrer número par e E_2 = ocorrer número menor que três.

Pede-se:

a. Qual a união entre E_1 e E_2?
b. Qual a interseção entre E_1 e E_2?

Solução:

Primeiramente, deve-se realizar a construção dos eventos: $E_1 = \{2, 4, 6\}$ e $E_2 = \{1, 2\}$. Agora podemos realizar as operações entre os dois eventos em questão, que resultarão em:

a. A união entre E_1 e E_2 será $E_1 \cup E_2 = \{1, 2, 4, 6\}$, pois compreende os elementos que estão em E_1 ou em E_2.
b. A interseção entre E_1 e E_2 será $E_1 \cap E_2 = \{2\}$, pois compreende os elementos que estão simultaneamente em E_1 e em E_2.

c) Eventos Mutuamente Exclusivos

São aqueles que nunca podem ocorrer simultaneamente em uma mesma realização de uma experiência aleatória.

Exemplos:

- No lançamento de uma moeda, os eventos cara e coroa são mutuamente exclusivos;
- No lançamento de um dado, os eventos 1 e 4 são mutuamente exclusivos;
- No lançamento de um dado, os eventos número par e número ímpar são mutuamente exclusivos;
- Da seleção randômica de um *smartphone*, este ser um modelo de dois e quatro *chips* são mutuamente exclusivos;
- Na escolha aleatória de um computador, este ter sistema operacional *Windows* 7 e *Windows* 8, normalmente, são mutuamente exclusivos.

Capítulo 1 Noções de Probabilidades - Conceitos Básicos • **13**

Lembrando da Teoria dos Conjuntos, podemos dizer que eventos mutuamente exclusivos constituem conjuntos disjuntos, isto é, a interseção é o conjunto vazio (representado por $\varnothing$). Sejam E_1 e E_2 dois eventos de um mesmo espaço amostral (S), assim:

$$E= E_1 \cap E_2 = \varnothing.$$

Axiomas do Cálculo das Probabilidades

Pelos conceitos que acabamos de ver até agora podemos concluir que:

1. $0 \le P(E) \le 1$
2. $P(S) = 1$
3. Se E_1 e E_2 forem eventos mutuamente exclusivos, então:

Obs.: Se $E_1 \cap E_2 \ne \varnothing$, então $P(E) = P(E_1 + E_2) = P(E_1) + P(E_2) - P(E_1 \cap E_2)$.

Exemplos:

1) De uma população de *smartphones*, a probabilidade de selecionar aleatoriamente um celular de modelo de dois *chips* é de 60% e de modelo de quatro *chips* é de 10%. Qual a probabilidade, nesta seleção, do aparelho ser de pelo menos um dos dois tipos de modelo?

E= aparelho ser de pelo menos de um dos dois tipos de modelo.

Como os eventos são mutuamente exclusivos, temos:

$P(E) = 0,60 + 0,10 = \mathbf{0,70}$ ou **70%**

2) Na escolha aleatória de um computador de uma empresa, a probabilidade dele ter sistema operacional *Windows 7 Home Basic* é de 30% e *Windows 8* é de 10%. Qual a probabilidade de ter selecionado um computador com um desses sistemas operacionais?

E = computador com sistema operacional Windows 7 Home Basic Windows 8

Como os eventos são mutuamente exclusivos, a probabilidade fica:

P(E) = 0,30 + 0,10 = 0,40 ou 40%

d) Eventos Complementares:

Um evento $\overline{E}$ é complementar ao evento E se ele somente ocorrer se o evento E deixar de ocorrer. São todos os elementos do espaço amostral S, que não pertencem ao evento E.

Visualizando:

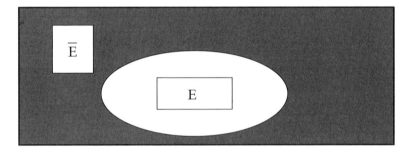

Portanto:

E + $\overline{E}$ = S
E ∩ $\overline{E}$ = 0

Assim, eventos complementares são mutuamente exclusivos.

Podemos escrever:

S = E + $\overline{E}$ → P(S) = 1

P(E + $\overline{E}$) = 1, como são eventos mutuamente exclusivos temos que

Capítulo 1 Noções de Probabilidades - Conceitos Básicos • 15

$$P(E) + P(\overline{E}) = 1 \rightarrow P(\overline{E}) = 1 - P(E)$$

Sabemos que um evento pode ocorrer ou não ocorrer. Sendo p a probabilidade de que ocorra (sucesso) e q a probabilidade de que não ocorra (insucesso).

Chamando E ocorrer o sucesso e $\overline{E}$ o insucesso, temos:

$$P(E) = p \quad e \quad P(\overline{E}) = q$$

Temos que:

$$p + q = 1 \rightarrow q = 1 - p$$

Exemplos:

1) A probabilidade de um profissional de sistema de informação detectar falha de segurança de um sistema do governo federal é de 60%. Qual a probabilidade do evento complementar?

$p = 0,60$, logo $q = 1 - 0,60 = $ **0,40** ou **40%**

2) A probabilidade de um antivírus não detectar uma ameaça nova em um computador doméstico é 5%. Qual a probabilidade do *software* detectar o novo vírus infectado no computador?

$p = 0,05$, logo $q = 1 - 0,05 = $ **0,95** ou **95%**

3) A probabilidade de um profissional de sistema de informação detectar falha de segurança em um sistema computacional do governo federal é de 60%. De um colega seu, é de 70%. Os dois profissionais serão contratados para tentar detectar falhas de segurança no sistema do computacional do governo. Qual a probabilidade da falha ser detectada?

E = ser detectada falha no sistema computacional federal.

$$P(E) = 1 - (\ 0,40 \ x \ \ 0,30 \ ) = 1 - 0,12 = \textbf{0,88 ou 88\%}$$

e) Eventos Independentes

Dizemos que dois eventos são independentes quando a realização ou não-realização de um dos dois não afeta a probabilidade da realização do outro e vice-versa. A ocorrência de um deles não aumenta ou diminui a ocorrência do outro e a realização de um deles não modifica a chance de realização do outro.

Exemplos:

- Quando lançamos dois dados, o resultado obtido em um deles não afeta o resultado obtido no outro. Os resultados são independentes;
- Quando ligamos dois computadores domésticos, um *desktop* e um *netbook*, o tempo que cada um deles leva para estar pronto pra uso são eventos independentes;
- Quando selecionamos dois profissionais de sistema de informação para detectar falhas de segurança em um sistema computacional do governo federal, o sucesso de cada um deles é independente;
- Observando a falta de sinal de duas operadoras de TV a cabo em uma noite, as ocorrências dos eventos são independentes;
- Observando o erro de execução na realização de uma tarefa por dois programas computacionais distintos, temos que os eventos são independentes;
- Os números de erros de sintaxe de dois programas que realizam a modelagem de um problema acadêmico são independentes.

Regra do Produto para Eventos Independentes

Se dois eventos são independentes, a probabilidade de que se realizem simultaneamente é igual ao produto das probabilidades de realização dos dois eventos. Sejam E_1 e E_2 dois eventos independentes, suponha que tenhamos o interesse de, em uma experiência aleatória, quantificar a ocorrência dos dois simultaneamente. Então, desejamos:

Capítulo 1 Noções de Probabilidades – Conceitos Básicos • 17

$$P(E_1 \cap E_2) = P(E_1) \times P(E_2)$$

Exemplos:

- Quando ligamos dois computadores domésticos, um *desktop* e um *netbook*, as probabilidades de que levem menos de 60 segundos para estarem prontos para uso tem respectivamente probabilidades de 90% e 95%. Qual a probilidade que, ligando os dois computadores ao mesmo tempo, eles levem menos de 60 segundos para estarem prontos?

E= os computadores levarem menos de 60 segundos para estarem prontos

Como os tempos que os computadores levam para estarem prontos são independentes, então:

P(E) = 0,90 x 0,95 = **0,855** ou **85,5%**

- Dois profissionais de sistema de informação detectam falhas de segurança em um sistema computacional do governo federal com probabilidades independentes de 0,10 e 0, 15, respectivamente. Qual a probabilidade de, ao tentarem de forma independente detectar falha no referido sistema, os dois consigam o objetivo quando o sistema está realmente vulnerável?

E = os dois profissionais consigam detectar falha no sistema

P(E) = 0,10 x 0,15 = **0,015** ou **1,5%**

- Observando a falta de sinal de duas operadoras de TV a cabo em uma noite, as ocorrências dos eventos são independentes com probabilidades de 0,5% e 0,2%, respectivamente. Qual a probabilidade de certa noite as duas operadoras estarem com serviço de TV sem sinal simultaneamente?

E= as duas operadoras estarem com serviço de TV sem sinal simultaneamente.

P(E) = 0,005 x 0,002 = **0,00001** ou **0,001%**

- Observando o erro de execução na realização de uma tarefa por dois programas computacionais distintos, temos que os eventos são independentes com probabilidades respectivas de 1% e 5%. Qual a probabilidades que, em uma dado ajuste dos programas, eles simultaneamente apresentem erros de execução?

  E = os programas simultaneamente apresentem erros de execução.

  P(E) = 0,01 x 0,05 = **0,005** ou **0,05%**

- Os números de erros de sintaxe de dois sistemas que realizam modelagens de problemas acadêmicos são independentes e respectivamente iguais a 10% e 8%. Qual a probabilidade de, em uma dada modelagem, os dois sistemas apresentem erros de sintaxe simultaneamente?

  E = os dois sistemas apresentem erros de sintaxe simultaneamente.

  P(E) = 0,10 x 0,08 = **0,008** ou **0,8%**

f) Eventos Condicionados (E_1/E_2)

Dois eventos associados a uma mesma experiência aleatória são ditos condicionados quando a ocorrência prévia de um deles aumenta ou diminui a ocorrência do outro, ou seja, a já ocorrência de um deles modifica a ocorrência do outro.

Contextos de condicionalidade ocorrem em muitas situações práticas e o fato de se ter uma informação extra sobre a ocorrência de determinado evento pode ser útil para o cálculo da probabilidade de um outro de interesse.

Exemplos:

- Vamos supor que um *site* de relacionamento tem a informação prévia de que a propaganda de seu *blog*, veiculada em mídia de grande penetração internacional, teve eficácia comprovada, logo ficará mais claro que o aumento de adições de novos usuários estrangeiros deve aumentar;
- É sabido que no ano de 2011, por conta da crise financeira americana, houve recessão econômica global, com reflexos no Brasil. Fica claro, então, para o analista, de que produção de novas tecnologias de *iPhone* deve diminuir por este motivo;
- Seja o evento E_1 = "a letra u ocorre na palavra" e evento E_2 = "a letra q ocorre na palavra". Certamente o evento E_1 tem uma probabilidade, mas ao saber que o evento E_2 ocorre, fica mais certo que E_1 deve também ocorrer, uma vez que **q** raramente ocorre em uma palavra sem vir seguido de **u**.
- Um frenesi de conversas no Twitter sobre um programa geralmente significa que mais telespectadores estão em sintonia, enquanto programas de TV mais populares geram mais atividade no microblog, mostra estudo da Nielsen. A empresa de medição de mídia diz que, pela primeira vez, ficou comprado com rigor estatístico o que muito no setor de mídia suspeitavam nos últimos anos: a avaliação de um programa de TV e a magnitude do barulho que ele provoca no Twitter estão condicionados. Os pesquisadores descobriram uma influência estatisticamente significante indicando que um pico na audiência de um programa de televisão pode aumentar o volume de tweets e, reciprocamente, um pico nos tweets pode aumentar a audiência. Como tomada de decisão, a Nielsen sustenta a implantação de um novo sistema de classificação que será lançado em breve: em parceria com o Twitter, a empresa deve começar a publicar o novo "Nielsen Twitter TV Rating", que mede o volume de conversa na rede social sobre cada programa.

Atividades Propostas

1) Uma população de funcionários da seção de informática de uma empresa é formada por cinco pessoas casadas e sete solteiras. Seleciona-se uma pessoa aleatoriamente desta população. Qual a probabilidade desta pessoa ser solteira?

Solução:

E= evento a pessoa selecionada ser solteira

$P(E) = (7/12) = 58,33\%$

2) Em uma bolsa têm-se duas canetas azuis e uma vermelha. Suponha que uma pessoa apanhe de forma aleatória uma caneta da bolsa, qual a probabilidade de ser azul?

Solução:

E= evento caneta selecionada da bolsa ser de cor azul

$P(E) = 2/3 = 66,67\%$

3) Uma empresa tem no estoque 8 *notebooks* brancos, 7 *notebooks* pretos e 4 *notebooks* verdes. O gerente de vendas seleciona aleatoriamente do estoque um *notebook* para ir para a exposição. Calcule as probabilidades:

a) Selecionar um branco;
b) Selecionar um preto;
c) Selecionar um que não seja verde.

Solução:

a) Selecionar um branco:

E = selecionar um branco

Capítulo 1 Noções de Probabilidades - Conceitos Básicos • 21

$P(E) = 8/19 = \textbf{42,10\%}$

b) Selecionar um preto:

E = selecionar um preto

$P(E) = 7/19 = \textbf{36,80\%}$

c) Selecionar um que não seja verde:

E = selecionar que não seja verde

$P(E) = 15/19 = \textbf{78,95\%}$

4) Em um conjunto de compradores de processadores, 30% compram um produto da marca A, 20% da B, 30% da C, 15% da D e 5% da E. Seleciona-se, de um banco de dados, um comprador deste grupo. Qual a probabilidade de comprar o processador A ou D?

Solução:

E= comprar o processador A ou D

$P(E) = 0,3 + 0,15 = \textbf{45\%}$

5) De 300 estudantes de Ciência da Computação, 100 estão matriculados em Cálculo e 80 em Estatística. Estes dados incluem 30 estudantes que estão matriculados em ambas as disciplinas. Qual a probabilidade de que um estudante escolhido aleatoriamente esteja matriculado em Cálculo ou em Estatística?

Solução:

E= estudante escolhido aleatoriamente esteja matriculado em Cálculo ou em Estatística

$P(E) = 100/300 + 80/300 - 30/300 = \mathbf{50\%}$

ou

$P(E) = 70/300 + 30/300 + 50/300 = \mathbf{50\%}$

6) Um teste de *marketing* revelou que a probabilidade de um novo modelo de *notebook* ser bem recebido pelo mercado é de 20% e a probabilidade do mesmo produto da concorrente é 10%. Se os dois eventos são independentes, qual a probabilidade de ambos serem aceitos pelo mercado consumidor?

Solução:

E= ambos serem aceitos pelo mercado consumidor

$P(E) = 0,20 \ x \ 0,10 = \mathbf{2\%}$

7) Em geral, a probabilidade de que uma rede de *internet* caia em uma dado dia é de 40%. Se a rede de computador, em três dias aleatoriamente escolhidos, está ligada, qual a probabilidade de que nestes três dias ela caia?

Solução:

E= nos três dias a rede de *internet* caia

$P(E) = 0,4x0,4x0,4 = \mathbf{6,40\%}$

8) Um *hacker* tem 30% de chance de identificar um sistema bancário vulnerável. Outro *hacker* tem 35%. Os dois *hackers* foram contratados para identificar de forma independente a vulnerabilidade do sistema do banco. Qual a probabilidade da vulnerabilidade do sistema ser identificado?

Solução:

E = vulnerabilidade do sistema ser identificado

Capítulo 1 Noções de Probabilidades - Conceitos Básicos • **23**

$P(E) = (0,3x0,35) + (0,7x0,35) + (0,3x0,65) = \textbf{54,50\%}$

9) Um grupo foi consultado sobre lembrança da marca de certa linha de celulares *smartphones*. A pesquisa revelou que João tem 50% de probabilidade de lembrar-se da marca e Pedro, outro consumidor, tem 60%. Qual a probabilidade da marca da certa linha do produto ser lembrada?

Solução:

E= a marca da certa linha do produto ser lembrada

$P(E) = (0,5x0,6) + (0,5x0,6) + (0,5x0,4) = \textbf{80\%}$

10) Em uma pesquisa de mercado, a probabilidade de um usuário do *Facebook* lembrar quantas vezes visitou um amigo do seu perfil no dia anterior é de 1/4; e a probabilidade do amigo do usuário lembrar quantas vezes visitou o perfil deste usuário no mesmo dia é de 1/3.

Encontre as probabilidades:

a) Ambos lembrarem

b) Nenhum lembrar

c) Somente o amigo do usuário lembrar

d) Somente o usuário lembrar

Solução:

a) Ambos lembrarem :

E = ambos lembrarem

$P(E) = 1/4 \ x \ 1/3 = \textbf{8,33\%}$

b) Nenhum lembrar

$E = nenhum\ lembrar$

$P(E) = 3/4 \times 2/3 = $ **50%**

c) Somente o amigo do usuário lembrar

$E=$ *somente o amigo lembrar quantas* vezes visitou o usuário ontem

$P(E) = 3/4 \times 1/3 = $ **25%**

d) Somente o usuário lembrar

$E = $ *somente o usuário lembrar quantas vezes* visitou o amigo ontem

$P(E) = 1/4 \times 2/3 = $ **16,67%**

11) Cada vez mais empresas têm procurado o *Facebook* em busca de maior exposição de suas marcas. Entretanto, elas aparentemente não estão dando atenção suficiente aos usuários da rede social. De acordo com pesquisa feita nos EUA, muitas companhias demoram a responder perguntas feitas através dessa ferramenta e algumas delas até deletam os questionamentos. Dos 20 varejistas monitorados em suas páginas do *Facebook*, pelo menos cinco ficaram dois dias sem responder a uma pergunta postada em seu mural. Sete, além de não responderem às perguntas, as apagaram do mural sem dar satisfação. Pergunta-se:

a) Ao selecionar três destes varejistas monitorados, qual a probabilidades dos três ficarem dois dias sem responder a uma pergunta postada em seu mural?

b) Ao selecionar dois destes varejistas monitorados, qual a probabilidade de pelo menos um apagar do mural de perguntas de usuários sem dar satisfação?

Capítulo 1 Noções de Probabilidades - Conceitos Básicos • **25**

Solução:

a) Ao selecionar três destes varejistas monitorados, qual a probabilidades dos três ficarem dois dias sem responder a uma pergunta postada em seu mural?

E = três varejista ficarem dois dias sem responder a uma pergunta postada em seu mural

$$P(E) = \frac{5}{20} \times \frac{5}{20} \times \frac{5}{20}$$

*P(E) = 0,25 x 0,25 x 0,25 = **0,0156 ou 1,56%***

b) Ao selecionar dois destes varejistas monitorados, qual a probabilidade de pelo menos um apagar do mural de perguntas de usuários sem dar satisfação?

E = pelo menos um varejista apagar do mural perguntas de usuários sem dar satisfação

$$E_1 = \frac{V_1}{} \times \frac{\overline{V_2}}{} = 0,35 \times 0,65 = 0,2275$$

$$E_2 = \frac{\overline{V_1}}{} \times \frac{V_2}{} = 0,65 \times 0,35 = 0,2275$$

$$E_3 = \frac{V_1}{} \times \frac{V_2}{} = 0,35 \times 0,35 = 0,1225$$

*P(E) = 0,2275 + 0,2275 + 0,1225 = **0,5775 ou 57,75%***

12) O percentual de usuários que declararam ter comprado um celular com acesso à *internet* (*smartphone*) para se manter conectado às redes sociais é de 20%. Contudo, esse número aumentou em todas as classes sociais nos últimos cinco anos: nas classes A e B, o número hoje é de 39% do total; na classe C, 21% do total; e nas classes D e E, 12% do total. Seleciona-se um usuário que declarou ter comprado um celular com acesso à *internet* (*smartphone*). Qual a probabilidade dele não ser da classe social D e E?

Solução:

Como os eventos são mutuamente exclusivos, temos:

P(A ∩ B U C) = 0,39 + 0,21 = **0,60 ou 60%**

13) Uma pesquisa do Ibope afirma que apenas 5% dos usuários acessa a *internet* por meio do celular. Os entrevistados afirmam usar as redes sociais por meio do aparelho principalmente para ler e responder mensagens, além de visualizar e postar fotos. Mais de 70% dos entrevistados afirmou que acessa a *web* de casa e 50% em *lan houses*. Selecionam-se aleatoriamente três entrevistados da pesquisa, sem reposição. Calcule a probabilidade da primeira pessoa acessar a *internet* por meio do celular, a segunda de casa e a terceira em *lan house*.

Solução:

Os eventos são independentes, então:

P= 0,95 x 0,70 x 0,50 = **0,3325 ou 33,25%**

14) Uma pesquisa com mil usuários do *Facebook* – 70% do sexo masculino – revelou que 25% já havia terminado seu relacionamento através da rede social – ou seja, alguém acabou o namoro através de uma troca do *status* de relacionamento. Dos entrevistados, 21% disse que terminaria um relacionamento mudando seu *status* no *Facebook* para "solteiro". A pesquisa mostra que a maioria das pessoas não termina namoro via *Facebook*. Selecionam-se aleatoriamente quatro entrevistados da pesquisa, sem reposição. Calcule a probabilidade da primeira pessoa ser mulher, da segunda nunca ter terminado seus relacionamentos via *Facebook*, da terceira não mudar seu status na rede social para "solteiro" ao terminar um relacionamento e da quarta ser capaz de terminar um relacionamento via *Facebook*.

Capítulo 1 Noções de Probabilidades - Conceitos Básicos • 27

Solução:

Os eventos são independentes, então:

P= 0,30 x 0,75 x 0,79 x 0,49 = **0,0871 ou 8,71%**

15) Antes, era o batom no colarinho. Agora, um em cada cinco divórcios envolve a rede social *Facebook*, de acordo com uma pesquisa da *Academia Americana de Advogados Matrimoniais*. Dos advogados de divórcio, 80% também relataram um aumento no número de casos em que usam a mídia social para evidenciar "traição". Selecionam-se aleatoriamente três casos de divórcio efetivado. Qual a probabilidade de que os três tenham sido motivados pelo *Facebook*?

Solução:

Os eventos são independentes, então:

P= 0,80 x 0,80 x 0,80 = **0,512 ou 51,20%**

16) As redes sociais estão se tornando uma parte cada vez mais importante da vida dos jovens. Entre os menores de 35 anos, 36% admitiram que "tuítavam", mandavam mensagens e verificavam o *Facebook* depois de fazer sexo. Quarenta por cento admitiram fazer o mesmo enquanto dirigiam, 64% disseram fazê-lo no trabalho e 65% usam estes canais nas férias. Selecionam-se aleatoriamente quatro entrevistados da pesquisa, sem reposição. Qual a probabilidade de encontrar uma amostra totalmente atípica, isto é, a primeira não acessar o *Facebook* depois do sexo, a segunda não acessar a rede social enquanto dirige, a terceira não acessar a rede social no trabalho e a quarta não usar o *Facebook* nas férias?

Solução:

Os eventos são independentes, então:

P= 0,64x0, 60x0, 36x0, 35= **0, 048 ou 4,8%**

17) De acordo com pesquisas feitas pela *Pew Research*, nos Estados Unidos, um em cada dez internautas americanos já usou o celular para fazer uma doação via SMS, um em cada três já se valeu do *gadget* para verificar o extrato em suas contas bancárias e pagar contas diversas e pelo menos 46% já comprou aplicativos no próprio dispositivo móvel. Se os eventos são independentes, calcule a probabilidade de, ao selecionar três americanos, o primeiro já ter usado o celular para fazer uma doação via SMS, o segundo já ter se valido do *gadget* para verificar o extrato em suas contas bancárias e pagar contas diversas e o terceiro já ter comprado aplicativos no próprio dispositivo móvel.

Solução:

P = 0,10 x 0,33 x 0,46 = **0,01518 ou 1,518%**

Capítulo 2

Noções de Probabilidades
Probabilidade Condicionada

Probabilidade Condicionada

É importante acrescentar que isso não é um teorema, apenas introduzimos uma definição formal de noção de probabilidade em que, a partir do cálculo da probabilidade de um evento nos resultados de outro que já tenha ocorrido, o analista condiciona a ocorrência do evento a esse outro que já ocorreu. O fato de que essa definição formal corresponde à noção intuitiva pode ser fundamentada pelas seguintes definições de probabilidade condicionada:

- É o percentual da ocorrência de E_2 no universo de E_1 ou vice-versa;
- É a probabilidade de ocorrer E_2, mas no espaço de E_1 ou vice-versa;
- O que se quantifica é a chance de ocorrer E_2, mas atrelada a já ocorrência de E_1, isto é, condicionada a E_1 e vice-versa;
- A **probabilidade condicional** trata da probabilidade de ocorrer um evento E_2 tendo ocorrido um evento E_1, ambos do espaço amostral S, ou seja, é calculada sobre o evento E_1 e não em função o espaço amostral S. A probabilidade de ocorrência de um evento E_2 em relação a um evento ocorrido E_1 é expressa baseando-se na definição intuitiva de probabilidade. Pode-se calcular a probabilidade condicional do evento E_2 ocorrer, dado que o evento E_1 já ocorreu (ou que E_1 já se tenha conhecimento) pela fórmula:

$$P\left(E_2 / E_1\right) = \frac{n\left(E_2 \cap E_1\right)}{n\left(E_1\right)}$$

Se dividirmos cada termo da fração acima pelo número de elementos do espaço amostral n(s) e se o número de experiências aleatórias for suficientemente grande, teremos:

$$P\left(E_2 / E_1\right) = \frac{P\left(E_2 \cap E_1\right)}{P\left(E_1\right)}$$

Obs: Com $P(E_1) \neq 0$

É fácil verificar que esta definição satisfaz aos vários postulados de probabilidades.

A probabilidade condicionada de um evento pode ser útil para precisarmos a chance de um evento de interesse ocorrer de forma menos vaga. Além deste objetivo precípuo, o cálculo da probabilidade condicionada pode ajudar o analista a concluir sobre a condicionalidade de dois ou mais eventos.

Poderemos escrever também que:

$$P(E_2/E_1) = P(E_1 \cap E_2)/P(E_1)$$

Donde concluímos que:

$$P(E_1 \cap E_2) = P(E_1) \cdot P(E_2/ E_1) = P(E_2) \cdot P(E_1/ E_2)$$

Esta expressão é conhecida como ***"Regra do Produto para Eventos Condicionados"***.

Exemplo 1:

Observou-se durante 10 dias a frequência com que uma dada pessoa foi à praia e fez sol:

Capítulo 2 Noções de Probabilidades - Probabilidade Condicionada • **31**

Dia	1	2	3	4	5	6	7	8	9	10
Foi à Praia	N	S	N	S	S	S	N	N	S	S
Fez Sol	N	S	N	S	N	S	S	N	S	S

Tomando por base as informações acima, responda:

a. Qual a probabilidade da pessoa, em geral, ir à praia?
b. Sabendo que fez sol, qual a probabilidade da pessoa ir, em geral, à praia?
c. Os eventos "a pessoa ir à praia" e "fazer sol" são independentes ou condicionados?

Solução:

a) Qual a probabilidade da pessoa, em geral, ir à praia?

IP = evento a pessoa, em geral, ir à praia

$$P(IP) = \frac{6}{10} = 0,60 \text{ ou } 60\%$$

b) Sabendo que fez sol, qual a probabilidade da pessoa ir, em geral, à praia?

FS = evento fazer sol
IP = evento ir à praia

$$P(IP/FS) = \frac{5}{6} = 0,83 \text{ ou } 83\%$$

c) Os eventos "a pessoa ir à praia" e "fazer sol" são independentes ou condicionados?

Os eventos "a pessoa ir à praia" e "fazer sol" são condicionados, pois a probabilidade da pessoa ir à praia aumenta de 60% para 83% quando se inclui em seu cálculo a informação adicional de que fez sol:

P(IP) ≠ P(IP/FS)

Exemplo 2:

No *Facebook*, existem os perfis de João Macedo e de Catarina Abdala. João e Catarina têm 15 amigos comuns. João tem 80 amigos e Catarina 60. Selecionando ao acaso um amigo de Catarina, qual a probabilidade de ser amigo comum de João?

Solução:

O Espaço Amostral S deste problema é dado por:

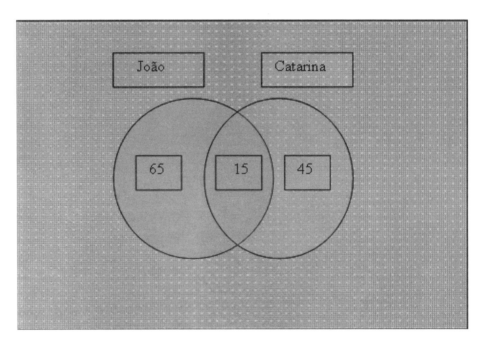

Nomeando os eventos de interesse, temos:

JO = amigos do João
CA= amigos da Catarina
JO ∩ CA= amigos comuns de João e Catarina

Capítulo 2 Noções de Probabilidades - Probabilidade Condicionada • **33**

Assim, você pode calcular a probabilidade condicional solicitada por meio de:

$$P(JO/CA) = \frac{n(JO \cap CA)}{n(CA)} = \frac{15}{60} = 0,25 \text{ ou } \mathbf{25\%}$$

Exemplo 3:

Suponha que um escritório possua 100 computadores, entre novos e antigos. Algumas dessas máquinas possuem o processador da marca A, enquanto outras possuem o da marca B, conforme mostra a tabela abaixo:

Qualidade	Processador A	Processador B	Total
Novos	40	30	70
Usados	20	10	30
Total	**60**	**40**	**100**

Uma pessoa entra no escritório, escolhe um computador ao acaso e descobre que é novo. Qual a probabilidade de que ela possua o processador A?

Solução:

Está sendo pedida a probabilidade de que o computador possua o processador A, dado que é novo. Pede-se então P(A/N), logo:

$$P(A/N) = \frac{n(A \cap N)}{n(N)} =$$

$$P(A/N) = \frac{40}{70} = 0,5714 \text{ ou } 57,14\%$$

Exemplo 4:

Um grupo de pessoas está classificado de acordo com o sexo e o idioma que fala, conforme a tabela abaixo:

Sexo	Inglês	Alemão	Francês
Homens	92	35	47
Mulheres	101	33	52
Total	193	68	99

Escolhendo uma pessoa ao acaso e sabendo que esta fala francês, qual é a probabilidade de que seja homem?

Solução:

$$P(H/F) = \frac{n(H \cap F)}{n(F)} =$$

$$P(H/F) = \frac{47}{99} = 0,475 \text{ ou } 47,5\%$$

Exemplo 5:

Em uma cidade existem 15.000 usuários de telefonia, dos quais 10.000 possuem telefones fixos, 8.000 telefones móveis e 3.000 ambos. Se uma operadora de telefone móvel selecionar aleatoriamente uma pessoa da cidade para oferecer uma promoção do tipo *"Fale Grátis de seu Móvel para seu Fixo"*, pergunta-se:

a) Já sabendo que ela tem telefone móvel, qual a probabilidade dela ter telefone fixo também?

b) Já sabendo que ela tem telefone fixo, qual a probabilidade dela ter telefone móvel também?

Solução:

O Espaço Amostral S deste problema é dado por:

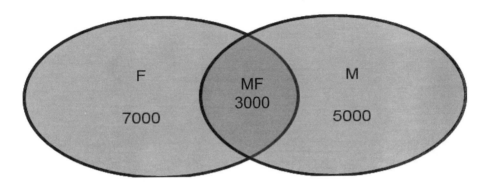

Nomeando os eventos de interesse, temos:

F = pessoa com telefone fixo

M = pessoa com telefone móvel

MF = pessoa com telefone fixo e móvel

Assim, você pode calcular as probabilidades condicionais solicitadas por meio de:

a)
$$P(F|M) = \frac{n(MF)}{n(M)} = \frac{3000}{8000} = 3/8 = 0,375$$

b)
$$P(M|F) = \frac{n(MF)}{n(M)} = \frac{3000}{8000} = 3/10 = 0,300$$

Exemplo 6:

Uma pesquisa de perfil demográfico feita junto a 20 registros de pessoas adultas retirados de um banco de dados relacional de uma grande empresa informatizada revelou a base de dados abaixo:

Pessoas	Sexo	Idade	Nível Escolar	Nº Filhos	Classe Social
1	M	35	2	2	B
2	M	25	2	1	B
3	F	40	3	1	C
4	M	25	2	3	B
5	M	32	2	2	C
6	F	22	2	0	C
7	M	37	3	2	B
8	M	28	2	0	B
9	F	25	2	1	B
10	F	39	3	2	C
11	M	35	1	1	B
12	F	21	1	0	A
13	F	27	0	0	A
14	F	45	2	2	C
15	M	57	4	4	C
16	F	33	2	2	A
17	M	36	1	0	B
18	M	35	2	2	C
19	M	33	2	2	B
20	F	22	3	0	C

Capítulo 2 Noções de Probabilidades - Probabilidade Condicionada • **37**

Os códigos usados para montar a base de dados foram:

> Variável Sexo: M–masculino e F–feminino;
> Variável Idade: idade em anos, em dois dígitos;
> Variável Nível Escolar: 0–ausência de nível escolar,
> 1–ensino fundamental, 2–ensino médio, 3–ensino superior e
> 4–pós- graduação;
> Variável Nº Filhos: número de filhos do cliente;
> Variável Classe Social: A–Alta; B–Média e C–Baixa.

Qual a probabilidade de, ao selecionar aleatoriamente uma pessoa deste banco de dados, os eventos abaixo ocorram?

a) Dado que é mulher, ter menos de 2 filhos.

b) Dado que é homem, ser da classe social C.

Solução:

a) A probabilidade de ter menos de 2 filhos dado que é mulher é calculada pela condicional abaixo:

$P(<2\text{Filhos}|F)$ = **6/9**

b) A probabilidade de ser da classe social C, dado que é homem é calculada pela condicional abaixo:

$P(C|H)$= **3/11**

Exemplo 7:

No banco de dados de uma escola com 100 alunos, 40 estudam somente Biologia, 30 estudam só Alemão e 20 estudam ambos. Qual é a probabilidade de um aluno que já estuda Biologia, estudar também Alemão?

Solução:

Espaço Amostral S

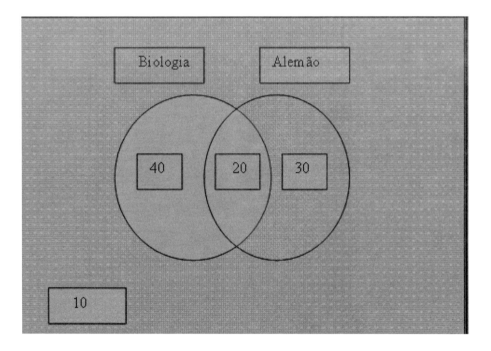

E_1 = aluno estudar Biologia

E_2 = aluno estudar Alemão

$$P(E_2|E_1) = \frac{P(E_2 \cap E_1)}{P(E_1)} = \frac{20/100}{60/100} = 20/60 = 33\%$$

Exemplo 8:

Em uma empresa, existem quatro analistas de sistemas e cinco programadores. Seja a experiência aleatória de selecionar quatro destes profissionais, sem reposição, para formar um grupo de trabalho para informatização da empresa. Qual a probabilidade do evento:

(Analista ∩ programador ∩ Analista ∩ programador)?

Solução:

Vamos chamar:

ANA – o evento selecionar um analista de sistemas
PRO – o evento selecionar um programador

Logo, a probabilidade pedida é: **P(ANA ∩ PRO ∩ ANA ∩ PRO)**

Como estes eventos são condicionados, vamos calcular esta probabilidade utilizando a regra do produto para eventos condicionados, o que resultará em:

$$P(ANA \cap PRO \cap ANA \cap PRO)=$$

$$\frac{4}{9} \times \frac{5}{8} \times \frac{3}{7} \times \frac{4}{6} = 240 / 3024 = 0,08 \text{ ou } 8\%$$

Atividades Propostas

1) Suponha que o seguinte quadro represente uma possível divisão dos alunos matriculados em um instituto de informática, em um dado ano:

Estatística Aplicada à Informática e às suas novas Tecnologias

Curso	Sexo		
	M	F	Total
Matemática Pura	70	40	110
Matemática Aplicada	15	15	30
Estatística	10	20	30
Computação	20	10	30
Total	115	85	200

M = masculino e F = feminino

Seleciona-se aleatoriamente um estudante deste instituto. Foi constatado que ele é do curso de estatística. Qual a probabilidade dele ser homem?

Soluções:

Sejam os eventos:

E_1 = aluno do curso de estatística
E_2 = aluno do sexo masculino

Assim, a probabilidade condicional de ocorrer E_2 dado que E_1 ocorreu é dada por:

$$P(E_2|E_1) = \frac{P(E_2 \cap E_1)}{P(E_1)} = \frac{10/200}{30/200} = 10/30 = 33\%$$

2) Considere o lançamento de um dado e a observação da face superior. Considere os seguintes eventos:

a. E_1 = {2,3,4,5} e E_2 = {1,3,4}
b. E_1 = {1,3,5,6} e E_2 = {1,3,6}
c. E_1 = {2,3,5,6} e E_2 = {1,2}

Em cada caso obtenha a probabilidade condicional, $P(E_2 | E_1)$ e indique se os eventos E_1 e E_2 são independentes ou condicionados.

Capítulo 2 Noções de Probabilidades - Probabilidade Condicionada • **41**

Solução:

a) Considerando os eventos $E_1 = \{2,3,4,5\}$ e $E_2 = \{1,3,4\}$, temos que a sua interseção será dada por $E_2 \cap E_1 = \{3,4\}$ e, com isso, você pode calcular as probabilidades $P(E_2 \cap E_1) = 2/6$ e $P(E_1) = 4/6$. Assim, a probabilidade condicional de E_2 dado que E_1 ocorreu será dada por:

$$P(E_2 | E_1) = \frac{P(E_2 \cap E_1)}{P(E_1)} = \frac{2/6}{4/6} = 1/2 = 50\%$$

$$P(E_2) = 3/6 = 50\%$$

Deste modo, conclui-se que a informação adicional de que E_1 já ocorreu, não altera a ocorrência de E_2, portanto são independentes.

b) Sejam os seguintes eventos de interesse:

$E_1 = \{1,3,5,6\}$ e $E_2 = \{1,3,6\}$.

A interseção é dada por $E_2 \cap E_1 = \{1,3,6\}$. Você, desta maneira, pode calcular as probabilidades $P(E_2 \cap E_1) = 3/6$ e $P(E_1) = 4/6$. Assim, a probabilidade condicional de E_2 dado que E_1 ocorreu será dada por:

$$P(E_2 | E_1) = \frac{P(E_2 \cap E_1)}{P(E_1)} = \frac{3/6}{4/6} = 3/4 = 75\%$$

$$P(E_2) = 3/6 = 50\%$$

Este resultado permite concluir que a informação adicional de que E_1 já ocorreu altera a ocorrência de E_2. A chance de ocorrer E_2 fica mais certa, portanto, são condicionados.

c) Sejam os eventos de interesse:

$E_1 = \{2,3,5,6\}$ e $E_2 = \{1,2\}$

A interseção desses eventos é dada por $E_2 \cap E_1 = \{2\}$. Você pode, então, calcular as probabilidades $P(E_2 \cap E_1) = 1/6$ e $P(E_1) = 4/6$. Assim, a probabilidade condicional de E_2 dado que E_1 ocorreu será dada por:

$$P\left(E_2 \middle| E_1\right) = \frac{P\left(E_2 \cap E_1\right)}{P\left(E_1\right)} = \frac{1/6}{4/6} = 1/4 = 25\%$$

$$P\left(E_2\right) = 2/6 = 33\%$$

Conclui-se que a informação adicional de que E_1 já ocorreu altera a ocorrência de E_2. A chance de ocorrer E_2 fica menos certa, portanto são condicionados.

3) A probabilidade de um pacote computacional satisfazer as necessidades do usuário é de 25%. A probabilidade de satisfazer as necessidades do usuário e também fidelizá-lo é de 20%. Supondo que o pesquisador, através de pesquisa de mercado, constatou que o *software* satisfez as necessidades dos usuários, qual a probabilidade de fidelizar também o mercado alvo?

E= evento fidelizar também o mercado alvo

P(E) = 0,20/0,25 = **80%**

4) Em uma pesquisa, constatou-se que 50% dos usuários de um *site* de compras na *internet* cadastrados têm somente cartão de crédito *Visa*; 30% *Mastercard;* e 20% *Visa* e *Mastercard*. Qual é a probabilidade de um usuário deste *site* que já tenha cartão de crédito *Visa*, ter também o *Mastercard*?

E= um cliente que já tenha cartão de crédito Visa, ter também o Mastercard

Capítulo 2 Noções de Probabilidades - Probabilidade Condicionada • **43**

$P(E) = (20)/ (50+20) = 20/70 = \boldsymbol{28,57\%}$

5) Ao usar o cartão bancário em uma grande loja de departamento, a probabilidade de um cliente ter sua transação autorizada é de 80%. A probabilidade de optar pela função débito e a transação ser autorizada é de 60%. Um cliente está no caixa da referida loja e a sua transação foi autorizada, qual a probabilidade dele ter optado pela função débito?

Solução:

Sejam os eventos:

D= o cliente optar pela função débito
A= a transação ser autorizada
(D ∩ A)= optar pela função débito e a transação ser autorizada

Então:

$$P(D/A) = \frac{P(D \cap A)}{P(A)} = \frac{0,6}{0,8} = 0,75 = 75\%$$

6) Internautas da classe A são os que mais possuem perfis em redes sociais, como o *Facebook* e o *Twitter,* de acordo com o estudo do Ibope. Sabe-se que 51,25% dos entrevistados pelo Ibope são da classe social A. Nessa classe social, 41% afirmaram participar do *Facebook* e 28% do *Twitter.* Qual a probabilidade dele possuir perfil no *Facebook?* E no *Twitter?*

Solução:

a)

A= internauta da classe A

F= internauta possuir perfil no *Facebook*

A ∩ F= internauta da classe A c internauta possuírem perfil no *Facebook*

$$P(F/A) = \frac{P(A \cap F)}{P(A)} =$$

$$P(F/A) = \frac{0,41}{0,5125} = 0,80 \text{ ou } 80\%$$

b)

A= internauta da classe A

F= internauta possuir perfil no *Twitter*

A ∩ F= internauta da classe A e internauta possuírem perfil no *Twitter*

$$P(F/A) = \frac{P(A \cap F)}{P(A)} =$$

$$P(F/A) = \frac{0,28}{0,5125} = 0,5463 \text{ ou } 54,63\%$$

7) Uma pesquisa realizada pela *Web,* constatou que 80% dos entrevistados eram homens e, para estes, 60% a *internet* foi a atividade preferida em caso de pouco tempo livre. Selecionado uma pessoa da pesquisa aleatoriamente e constatando que é homem, qual a probabilidade da *Web* ser a atividade preferida quando tem pouco tempo livre?

Solução:

H = pesquisado ser homem

PI = preferir *internet* quando tem pouco tempo livre

H ∩ PI = pesquisado ser homem e preferir *internet* quando tem pouco tempo livre

Capítulo 2 Noções de Probabilidades - Probabilidade Condicionada • 45

$$P(PI/H) = \frac{P(H \cap PI)}{P(H)} =$$

$$P(PI/H) = \frac{0,60}{0,80} = 0,75 \text{ ou } 75\%$$

8) Pesquisa realizada na *internet* revelou que 90% dos entrevistados são participantes de redes sociais. Destes, 68,4% são piratas ou *"fakes"*. Selecionado um pesquisado aleatoriamente, verificou-se que era participante de rede social, qual a probabilidade de ser um *"fake"*?

Solução:

PRS = pesquisado ser participante de rede social

FK = pesquisado ser *"fake"*

PRS ∩ FK = pesquisado ser participante de rede social e ser *"fake"*

$$P(FK/PRS) = \frac{P(PRS \cap FK)}{P(PRS)} =$$

$$P(PI/H) = \frac{0,684}{0,900} = 0,76 \text{ ou } 76\%$$

9) Em uma pesquisa realizada entre preferências de consumidores por tecnologias móveis, 300 preferem ter *tablets*, 200 *netbooks* e 160 preferem ter os dois dispositivos. Selecionou-se um entrevistado aleatoriamente e constatou-se ser um que prefere ter *tablet*, qual a probabilidade de preferir também ter *netbook*?

Solução:

$$P(\text{netbook}/\text{tablet}) = \frac{160}{200} = 0,80 \text{ ou } 80\%$$

10) Em uma pesquisa com 696 monitores de LED, foi constatado que 480 se destinavam a PC, 540 a TV e 324 funcionavam simultaneamente em PC e TV. Selecionando um monitor deste aleatoriamente, verificou-se que funcionava em PC, qual a probabilidade de funcionar em TV também?

Solução:

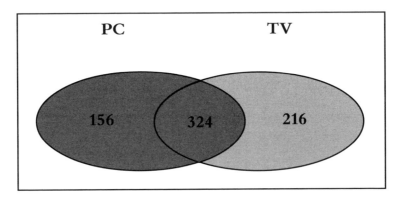

$$P(TV/PC) = \frac{324}{480} = 0,675 \text{ ou } 67,5\%$$

11) A probabilidade vaga de crescimento do uso da *internet em celulares* no país em certo momento é de 65%, do *smartphone* de 45%. Conjuntamente, *internet* e *smartphone* têm uma probabilidade de avanço no Brasil de 33,75%. Dado que o uso de *smartphone* em um certo momento no país cresceu, qual a probabilidade disso implicar num maior consumo de *internet* móvel? Estes eventos são condicionados?

Capítulo 2 Noções de Probabilidades – Probabilidade Condicionada • **47**

Solução:

Internet = evento crescimento do uso da *internet* em celulares no país.
smartphone = evento crescimento do uso de *smartphone* no país.
Internet ∩ smartphone = crescimento conjunto de *internet* e *smartphone* no país.

$$P(\text{int ernet / smartphone}) = \frac{(\text{Internet} \cap \text{smartphone})}{P(\text{smartphone})} =$$

$$P(\text{int ernet / smartphone}) = \frac{0,3375}{0,4500} = \mathbf{0,75} \text{ ou } \mathbf{75\%}$$

$$P(\text{int ernet}) = \mathbf{0,65\%}$$

Quando se insere no cálculo da probabilidade do crescimento do uso de *internet* no país, o fator crescimento do uso de smartphone, a referida probabilidade solta de 65% para 75%, uma alta de cerca de 15% na chance. Portanto, esses eventos são condicionados.

Capítulo 3

Noções de Probabilidades
Teorema de Bayes

Histórico

O reverendo e matemático inglês *Thomas Bayes* desenvolveu, no século XVIII, uma opção para o cálculo de probabilidades a qual gerou um importante artigo publicado, postumamente, pela *Royal Society*. Esta teoria ficou conhecida como *Teorema de Bayes* e atualmente tem aplicações em diferentes áreas do conhecimento.

Teorema da Probabilidade Total

Sejam os eventos $E_1, E_2,..., E_n$ eventos complementares do espaço amostral S e B um evento qualquer em S. Então, pode-se ter a seguinte visualização em diagrama:

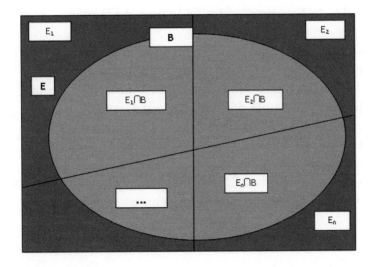

$$P(B) = P(E_1 \cap B) + P(E_2 \cap B) + P(E_3 \cap B) + ... + P(E_n \cap B) = \sum_{i=1}^{n} P(E_i \cap B)$$

Aplicando a Regra do Produto à última desigualdade descrita acima para eventos condicionados:

$$P(B) = \sum_{i=1}^{n} \left[P(E_i) \quad P(B/E_i) \right] \quad (1)$$

A expressão (1) é chamada de **Teorema da Probabilidade Total,** que é a probabilidade da consequência ou efeito.

Teorema de Bayes

É a participação relativa, percentual, de uma dada causa E_i na formação do espaço do evento B, que só pode ocorrer como efeito de uma das causas complementares E_i, isto é:

$$P(E_i / B) = \frac{P(E_i \cap B)}{P(B)} (2)$$

$$P(B) \neq 0$$

Significado da Expressão do Teorema de Bayes

Suponhamos um evento B que só pode ocorrer devido a uma das causas complementares E_1, E_2, E_3,..., E_n, eventos de um mesmo espaço amostral S. Dado que o evento B tenha ocorrido, a probabilidade que tenha se manifestado devido a uma das causas E_1 ou E_2 ou E_3,..., ou E_n pode ser calculada pela fórmula (2), denominada Fórmula da Probabilidade das Causas ou dos Antecedentes.

Desenvolvendo a fórmula 2, aplicando a regra do produto no numerador e inserido a fórmula 1 no denominador, temos:

Demonstração:

$$P(E_i / B) = \frac{P(E_i \cap B)}{P(B)} = \frac{P(E_i) \cdot P(B / E_i)}{\sum_{i=1}^{n} \left[P(E_i) \cdot P(B / E_i) \right]}$$

Temos, então, o Teorema de Bayes:

$$P(E_i / B) = \frac{P(E_i) \cdot P(B / E_i)}{\sum_{i=1}^{n} \left[P(E_i) \cdot P(B / E_i) \right]}$$

O Teorema de Bayes relaciona uma das parcelas da probabilidade total com a própria probabilidade total. Dá-nos a probabilidade de um particular E_i ocorrer (isto é, uma "causa"), desde que B já tenha ocorrido. Aí se questiona até que ponto a causa E_i teve participação nesta ocorrência.

Esse teorema é importante porque inverte probabilidades condicionais. Às vezes é fácil calcular $P(B/E_i)$, mas o que se deseja conhecer é $P(E_i/B)$. O **Teorema de Bayes** permite calcular $P(E_i/B)$ em termos de $P(B/E_i)$. Logo, conclui-se que este teorema nada mais é do que a "mistura" da Regra do Produto e do Teorema da Probabilidade Total.

Exemplo 1:

Consideremos o exemplo do capítulo anterior da pessoa ir à praia. Dado que a pessoa foi à praia, qual a probabilidade de ter sido em um dia de sol?

Dia	1	2	3	4	5	6	7	8	9	10
Foi à Praia	N	S	N	S	S	S	N	N	S	S
Fez Sol	N	S	N	S	N	S	S	N	S	S

Empiricamente, poderemos obter os seguintes elementos da fórmula:

P(FS) = 0,60   P(IP/FS) = 0,83
P(NFS) = 0,40   P(IP/NFS) = 0,25

$$P(FS/IP) = \frac{P(FS) \cdot P(IP/FS)}{\sum_{i=1}^{n} [P(FS) \cdot P(IP/FS)]}$$

Logo, sabendo que a pessoa foi à praia, a probabilidade de ter sido em um dia de sol, pode ser calculada:

$$P(FS/IP) = \frac{0,60 \cdot 0,83}{[(0,60 \cdot 0,83) + (0,40 \cdot 0,25)]} = \frac{0,498}{0,598}$$

$$P(FS/IP) = \mathbf{0,833} \text{ ou } \mathbf{83,3\%}$$

A probabilidade do efeito "ir à praia" pode ser estimada pelo denominador de Bayes (59,8%), que é bem próximo ao observado na tabela (60%).

Exemplo 2:

Em uma cidade, durante um período de observação, verificou-se que o trânsito ficou engarrafado no horário do *"rush"* da manhã 30% das vezes. Nos dias em que o trânsito ficou engarrafado, um funcionário chegou atrasado 10% das vezes e, nos dias de trânsito bom, chegou atrasado com uma freqüência de 1%. Certo dia, o funcionário chegou atrasado. Qual a probabilidade de ter sido em um dia de trânsito engarrafado?

Solução:

Evento efeito B: chegar atrasado

Eventos causais (E_i): trânsito engarrafado (E_1) e trânsito não engarrafado (E_2).

Capítulo 3 Noções de Probabilidades - Teorema de Bayes • 53

Elementos da fórmula (modelagem):

$P(E_1)=0,3$ $P(B/E_1)=0,10$
$P(E_2)=0,7$ $P(B/E_2)=0,01$

$$P(E_i / B) = \frac{P(E_i) \cdot P(B / E_i)}{\sum_{i=1}^{n} \left[P(E_i) \cdot P(B / E_i) \right]}$$

$$P(E_i / B) = \frac{0,3 \cdot 0,10}{\left[(0,3 \cdot 0,10) + (0,7 \cdot 0,01) \right]} = \mathbf{0,81}$$

Exemplo 3:

Um indivíduo pode chegar ao emprego utilizando apenas um desses meios de locomoção: bicicleta, motocicleta ou carro. Sabe-se por experiência, que a probabilidade dele utilizar o carro é de 0,6; a bicicleta é 0,1; e a motocicleta é 0,3. A probabilidade de chegar atrasado, dado que utilizou o carro é 0,05; a bicicleta é 0,02; e a motocicleta é 0,08. Certo dia, ele chegou atrasado. Qual a probabilidade de ter sido devido ao uso do carro?

Solução:

Inicialmente, você deve considerar os eventos de interesse que são:

Evento efeito B: chegar atrasado

Eventos causais (E_i): utilizar carro (E_1), bicicleta (E_2) ou motocicleta (E_3)

Assim, você pode agora partir para os elementos requeridos pela fórmula para a modelagem, que são as probabilidades dos eventos de interesse e as probabilidades condicionais, dadas por:

54 • Estatística Aplicada à Informática e às suas novas Tecnologias

$P(E_1)=0,6$ $\qquad$ $P(B/E_1)=0,05$
$P(E_2)=0,1$ $\qquad$ $P(B/E_2)=0,02$
$P(E_3)=0,3$ $\qquad$ $P(B/E_3)=0,08$

Logo, temos os elementos suficientes para alocar as probabilidades na fórmula de Bayes, que fica:

$$P(E_i / B) = \frac{P(E_i) \cdot P(B / E_i)}{\sum_{i=1}^{n} \left[P(E_i) \cdot P(B / E_i) \right]}$$

$$P(E_i / B) = \frac{0,6 \cdot 0,05}{\left[(0,6 \cdot 0,05) + (0,1 \cdot 0,02) + (0,3 \cdot 0,08) \right]} =$$

$$P(E_i / B) = \frac{0,03}{(0,03 + 0,002 + 0,024)} = \textbf{54\%}$$

Com este resultado, você pode concluir que a probabilidade do indivíduo ter ido de carro, sabendo que ele chegou atrasado ao emprego, é de **54%.**

Exemplo 4:

No Brasil, dos 365 dias do ano, em geral, 146 constituem o período de horário de verão. Neste período, é constatada uma taxa de 10% de baixo consumo de energia no horário considerado de pico, que vai do fim da tarde ao início da noite. Em dias de horário convencional, esta taxa cai para 4%. Considere um dia do ano em que, no horário de pico, houve um baixo consumo de energia. Qual a probabilidade de ter sido em um dia em que estivesse vigorando o horário de verão no Brasil?

Solução:

Elementos da fórmula (modelagem):

Capítulo 3 Noções de Probabilidades - Teorema de Bayes • 55

$$P(HV)=0,4 \qquad P(BCE/HV)=0,10$$
$$P(\overline{HV})=0,6 \qquad P(BCE/\overline{HV})=0,04$$

$$P(HV/BCE)=\frac{P(HV)\cdot P(BCE/HV)}{\left[P(HV)\cdot P(BCE/HV)+P(\overline{HV})\cdot P(BCE/\overline{HV})\right]}=$$

$$P(HV/BCE)=\frac{0,4\cdot 0,10}{\left[(0,4\cdot 0,10)+(0,6\cdot 0,04)\right]}=$$

$$P(HV/BCE)=\mathbf{0,625} \text{ ou } \mathbf{62,5\%}$$

Exemplo 5:

Solicitações de amizade no Facebook têm maior probabilidade de serem aceitas se você enviá-las a pessoas que já conhece, como colegas de classe, amigos, familiares e colegas de trabalho. Sabe-se, por pesquisa, que a probabilidade da pessoa que adiciona conhecer a pessoa a quem envia a solicitação de amizade da rede social é de 70%. Conhecendo a pessoa, a probabilidade de ela ser aceita no convite é de 60% e, não conhecendo, esta cai para 20%.

a) Sabendo que uma pessoa foi aceita no Facebook por um usuário que a adicionou, qual a probabilidade de ser por um desconhecido?

b) Qual a probabilidade de um usuário ser aceito no Facebook por uma pessoa que adicionou?

Solução:

$$P(CO)=0,70 \qquad\qquad P(A/CO)=0,60$$
$$P(NCO)=0,30 \qquad\qquad P(A/NCO)=0,20$$

a) $P(NCO/A) = \dfrac{(0,3 \times 0,2)}{(0,7 \times 0,6) + (0,3 \times 0,2)} = 0,125$ ou $12,5\%$

b) $P(A) = (0,7 \times 0,6) + (0,3 \times 0,2) = \mathbf{0,48}$ ou $\mathbf{48\%}$

Atividades Propostas

1) Ao usar o cartão bancário em uma grande loja de departamento, a probabilidade de um cliente optar pela função débito é de 80% e pela crédito, 20%. Nesta loja só existem disponíveis estas duas formas de pagamento com cartão bancário. Dado que optou pela função débito, a probabilidade da transação ser autorizada é de 60% e pela crédito, 80%. Um cliente está no caixa da referida loja e a sua transação acaba de ser autorizada, qual a probabilidade de ter optado pela função débito?

Solução:

P(D)=0,80   P(A/D)= 0,60
P(C)=0,20   P(A/C)=0,80

a) $P(D/A) = \dfrac{(0,8 \times 0,6)}{(0,8 \times 0,6) + (0,2 \times 0,8)} = \mathbf{0,75}$ ou $\mathbf{75\%}$

2) Uma pesquisa feita junto aos vestibulandos com opções para o curso de economia revelou que 30% dos candidatos fizeram contabilidade, 23% fizeram o curso científico e 475 outros cursos no ensino médio. Dos que estudaram no ensino médio de contabilidade, 35% conseguiram a vaga, no científico 65% e nos outros cursos, 18%. Após as aprovações, escolheu-se uma prova de um candidato aprovado, qual a probabilidade de ter feito o curso científico?

Solução:

P(CONT) = 0,30   P(AP/CONT) = 0,35
P(CIEN) = 0,23   P(AP/CIEN) = 0,65
P(OUT) = 0,47   P(AP/OUT) = 0,18

Teorema de Bayes:

P(CIEN/AP)=(0,23×0,65)/(0,3×0,35)+(0,23×0,65)+(0,47×0,18)= **44,09%**

3) Entre os clientes de um *site* de vendas que possuem cartão de crédito, constatou-se que 60% têm somente o *Visa* e 40% somente o *Mastercard*. Nenhum dos clientes do *site* tem os dois cartões ao mesmo tempo. Dos clientes *Visa*, 15% são inadimplentes e dos *Mastercard*, 5%. Um cliente é selecionado aleatoriamente do banco de dados de clientes cadastrados no *site* e constata-se que é inadimplente, qual probabilidade de ser um cliente *Visa*?

Solução:

P(V) = 0,60   P(I/V) = 0,15
P(M) = 0,40   P(I/M) = 0,05

Teorema de Bayes:

P(V/I) = (0,60 × 0,15)/(0,60 × 0,15)+(0,40 × 0,05) = **81,82%**

4) Em uma agência bancária, 30% das contas são de clientes que possuem cheque especial. O histórico do banco mostra que 3% dos cheques apresentados são devolvidos por insuficiência de fundos e que, dos cheques especiais, 1% são devolvidos pelo mesmo motivo. Calcule a probabilidade de que:

a) Um cheque não especial que acaba de ser apresentado ao caixa seja devolvido.

b) Um cheque seja especial, sabendo que acaba de ser devolvido.

Solução:

a) Um cheque não especial que acaba de ser apresentado ao caixa seja devolvido.

P(CESP)= 0,30   P(I/CESP)= 0,01
P(NCESP)=0,70   P(I/NCESP)= ?
P(I)=0,03

$P(I) = 0,30 \times 0,01 + 0,70 \times P(I/NCESP) = 0,03$

$0,03 = 0,003 + 0,70 \times P(I/NCESP)$
$0,7 - P(I/NCESP) = 0,03 - 0,003$
$0,7\ P(I/NCESP) = 0,0027$
$P(I/NCESP) = 0,027/0,70 =$ **0,04** ou **4%**

b) Um cheque seja especial, sabendo que acaba de ser devolvido.

Teorema de Bayes:

P(CESP)= 0,30   P(I/CESP)= 0,01
P(NCESP)=0,70   P(I/NCESP)= 0,04

$P(CESP/I) = (0,30 \times 0,01)/0,03 =$ **0,10** ou **10%**

5) A probabilidade de que um computador apresente problemas de *software* é de 40% e de *hardware*, 30%. Se o problema for de *software*, a probabilidade de conserto no local é de 80%. Se o problema for de *hardware*, esta probabilidade é de 60%. Se o problema for de outra natureza, a probabilidade de conserto no local é de 10%. Um computador acaba de apresentar problemas. Calcule a probabilidade de que seja consertado.

Solução:

P(CAR) = 0,40   P(CON/CAR) = 0,80
P(DIS) = 0,30   P(COM/DIS) = 0,60
P(OUT) = 0,30   P)COM/OUT) = 0,10

P(CON) = $0,40 \times 0,80 + 0,30 \times 0,60 + 0,30 \times 0,10$ = **0,53 ou 53%**

6) Uma pessoa deseja fazer sua barba de manhã. Ele possui para isto apenas um barbeador elétrico que funciona com um conversor ligado à rede elétrica ou com duas pilhas. A probabilidade de que não haja problemas de energia elétrica no momento é de 90%. Caso haja, ele possui duas pilhas usadas, cuja probabilidade individual de funcionamento é de 40%. Calcule a probabilidade de que esta pessoa consiga fazer sua barba de manhã.

Solução:

P(NPEE) = 0,90   P(FB/NPEE) = 1,00
P(PEE) = 0,10   P(FB/PEE) = 0,16

P(FB) = $0,90 \times 0,10 + 0,10 \times 0,16$ = **0,9160 ou 91,60%**

7) Uma pessoa recebeu um *e-mail* comunicando que havia sido sorteada e ganho um carro *BMW*. Ela acredita que haja uma probabilidade de 70% da proposta ser séria. Consultando um especialista em informática familiarizado com estes *e-mails*, ele afirmou que a proposta era séria. A expectativa de que o profissional acerte um caso afirmativo é de 90% e em caso negativo, 50%. Qual é a nova confiança da pessoa na lisura do *e-mail*?

Solução:

P(S) = 0,70   P(Acerte/S) = 0,90
P(NS) = 0,30   P(Acerte/NS) = 0,50

Teorema de Bayes:

$$P(S/\text{Acerte}) = \frac{0,70 \times 0,90}{0,70 \times 0,90 + 0,30 \times 0,50} =$$

$$P(S/\text{Acerte}) = \frac{0,63}{0,78} =$$

$$P(S/\text{Acerte}) = \mathbf{0,8077} \text{ ou } \mathbf{80,77\%}$$

8) Uma empresa de consultoria, especialista em solucionar problemas relativos a lançamentos de novos *notebooks*, classifica os problemas apresentados em três categorias A, B e C. Dos problemas, 50% são classificados na categoria A, 40% na B e o restante na C. A capacidade histórica de resolver problemas das diversas categorias é de 80% se for da A, 90% se for da B e 10% se for da C. Calcule a probabilidade de que:

a. A empresa consiga solucionar o primeiro problema a dar entrada no dia de hoje.
b. A empresa consiga solucionar os três problemas que entraram no dia de hoje.
c. Um dos problemas que entrou hoje acaba de ser resolvido. Qual é a probabilidade que seja da categoria C?

Solução:

P(A) = 0,50	P(R / A) = 0,80
P(B) = 0,40	P(R / B) = 0,90
P(C) = 0,10	P(R / C) = 0,10

a. A empresa consiga solucionar o primeiro problema a dar entrada no dia de hoje.

Teorema da Probabilidade Total:

$$P(C) = 0,50 \times 0,80 + 0,40 \times 0,90 + 0,10 \times 0,10 = \mathbf{0,77} \text{ ou } \mathbf{77\%}$$

b. A empresa consiga solucionar os três problemas que entraram no dia de hoje.

E = A empresa consiga solucionar os três problemas que entraram no dia de hoje

$$P(E) = 0,77 \times 0,77 \times 0,77 = \mathbf{0,4565} \text{ ou } \mathbf{45,65\%}$$

c. Um dos problemas que entrou hoje acaba de ser resolvido. Qual é a probabilidade que seja da categoria C?

Teorema de Bayes:

$$P(C/R) = \frac{0,10 \times 0,10}{0,77} =$$

$$P(C/R) = \frac{0,01}{0,77} = \mathbf{0,013} \text{ ou } \mathbf{1,3\%}$$

9) Suponhamos que 80% dos clientes de aluguel de carros sejam bons pagadores. Suponhamos, além disso, que haja uma probabilidade de 0,7 de que um bom pagador obtenha cartão de crédito e que esta probabilidade passe a ser de apenas 0,4 para um mau pagador. Calcule a probabilidade de que:

a. Um cliente selecionado ao acaso tenha um cartão de crédito.
b. Um cliente selecionado ao acaso e que tenha um cartão de crédito seja um bom pagador.
c. Um cliente escolhido ao acaso e que não tenha cartão de crédito seja um bom pagador.

Solução:

P(B) = 0,80   P(C/B) = 0,70
P(NB) = 0,20   P(C/NB) = 0,40

a. Um cliente selecionado ao acaso tenha um cartão de crédito:

Teorema da Probabilidade Total:

P(C) = 0,80 × 0,70 + 0,20 × 0,40 = **0,64**

b. Um cliente selecionado ao acaso e que tenha um cartão de crédito seja um bom pagador:

Teorema de Bayes:

$$P(B/C) = \frac{0,80 \times 0,70}{0,64} = \mathbf{0,8750} \text{ ou } \mathbf{87,50}$$

c. Um cliente escolhido ao acaso e que não tenha cartão de crédito seja um bom pagador:

$$P(B/NC) = \frac{P(B \cap NC)}{P(NC)} =$$

$$P(B/NC) = \frac{P(B) \times P(NC/B)}{P(NC)} =$$

$$P(B/NC) = \frac{0,80 \times (1 - 0,70)}{1 - 0,64} =$$

$$P(B/NC) = \frac{0,80 \times 0,30}{0,36} =$$

$$P(B/NC) = \frac{0,24}{0,36} = \mathbf{0,67} \text{ ou } \mathbf{67\%}$$

Capítulo 3 Noções de Probabilidades - Teorema de Bayes • **63**

10) *E-mails* conectam 85% dos internautas. Dos conectados por *e-mail*, 35% são americanos e dos conectados por outros meios de comunicação, 65% são americanos. Seleciona-se um internauta ao acaso e constata-se que é americano. Qual a probabilidade de ser um usuário de *e-mails*?

Solução:

Teorema de Bayes:

P(*E-mail*)=0,85   P(EUA/*E-mail*)= 0,35
P(Outra)=0,15   P(EUA/Outra)=0,65

$$P(E-mail / EUA) = \frac{(0,85 \times 0,35)}{(0,85 \times 0,35) + (0,15 \times 0,65)} = \mathbf{0,75} \text{ ou } \mathbf{75\%}$$

11) A maioria dos consumidores no mundo preferiu comprar um *laptop* ou *tablet* no ano de 2012, em vez de um *desktop*. É o que revelou a pesquisa realizada pelo IBOPE Inteligência e pela *Worldwide Independent Network of Market Research (WIN)* com 40.557 pessoas em 44 países. Do total de consumidores, 32% preferem comprar um *laptop*, 24% querem adquirir um *tablet,* 22% um *desktop* e 22% outros computadores. A procura pela marca *Dell* é de 18%, no caso dos *laptops*, 10% no caso dos *tablets*, 15% no caso dos *desktops* e 12% no caso de outros computadores. Um comprador adquiriu um computador da *Dell*. Qual a probabilidade de ser um *laptop*?

Solução:

P(LAP) = 0,32   P(Dell /LAP) = 0,18
P(TAB) = 0,24   P(Dell/TAB) = 0,10
P(TAB) = 0,22   P(Dell/TAB) = 0,15
P(OUT) = 0,22   P(Dell/TAB) = 0,12

$$P\left(LAP/Dell\right) = \frac{0,32 \times 0,18}{0,32 \times 0,18 + 0,24 \times 0,10 + 0,22 \times 0,15 + 0,22 \times 0,12} =$$

$$P\left(LAP/Dell\right) = \frac{0,0576}{0,0576 + 0,024 + 0,033 + 0,22 \times 0,0264} =$$

$$P\left(LAP/Dell\right) = \frac{0,0576}{0,141}$$

$$P\left(LAP/Dell\right) = \mathbf{0,4085} \text{ ou } \mathbf{40,85\%}$$

12) Qualquer pessoa que possui um computador sabe da importância de ter um antivírus instalado na máquina. A maioria dos usuários opta pelas versões gratuitas dos *softwares* de segurança. Para ver se esses pacotes funcionam mesmo, a *Proteste Associação de Consumidores* testou 20 pacotes de *Internet Security*, sendo 14 pagos e 6 gratuitos. Os resultados constam na base de dados abaixo:

Antivírus	Tipo	I&D	NP	FW	AW	URP	DAW
1	G	C	C	D	C	E	D
2	G	D	C	D	C	D	D
3	G	C	D	E	E	D	D
4	G	C	C	A	B	B	B
5	G	D	C	E	C	B	C
6	G	C	D	C	D	C	C
7	P	C	A	A	A	B	B
8	P	C	B	B	A	C	B
9	P	B	B	A	A	B	B
10	P	B	A	A	B	B	C
11	P	B	B	B	B	C	B
12	P	C	A	B	B	B	C
13	P	B	B	A	C	C	C
14	P	C	B	B	A	B	C
15	P	C	C	A	B	C	D
16	P	C	B	A	B	B	C
17	P	C	C	A	B	C	C

Capítulo 3 Noções de Probabilidades - Teorema de Bayes • 65

18	P	C	C	A	B	C	C
19	P	B	A	A	B	C	C
20	P	B	C	B	B	B	C

Descrições:

Tipo	Tipo
Instalação e Desinstalação	I&D
Navegação no Programa	NP
Firewall	FW
Antimalware	AW
Uso dos Recursos do PC	URP
Desempenho do Antimalware	DAW

Tipo	G-gratuito	P-pago			
Instalação e Desinstalação	A-muito bom	B-bom	C-aceitável	D-Fraco	E-ruim
Navegação no Programa	A-muito bom	B-bom	C-aceitável	D-Fraco	E-ruim
Firewall	A-muito bom	B-bom	C-aceitável	D-Fraco	E-ruim
Antimalware	A-muito bom	B-bom	C-aceitável	D-Fraco	E-ruim
Uso dos Recursos do PC	A-muito bom	B-bom	C-aceitável	D-Fraco	E-ruim
Desempenho do Antimalware	A-muito bom	B-bom	C-aceitável	D-Fraco	E-ruim

Seja a experiência aleatória de selecionar da base de dados acima um *software* de segurança: um antivírus.

a. Suponha que seja um pacote cuja navegação no programa tenha sido considerada aceitável. Qual a probabilidade de ser um antivírus gratuito?

b. Qual a probabilidade de ser um *software* de navegação aceitável?

Solução:

a) Suponha que seja um pacote cuja navegação no programa tenha sido considerada aceitável. Qual a probabilidade de ser um antivírus gratuito?

Teorema de Bayes:

P(G)=0,30   P(NP–C/G)= 0,67
P(P)=0,70   P(NP–C/P)=0,29

$$P(G/NP-C) = \frac{(0,30 \times 0,67)}{(0,30 \times 0,67)+(0,70 \times 0,29)} =$$

$$P(G/NP-C) = \frac{(0,201)}{(0,201)+(0,203)} =$$

$$P(G/NP-C) = \frac{0,201}{0,404} = \mathbf{0,50} \text{ ou } \mathbf{50\%}$$

b) Qual a probabilidade de ser um software de navegação aceitável?

Uma das possíveis soluções pode ser pelo Teorema da probabilidade Total, que é o denominador de Bayes:

P(G) = (0,30 × 0,67)+ (0,70 × 0, 29) = **0,40** ou **40%**

Contudo, este resultado poderia ser obtido diretamente da base de dados, então:

$$P(G) = \frac{8}{20} = \mathbf{40\%}$$

13) A "nuvem" pessoal substituirá o PC como centro da vida digital dos usuários. É o que prevê, para 2014, a consultoria *Gartner*, com base no rápido aparecimento de vários serviços de armazenamento de dados, marcando o fim do reinado do computador pessoal como dispositivo de acesso às informações. A empresa *Google* entra na briga pela guarda de dados. O mercado oferece desde serviços grátis até pacotes de 9 a 5 mil dólares anuais. A base de dados abaixo contém o perfil do que algumas empresas oferecem na guerra comercial pelo espaço nas nuvens.

Empresas	EG	PPMI	PPME	PPMA	SSD	SSDM
1	2GB	+50GB	+100GB	1 TB	WM	AIB
2	5GB	+25GB	+100GB	16 TB	L	A
3	5GB	+10GB	+20GB	+50GB	WM	iOS
4	7GB	+20GB	+50GB	+100GB	WML	WPi
5	2GB	+50GB	+50GB	1 TB	L	AIB
6	5GB	+25GB	+100GB	16 TB	W	A
7	5GB	+10GB	+20GB	+50GB	WM	iOS
8	2GB	+20GB	+50GB	16 TB	WM	A
9	2GB	+10GB	+20GB	+50GB	M	iOS
10	5GB	+20GB	+50GB	1 TB	L	A

Descrição das Variáveis:

Espaço Gratuito	**EG**
Plano Pago Mínimo	**PPMI**
Plano Pago Médio	**PPME**
Plano Pago Máximo	**PPMA**
Sistemas Suportados no *Desktop*	**SSD**
Sistemas Suportados em Dispositivos Móveis	**SSDM**

Descrição de Algumas Categorias:

Windows – W
Linux – L
Windows, Mac e Linus – WML
Windowa e Mac – WM
Android – A
Android, iOS e Blackberry – AiB
iOS
Windows Phone e iOS – WPi

Seja a experiência aleatória de selecionar uma empresa da base de dados. Suponha que esta ofereça como um dos sistemas suportados no *desktop,* o *Linux*. Qual a probabilidade desta empresa oferecer também espaço gratuito de 2GB?

Solução:

Teorema de Bayes:

P(EG-2GB) = 0,40   P(SSD-L / EG-2GB) = 0,25
P(EG=5GB) = 0,50   P(SSD-L / EG=5GB) = 0,40
P(EG-7GB) = 0,10   P(SSD-L / EG-7GB) = 1,00

$$P\left(EG-2GB/SSD-L\right)=\frac{0,40\times0,25}{0,40\times0,25+\times0,40+0,10\times1,0}=$$

$$P\left(EG-2GB/SSD-L\right)=\frac{0,1}{0,1+0,2+0,1}=$$

$$P\left(EG-2GB/SSD-L\right)=\frac{0,1}{0,4}=$$

$$P\left(EG-2GB/SSD-L\right)=\mathbf{0,25}\ \ \text{ou}\ \ \mathbf{25\%}$$

14) Uma rede local de computadores é composta de um servidor e dois clientes (A e B). Registros anteriores indicam que, dos pedidos de certo tipo de processamento, cerca de 30% vêm de A e 70% de B. Se o pedido não for feito de forma adequada, o processamento apresentará erro. Sabe-se que 2% dos pedidos feitos por A e 5% dos feitos por B apresentaram erro. Selecionando um pedido ao acaso, qual a probabilidade de ser proveniente de A, sabendo que apresentou erro?

Solução:

P(A) = 0,30 $\qquad$ P(E/A) = 0,02
P(B) = 0,70 $\qquad$ P(E/B) = 0,05

$$P(G / NP - C) = \frac{(0,30 \times 0,02)}{(0,30 \times 0,02) + (0,70 \times 0,05)} =$$

$$P(G / NP - C) = \frac{(0,006)}{(0,006) + (0,035)} =$$

$$P(G / NP - C) = \frac{0,006}{0,041} = \mathbf{0,1463} \text{ ou } \mathbf{14,63\%}$$

15) Ficou constatado que o aumento nas vendas de *tablets* por certo *site* na *internet* em determinado mês pode ocorrer somente por uma das causas mutuamente exclusivas: ação de marketing, publicidade/propaganda, oscilações econômicas do país e sazonalidade. A probabilidade de haver uma ação de marketing eficaz no mês é de 40%, de publicidade/propaganda 30%, oscilações econômicas 20% e sazonalidade 10%. Uma pesquisa mostrou que a probabilidade de haver aumento nas vendas do *tablet* devido a uma ação de marketing eficaz é de 7%, de publicidade/propaganda é de 7,5%, de oscilações econômicas no país de 3% e de sazonalidade 2%. Em um dado mês, o incremento nas vendas foi considerável. Indique a causa mais provável. Qual a probabilidade de aumento nas vendas em dado mês?

Solução:

Inicialmente, você deve considerar os eventos de interesse que são:

Evento efeito B: aumento nas vendas

Eventos causais (E_i): ação de marketing (E_1), publicidade/propaganda (E_2), oscilações econômicas no país (E_3) e sazonalidade (E_4)

Assim, você pode agora partir para os elementos requeridos pela fórmula para a modelagem, que são as probabilidades dos eventos de interesse e as probabilidades condicionais, dadas por:

$P(E_1)=0,4$ $P(B/E_1)=0,070$
$P(E_2)=0,3$ $P(B/E_2)=0,075$
$P(E_3)=0,2$ $P(B/E_3)=0,030$
$P(E_4)=0,1$ $P(B/E4)=0,020$

Agora você tem elementos suficientes para alocar as probabilidades na fórmula de Bayes, que fica:

$$P\left(E_i / B\right) = \frac{P\left(E_i\right) \cdot P\left(B / E_i\right)}{\sum_{i=1}^{n}\left[P\left(E_i\right) \cdot P\left(B / E_i\right)\right]}$$

Dado que ocorreu um aumento das vendas, a probabilidade deste aumento ter sido devido à **ação de marketing** é dada por:

$$P\left(E_1 / B\right) = \frac{0,4 \cdot 0,07}{\left[\left(0,4 \cdot 0,07\right) + \left(0,3 \cdot 0,075\right) + \left(0,2 \cdot 0,03\right) + \left(0,1 \cdot 0,02\right)\right]} =$$

$$P\left(E_1 / B\right) = \frac{0,028}{\left(0,28 + 0,0225 + 0,006 + 0,002\right)} = \mathbf{47,8\%}$$

Dado que ocorreu um aumento das vendas, a probabilidade deste aumento ter sido devido à **publicidade/propaganda** é dada por:

$$P\left(E_1 / B\right) = \frac{0,3 \cdot 0,075}{\left[\left(0,4 \cdot 0,07\right) + \left(0,3 \cdot 0,075\right) + \left(0,2 \cdot 0,03\right) + \left(0,1 \cdot 0,02\right)\right]} =$$

$$P\left(E_1 / B\right) = \frac{0,0225}{\left(0,28 + 0,0225 + 0,006 + 0,002\right)} = \mathbf{38,5\%}$$

Capítulo 3 Noções de Probabilidades - Teorema de Bayes • **71**

Dado que ocorreu um aumento das vendas, a probabilidade deste aumento ter sido devido às **oscilações econômicas** é dada por:

$$P(E_1 / B) = \frac{0,2 \cdot 0,03}{\left[(0,4 \cdot 0,07) + (0,3 \cdot 0,075) + (0,2 \cdot 0,03) + (0,1 \cdot 0,02)\right]} =$$

$$P(E_1 / B) = \frac{0,0225}{(0,28 + 0,0225 + 0,006 + 0,002)} = \mathbf{10,3\%}$$

Dado que ocorreu um aumento das vendas, a probabilidade deste aumento ter sido devido à **sazonalidade** é dada por:

$$P(E_1 / B) = \frac{0,1 \cdot 0,02}{\left[(0,4 \cdot 0,07) + (0,3 \cdot 0,075) + (0,2 \cdot 0,03) + (0,1 \cdot 0,02)\right]} =$$

$$P(E_1 / B) = \frac{0,02}{(0,28 + 0,0225 + 0,006 + 0,002)} = \mathbf{3,4\%}$$

Pelas probabilidades calculadas anteriormente, você tem elementos para concluir que a causa mais provável para o aumento das vendas naquele mês foi a **ação de marketing**.

Qual a probabilidade de aumento nas vendas de *tablets* pelo *site* em dado mês?

A probabilidade de aumento nas vendas em dado mês é dada pelo **denominador** do Teorema de Bayes, portanto **5,8%**.

16) A empresa *BIGinformática* monitora, frequentemente, o nível de satisfação de seus clientes, o qual tem se mostrado, no caso de seus computadores, sempre bastante positivo. No entanto, por mais que invista em publicidade, o patamar de consumo de seus produtos é frequentemente baixo no mercado. Algumas hipóteses são levantadas para justificar o fato com suas respectivas frequências relativas históricas:

- As promoções da concorrência são mais atrativas (30%);
- As campanhas publicitárias da concorrência são mais eficientes (30%);
- O posicionamento de preço de seus produtos está elevado em relação à concorrência (40%).

Sabe-se por pesquisas empíricas que se as promoções da concorrência são mais atrativas, a probabilidade de manutenção de baixa participação no mercado é de 2%; se as campanhas publicitárias da concorrência são mais eficientes, 3%; e se o posicionamento de preço de seus produtos está elevado em relação à concorrência, 10%.

Se, em um dado momento da pesquisa, a participação da empresa no mercado apresentar ainda taxas insatisfatórias de participação no mesmo, qual a probabilidade de ter sido pelo fato do posicionamento de preço de seus computadores estar elevado em relação à concorrência?

Solução:

As promoções da concorrência são mais atrativas: P(PCA)= 30%;
As campanhas publicitárias da concorrência são mais eficientes: P(CPC) = 30%;
O posicionamento de preço de seus produtos está elevado em relação à concorrência: P(PPP) = 40%.

A probabilidade de manutenção de baixa participação no mercado: P(PBPM)

P(PBPM / PCA) = 0,02
P(PBPM / CPC) = 0,03
P(PBPM / PPP) = 0,10

$$P\left(PPP / PBPM\right) = \frac{0,4 \times 0,1}{0,3 \times 0,02 + 0,3 \times 0,03 + 0,4 \times 0,1} = \mathbf{0,7272}$$

Capítulo 3 Noções de Probabilidades – Teorema de Bayes • **73**

17) Uma pesquisa foi desenvolvida para obter uma avaliação de estudantes dos reais níveis em que são dadas as ênfases para *softwares*, matemática e *hardware* nas suas carreiras de informática. Os resultados da coleta de dados estão descritos abaixo.

Estudante	Carreira de Informática	*Software*	Matemática	*Hardware*
1	EC	NB	NA	NA
2	EC	NI	NI	NA
3	SI	NA	NB	NB
4	EC	NB	NI	NA
5	CC	NI	NA	NB
6	EC	NB	NI	NA
7	CC	NA	NA	NA
8	CC	NI	NA	NB
9	EC	NB	NI	NA
10	SI	NA	NB	NB
11	CC	NI	NA	NB
12	CC	NI	NA	NB
13	EC	NB	NI	NA
14	SI	NA	NB	NB
15	EC	NA	NA	NA
16	EC	NI	NI	NA
17	SI	NA	NB	NB
18	SI	NA	NB	NB
19	EC	NB	NI	NA
20	CC	NI	NA	NB
21	CC	NI	NB	NA
22	SI	NB	NB	NB
23	CC	NI	NA	NB
24	CC	NI	NI	NI
25	EC	NA	NI	NA
26	SI	NA	NI	NB
27	SI	NI	NB	NA
28	CC	NA	NI	NA
29	EC	NB	NA	NB
30	SI	NA	NB	NB

Códigos usados no levantamento para as categorias das variáveis:

Variáveis	Categorias e Codificação
Carreira de informática	SI – Sistema de Informação; CC-Ciência da Computação; EC-Engenharia da Computação
Software	NB – Nível Básico; NI-Nível Intermediário; NA-Nível Avançado
Matemática	NB – Nível Básico; NI-Nível Intermediário; NA-Nível Avançado
Hardware	NB – Nível Básico; NI-Nível Intermediário; NA-Nível Avançado

Seleciona-se aleatoriamente um estudante deste grupo.

Pede-se:

a. Sabendo que é do curso de sistema de informação, qual a probabilidade de que opine que o nível da ênfase em *software* em seu curso é avançado?
b. Sabendo que é do curso de ciência da computação, qual a probabilidade de que opine que o nível da ênfase em matemática em seu curso é avançado?
c. Sabendo que é do curso de engenharia da computação, qual a probabilidade de que opine que o nível da ênfase em *hardware* em seu curso é avançado?
d. Sabendo que opinou que o nível de carga de *hardware* é básico em seu curso, qual a probabilidade de ser da carreira de ciência da computação?

Capítulo 3 Noções de Probabilidades - Teorema de Bayes • **75**

Solução:

a)

SNA= evento *software* nível avançado

$$P(SNA/SI) = \frac{n(SNA \cap SI)}{n(SI)} = \frac{7}{10} = \mathbf{0,70}$$

b)

MNA= evento matemática nível avançado

$$P(MNA/CC) = \frac{n(MNA \cap CC)}{n(CC)} = \frac{8}{10} = \mathbf{0,80}$$

c)

HNA= evento *hardware* nível avançado

$$P(HNA/EC) = \frac{n(HNA \cap EC)}{n(EC)} = \frac{9}{10} = \mathbf{0,90}$$

d)

P(SI) = 0,34   P(HNB/SI) = 0,70
P(CC) = 0,33   P(HNB/CC) = 0,60
P(EC) = 0,33   P(HNB/EC) = 0,10

$$P(CC/HNB) = \frac{(0,33 \times 0,60)}{(0,34 \times 0,70) + (0,33 \times 0,60) + (0,33 \times 0,10)} = \mathbf{0,4222}$$

18) Avaliação é o processo de julgar o mérito de um sistema de informação. Esta deve ser contrastada com outros dois conceitos: verificação e validação. Verificação é o processo de julgar a aderência de um sistema de informação com a sua especificação e validação é o processo de julgar quão bom um sistema de informação é em resolver o problema para o qual ele foi concebido. A avaliação de uma forma ampla é o processo de verificar para que serve e quanto serve um sistema. Em um estudo empírico de avaliação de sistemas computacionais, 10% dos programas foram somente verificados, 80% somente validados e 10% verificados e validados. Em todos os tipos de avaliação, se detectou a regularidade de 10% de programas mal avaliados. Escolheu-se ao acaso um programa da pesquisa e verificou-se que foi mal avaliado. Qual a probabilidade ter sido somente validado?

Solução:

$P(VE) = 0,10$ $\qquad$ $P(MAL/VE) = 0,10$
$P(VA) = 0,80$ $\qquad$ $P(MAL/VA) = 0,10$
$P(VE \cap VA) = 0,10$ $\qquad$ $P(MAL/\ VE \cap VA) = 0,10$

$$P\left(VA\ /\ MAL\right)=\frac{0,80}{\left(0,10\times0,10\right)+\left(0,80\times0,10\right)+\left(0,10\times0,10\right)}=$$

$$P\left(VA\ /\ MAL\right)=\frac{0,08}{0,10}=\mathbf{0,80}\ \ \text{ou}\ \ \mathbf{80\%}$$

19) Uma pesquisa sobre uso da *internet* revelou que 80% das pessoas entrevistadas usa a rede em seu horário de trabalho. Destas, 10% usa para fins pessoais. Das que usam fora do local de trabalho, 80% utiliza para fins pessoais, deixando o trabalho para dentro da empresa. Se selecionarmos uma pessoa pesquisada e constatarmos que usa a *internet* para fins pessoais, qual a probabilidade de usá-la para esse objetivo em seu local de trabalho?

Solução:

P(IHT)=0,80 P(PE/ IHT)= 0,10
P(NIHT)=0,20 P(PE/ NIHT)=0,80

$$P(IHT/PE) = \frac{(0,80 \times 0,10)}{(0,80 \times 0,10) + (0,20 \times 0,80)} =$$

$$P(IHT/PE) = \frac{0,08}{(0,08) + (0,16)} = 1/3$$

20)Uma pesquisa investigativa realizada em uma empresa revelou que 75% das invasões (voluntárias/involuntárias) aos computadores da corporação via *internet* provém dos empregados e somente 12,5% de não colaboradores. Foram investigadas 200 pessoas, dentre estas, 120 são funcionárias da organização. Seleciona-se uma pessoa investigada e consta-se que foi um dos responsáveis pela invasão de computadores da empresa através da *Web*. Qual a probabilidade de ser um empregado da empresa?

Solução:

P(EMP)=0,60 P(INV/ EMP)= 0,75
P(NEMP)=0,40 P(INV/ NEMP)=0,125

$$P(EMP/INV) = \frac{(0,60 \times 0,75)}{(0,60 \times 0,75) + (0,40 \times 0,125)} =$$

$$P(EMP/INV) = \frac{0,45}{(0,45) + (0,05)} = \mathbf{0,90} \text{ ou } \mathbf{90\%}$$

Capítulo 4

Variáveis Aleatórias Discretas

Variável Aleatória

Toda vez que uma variável quantitativa é influenciada pelo acaso, diz-se que é uma **variável aleatória**. Seus resultados são imprevisíveis, pois cada um deles resulta de fatores não controlados. Portanto, variável aleatória é um *número real* que varia aleatoriamente.

Variável Aleatória ou **variável estocástica** é um valor numérico, necessariamente quantitativo, que varia segundo as leis do acaso.

Exemplos:

- Número de erros emitidos por um programa em uma linguagem computacional na realização de uma tarefa;
- Tempo que um programa demora para realizar uma tarefa;
- Tempo que sistemas bancários ficam fora do ar inesperadamente;
- Número de computadores vítimas de invasão de *hackers* em uma cidade;
- Número de computadores com defeitos produzidos por uma indústria;
- Tempo que um analista demora para finalizar um programa computacional;
- Número de aplicadores financeiros estrangeiros em visita ao país em dado ano;
- Tempo que um banco de dados demora para finalizar uma pesquisa relacional;
- Número de problemas que os computadores domésticos apresentam ao longo de sua vida útil;

- O tempo que os sinais de trânsito ficam fechados é uma variável aleatória. Os operadores são treinados a fazer alterações a partir da observação das variações na fluidez do tráfego. Se, em uma via, a fila de veículos no sinal atingir determinada extensão, aumenta o tempo verde. O tempo do sinal é estipulado a partir do número de veículos que passa por hora pela via e pela capacidade da rua de receber carros, portanto depende de uma série de fatores não controláveis que dá caráter estocástico aos semáforos;
- Número de erros de sintaxe de programas computacionais;
- Número de erros de sintaxe de algoritmos.

Todas estas variáveis podem ser observadas cientificamente através da aplicação da Estatística à Informática.

Modelos Estocásticas

Em situações reais, em que existem componentes que são variáveis aleatórias, dizemos que são **processos com possível Modelagem Estocástica.**

Exemplos:

- Imagine uma empresa em que para cada mês do ano existe sempre a mesma política gerencial desenvolvida, que vise aperfeiçoar a tecnologia de computadores e similares e enfrentar o mercado altamente competitivo. No entanto, mesmo com todos os esforços na disponibilização de tecnologias de computadores mais avançadas, a reação da concorrência ainda é imprevisível. Essa variabilidade ocorre ao acaso, pois resulta de uma soma de fatores não controlados;
- Apesar de todo esforço por parte dos profissionais para controlar a segurança de sistemas computacionais bancários pela *internet*, ainda existem diferentes graus de "vulnerabilidade" de segurança do sistema, pois existem outros fatores que também influenciam a segurança destes, que não podem ou não foram controlados;

- O poder público tem investido consideravelmente em políticas públicas para o incentivo a investimentos financeiros, contudo a demanda por aplicações no Brasil ainda é imprevisível, não controlável, principalmente em época de crise financeira mundial;
- Os problemas de transportes são sistemas reais que podem ser modelados por simulação estocástica;
- Pode ser razoável supor que em fila cheguem, em média, cinco indivíduos por minuto, mas o número exato de indivíduos que vão chegar no próximo minuto não é totalmente previsível.

Variáveis Aleatórias Discretas

Uma variável aleatória X será discreta se um dado valor que puder assumir se originar de um processo de contagem. Seus valores podem ser associados aos números naturais (1, 2, 3, 4, etc).

Exemplos:

- Número de erros emitidos por um programa em uma linguagem computacional na realização de uma tarefa;
- Número de computadores vítimas de invasão de *hackers* em uma cidade;
- Número de computadores com defeitos produzidos por uma indústria;
- Número de quedas de sistemas bancários ocorridas durante fim de semana;
- Número de problemas que os computadores domésticos apresentam ao longo de sua vida útil;
- Número de "fragilidades" que sistemas computacionais apresentam quanto à segurança;
- Número de antivírus disponíveis na *internet* para *downloads*;
- Número de usuários do Facebook;
- Número de novos usuários no Facebook;
- Número de pessoas que usam o Facebook no celular;
- Número de usuários do Twitter;
- Número de *tweets* por dia;

- Número de *blogs* no Tumblr;
- Número de *blog* em WordPress;
- Número de mensagens enviadas pelo WhatsApp em apenas um dia;
- Número de contas em redes sociais no mundo;
- Número de contas criadas no Instagram em 2011;
- Média de fotos enviadas por segundo no Instagram;
- Número estimado de fotos no Facebook;
- Número de usuários no Flickr;
- Número de fotos enviadas por dia no Flickr;
- Número de fotos hospedadas no Flickr;
- Número de visualizações no Youtube;
- Media de visualizações por pessoa no Youtube;
- Quantidade de vídeos enviados ao Youtube a cada minuto;
- Número de novos usuários no Vimeo;
- Número de videos vistos por mês no Youtube;
- Número de contas de *email* no mundo;
- Número de usuários do Microsoft Outlook, o cliente de *email* mais popular do mundo;
- Média de *emails* enviados e recebidos por dia por um usuário corporativo;
- Número de usuários do hotmail (o maior serviço de *email* do mundo).

Distribuição de Probabilidades

- Entende-se por distribuição de probabilidades o conjunto de todos os valores que podem ser assumidos por uma variável aleatória discreta, com as respectivas probabilidades;
- Quando os resultados da variável aleatória X são apresentados em termos de suas probabilidades de ocorrência (ou em termos de frequências relativas com amostras ou experiências suficientemente grandes), têm-se, então, uma distribuição de probabilidades;
- A probabilidade de que cada variável aleatória X assuma o valor x é descrito em uma tabela ou por um modelo matemático e se chama distribuição de probabilidade de X, que podemos representar por P (X=x) ou simplesmente P (x);

Capítulo 4 Variáveis Aleatórias Discretas • 83

- Se os resultados da variável aleatória são resultantes de contagem, do conjunto dos números naturais, então nas condições acima, temos uma distribuição de probabilidade discreta.

Exemplo 1:

Os resultados que podem ocorrer no lançamento de um dado, com as respectivas probabilidades, constituem uma distribuição discreta de probabilidades:

X	P (x)
1	1/6
2	1/6
3	1/6
4	1/6
5	1/6
6	1/6
Total	1

Exemplo 2:

E: lançamento de duas moedas

X: número de caras obtidas

O espaço amostral associado a este experimento aleatório é:

S = { (cara, coroa), (coroa, cara), (cara, cara), (coroa, coroa)}

$X=0 \rightarrow P(X=0) = 1/4$
$X=1 \rightarrow P(X=1) = 1/4 + 1/4 = 2/4$
$X=2 \rightarrow P(X=2) = 1/4$

Logo, a distribuição de probabilidades associada a esta experiência é:

Tabela:

x	0	1	2
P (x)	1/4	2/4	1/4

Modelo Matemático:

$$P (x) = 1/4 \ C_2^x$$

Exemplo 3:

Sobre os tipos de canais que a internet foi acessada, o desktop liderou com 37%, seguido pelo notebook (laptop) (23%), smartphone (12%), tablets (10%), iPad (8%), console de videogame (5%), iPod (3%) e outros dispositivos (2%). Se categorizarmos desktop (X=8), notebook (X=7), smartphone (X=6), tablets (X=5), iPad (X=4), console de videogame (X=3), iPod (X=2), outros dispositivos (X=1) e admitirmos os percentuais como medidas experimentais de probabilidade, poderemos admitir a seguinte distribuição de probabilidades para o comportamento da variável aleatória x definida:

Distribuição de Probabilidades da Variável Aleatória X

X	P(X)
8	37
7	23
6	12
5	10
4	8
3	5
2	3
1	2
Total	**100**

Capítulo 4 Variáveis Aleatórias Discretas • 85

Exemplo 4:

Entretenimento e recreação foram os conteúdos mais acessados na *internet* pelos brasileiros (41% dos internautas) – a pesquisa não define o período de tempo. Em segundo lugar ficaram os acessos para trabalhos escolares, estudo ou pesquisa, 22%. Trocas de mensagens ou uso da *internet* para conhecer pessoas ficaram na terceira posição, 13%, seguidos por trabalho, 10%, pesquisas em geral, 7%, atualização profissional, 5%, e *download* ou leitura de livros, 2%. Monte uma distribuição de probabilidades com os dados coletados da pesquisa, considerando os valores assumidos pela variável aleatória decrescente a partir de 7, X= 7, ...1.

Solução:

Seguindo o procedimento análogo ao exemplo 3, teremos:

Distribuição de Probabilidades da Variável Aleatória X

X	P(X)
7	41
6	22
5	13
4	10
3	7
2	5
1	2
Total	**100**

Função Repartição de Probabilidades

Em teoria da probabilidade, a **função repartição de probabilidades**, **função distribuição acumulada (fda)** ou simplesmente **função distribuição**, descreve completamente a distribuição da probabilidade de uma variável aleatória de valor real X. Para cada número real x, a fda é dada por:

$$F(x) = P(X \leq x)$$

A função de repartição da variável aleatória X, no ponto x, é a probabilidade de que X assuma um valor menor ou igual a x.

É uma forma alternativa de informação sobre o comportamento da variável aleatória que se desejar conhecer muito útil a pesquisadores e estudiosos de variáveis aleatórias.

A função distribuição pode ser facilmente obtida a partir da função de probabilidade respectiva. No caso de uma variável aleatória discreta:

$$F(x) = \sum_{x_1 \leq x} f(x_1)$$

Observação:

Na definição acima, o sinal "menor ou igual", '$\leq$' poderia ser substituído por "menor" '$<$'. Isto produziria uma função diferente, mas qualquer uma das funções pode ser facilmente deduzida a partir da outra. Também se poderia mudar para um sinal maior e deduzir as propriedades desta nova função. O importante é lembrar de ajustar a definição ao sinal pretendido.

Propriedades da Função Repartição de Probabilidades

Se X é uma variável aleatória discreta, então ela obtém os valores x_1, x_2, ... com probabilidade p_1, p_2 etc., e a fda de X será descontínua nos pontos x_i *(muda de valor e inclinação)* e constante entre eles.

Para qualquer função de distribuição F, tem-se:

- $0 \leq F(x) \leq 1$

- F é não decrescente (crescente ou constante): $x_1 < x_2 \Rightarrow F(x_1) \leq (x_2)$

- $F(-\infty) = \lim_{x \to -\infty} F(x) = 0$

- $F(+\infty) = \lim_{x \to +\infty} F(x) = 1$

- F é contínua à direita: $F(a^+) = \lim_{x \to a^+} F(x) = F(a)$

- $P(x = a) = F(a) - F(a^-)$
- $P(a < x \leq b) = F(b) - F(a)$, com $a, b \in \mathbb{R}, e\ a < b$

Gráfico da Função Distribuição

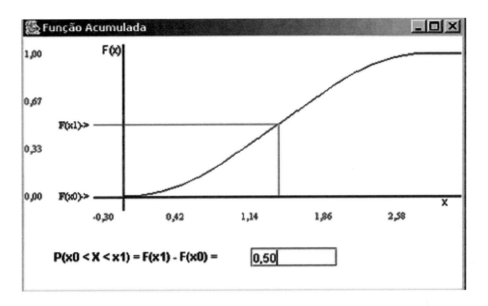

Exemplo 1:

Abaixo está representada através de uma tabela a distribuição de probabilidade do número de irmãos constantes como "amigos" de usuários do Orkut. Obter a distribuição acumulada ou de repartição de probabilidades.

X=Nº de irmãos	P(X)
0	0,17
1	0,13
2	0,40
3	0,13
4	0,17
Total	**1,00**

Solução:

X=N° de irmãos	P(X)	F(X)
0	0,17	0,17
1	0,13	0,30
2	0,40	0,70
3	0,13	0,83
4	0,17	1,00
Total	**1,00**	

Matematicamente:

F(0)=P(X≤0) = 0,17 ou 17%
F(1)=P(X≤1) = 0,30 ou 30%
F(2)=P(X≤2) = 0,70 ou 70%
F(3)=P(X≤3) = 0,83 ou 83%
F(4)=P(X≤4) = 1,00 ou 100%

F(2) = **70%**, é a probabilidade de um usuário do Orkut ter até dois irmãos e assim por diante.

Gráfico da Função Acumulada

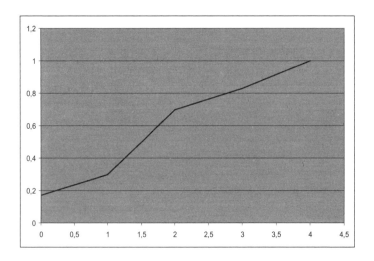

Exemplo 2:

Encontre a função de distribuição acumulada da variável aleatória número de caras (X) do experimento lançar duas moedas.

Solução:

A função de distribuição de probabilidade de X é:

X	0	1	2
p_i	1/4	1/2	1/4

Assim, sua função de distribuição acumulada será:

X	P(X=x)	F(x)=P(X≤x)
0	0,25	**0,25**
1	0,50	**0,75**
2	0,25	**1,00**
Total	**1,00**	—

$F(0)=P(X≤0) = 0,25$ ou 25%
$F(1)=P(X≤1) = 0,75$ ou 75%
$F(2)=P(X≤2) = 1,00$ ou 100%

Gráfico da Função Repartição de Probabilidades

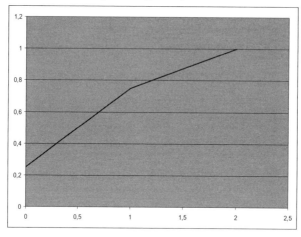

Exemplo 3:

Sobre os tipos de canais que a *internet* foi acessada, o *desktop* liderou com 37%, seguido pelo *notebook (laptop)* (23%), *smartphone* (12%), *tablets* (10%), *iPad* (8%), console de *videogame* (5%), *iPod* (3%) e outros dispositivos (2%). Se categorizarmos *desktop* (X=8), *notebook* (X=7), *smartphone* (X=6), *tablets* (X=5), *iPad* (X=4), console de *videogame* (X=3), *Ipod*(X=2), outros dispositivos (X=1) e admitirmos os percentuais como medidas experimentais de probabilidade, poderemos admitir a seguinte função repartição de probabilidades para o comportamento da variável aleatória X definida:

Função Repartição de Probabilidades da Variável Aleatória X

X	P(X)	F(x)
8	37	37
7	23	60
6	12	72
5	10	82
4	8	90
3	5	95
2	3	98
1	2	100
Total	**100**	—

Gráfico da Função Acumulada

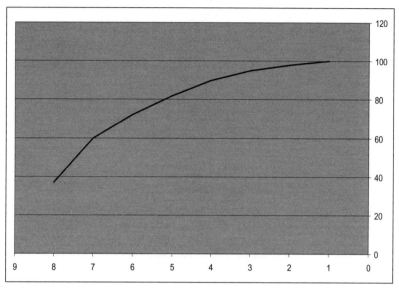

Exemplo 4:

Entretenimento e recreação foram os conteúdos mais acessados na *internet* pelos brasileiros (41% dos internautas) − a pesquisa não define o período de tempo. Em segundo lugar ficaram os acessos para trabalhos escolares, estudo ou pesquisa, 22%. Trocas de mensagens ou o uso da *internet* para conhecer pessoas ficaram na terceira posição, 13%, seguidos por trabalho, 10%, pesquisas em geral, 7%, atualização profissional, 5%, e *dwonload* ou leitura de livros, 2%. Monte uma função repartição de probabilidades com os dados coletados da pesquisa, lembrando que os valores assumidos pela variável aleatória são decrescentes a partir do valor 7, X=7, ..1.

Solução:

Seguindo o procedimento análogo ao exemplo 3, teremos:

Função Repartição de Probabilidades da Variável Aleatória X

X	P(X)	F(x)
7	41	41
6	22	63
5	13	76
4	10	86
3	7	93
2	5	98
1	2	100
Total	**100**	

Gráfico da Função Acumulada

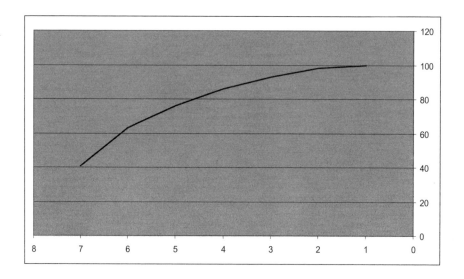

Esperança Matemática

A esperança matemática de uma variável aleatória X é a soma de todos os produtos possíveis da variável aleatória pela respectiva probabilidade:

$$E(X) = \mu_x = \mu = \Sigma\, x_i \cdot P(x_i)$$

Conceitos Práticos do Parâmetro Esperança Matemática

- Em uma sequência muito longa da experiência aleatória ou em uma amostra suficientemente grande, se espera que os resultados da variável aleatória se concentrem em torno de sua esperança;
- De um modo geral, o valor esperado pode ser interpretado como o valor médio da variável aleatória em uma longa sequência de experiências aleatórias;
- É o valor em torno do qual estão concentrados os resultados da variável aleatória;
- Os resultados da variável aleatória giram em torno deste valor;
- É uma medida do nível geral da variável aleatória ou do padrão regular dos resultados da variável aleatória.

Exemplos:

1) Seja uma variável aleatória definida como o ponto obtido no lançamento de um dado. Calcular E(X).

X	P(X)	XP(X)
1	1/6	1/6
2	1/6	2/6
3	1/6	3/6
4	1/6	4/6
5	1/6	5/6
6	1/6	6/6
Total	1,0	3,5

E(X) = 21/6 = **3,5**

Exemplo 2:

Abaixo está representada através de uma tabela a distribuição de probabilidade do número de irmãos constantes como "amigos" de usuários do Orkut. Calcule E(X)

X=Nº de irmãos	P(X)
0	0,17
1	0,13
2	0,40
3	0,13
4	0,17
Total	1,00

Solução:

X=Nº de irmãos	P(X)	XP(X)
0	0,17	0,00
1	0,13	0,13
2	0,40	0,80
3	0,13	0,39
4	0,17	0,68
Total	1,00	2

$E(X) = 2$ irmãos

Exemplo 3:

Encontre a esperança matemática da variável aleatória número de caras (X) do experimento lançar duas moedas.

Solução:

O quadro de cálculo para obtenção de E(X) é:

Capítulo 4 Variáveis Aleatórias Discretas • 95

Assim, o quadro de cálculo para obtenção da esperança matemática será:

X	P(X=x)	XP(X)
0	0,25	0
1	0,50	0,5
2	0,25	0,5
Total	**1,00**	**1**

$E(X) = \mathbf{1}$ cara

Exemplo 4:

Sobre os tipos de canais que a *internet* foi acessada, o *desktop* liderou com 37%, seguido pelo *notebook (laptop)* (23%), *smartphone* (12%), *tablets* (10%), *iPad* (8%), console de *videogame* (5%), *iPod* (3%) e outros dispositivos (2%). Se categorizarmos *desktop*(X=8), *notebook* (X=7), *smartphone*(X=6), *tablets*(X=5), *Ipad*(X=4), console de videogame(X=3), *Ipod*(X=2), outros dispositivos(X=1). Calcule E(X).

O quadro de cálculo para obtenção de E(X) é:

X	P(X)	XP(X)
8	0,37	2,96
7	0,23	1,61
6	0,12	0,72
5	0,10	0,50
4	0,08	0,32
3	0,05	0,15
2	0,03	0,06
1	0,02	0,02
Total	**1**	**6,34**

$E(X)= \mathbf{6,34}$, o que indica a incidência maior dos eventos *desktop* ou *notebook* como os canais de maior acesso à *internet*.

Exemplo 5:

Entretenimento e recreação foram o conteúdo mais acessado na internet(X=7) pelos brasileiros (41% dos internautas) – a pesquisa não define o período de tempo. Em segundo lugar, ficaram os acessos para trabalhos escolares, estudo ou pesquisa(X=6), 22%. Trocas de mensagens ou o uso da internet para conhecer pessoas ficaram na terceira posição(X=5), 13%, seguidos por trabalho(X=4), 10%, pesquisas em geral(X=3), 7%, atualização profissional(X=2), 5%, e download ou leitura de livros(X=1), 2%. Calcule E(X).

Solução:

O quadro de cálculo para obtenção de E(X) é:

X	P(X)	XP(X)
7	0,41	2,87
6	0,22	1,32
5	0,13	0,65
4	0,10	0,40
3	0,07	0,21
2	0,05	0,10
1	0,02	0,02
Total	**1**	**5,57**

E(X) = **5,57**, o que indica a maior incidência dos eventos "entretenimento ou recreação" ou "trabalhos escolares, estudo ou pesquisa" na manifestação do fenômeno aleatório.

Exemplo 6:

João e Paulo estão em uma boate e tem uma menina extremamente bonita, porém muito difícil de ser conquistada. João diz que está com muita vontade de beijá-la, mas Paulo o desencoraja, alegando que das inúmeras vezes que foi à boate só presenciou que 10% dos garotos que se aproximaram da menina conseguiram beijá-la. João, então, muito autoconfiante, faz uma aposta com Paulo, afirmando que vai tentar beijar a menina e se conseguir, ele ganha R$ 1.000,00 de Paulo; se não conseguir, terá que pagar a Paulo R$ 100,00. Se João tentar um número suficientemente grande de vezes e a menina aceitar ou não os beijos de forma independente, qual o ganho esperado de João? Este é um jogo justo?

Solução:

E(X) = 0,10 . (+1000) + 0,90 . (–100) = 0,10 . 1000 – 0,90 . 100 = **R$ 10,00**.

Interpretação:

Um jogo é justo quando sua esperança de ganho é nula, é favorável ao apostador quando é positiva e desfavorável quando é negativa. Neste caso é favorável ao apostador (João).

Variância

$$V(x) = \sigma^2 = \Sigma x^2_i . P (x_i) - [E (X)]^2$$

Fornece o grau de dispersão dos valores da variável aleatória em torno da média. É uma medida do grau de heterogeneidade, de dispersão ou variabilidade dos resultados da variável aleatória.

Observações:

- Quanto mais alto o valor da variância, mais dispersos ou afastados os valores da variável aleatória estão de seu valor médio;
- A raiz quadrada da variância é o desvio padrão da variável aleatória: **S (X) = √V(X)**;
- O coeficiente de variação da variável aleatória é uma medida em termos percentuais definido por: **CV(X) = [S(X)/E(X)]. 100**.

Exemplo 1:

Seja uma variável aleatória definida como o ponto obtido no lançamento de um dado. Calcular V(X).

X	P(x)	X . P(x)	X^2 . P(x)
1	1/6	1/6	1/6
2	1/6	2/6	4/6
3	1/6	3/6	9/6
4	1/6	4/6	16/6
5	1/6	5/6	25/6
6	1/6	6/6	36/6
Total	**1**	**3,5**	**91/6 = 15,20**

$V(X) = 15,2 - (3,5)^2 = 15,2 - 12,2 = \mathbf{3,0}$

Exemplo 2:

Abaixo está representada através de uma tabela a distribuição de probabilidade do número de irmãos constantes como "amigos" de usuários do Orkut. Calcule V(X)

Solução:

X=Nº de irmãos	P(X)	XP(X)	$X^2P(X)$
0	0,17	0,00	0,00
1	0,13	0,13	0,13
2	0,40	0,80	1,60
3	0,13	0,39	1,17
4	0,17	0,68	2,72
Total	**1,00**	**2**	**5,62**

$V(X) = 5,62 - (2)^2 = \mathbf{1,62}$

O desvio padrão pode ser obtido através da raiz quadrada da variância:
$S(X) = \sqrt{1,62} = \mathbf{1,27}$

Exemplo 3:

Encontre a variância da variável aleatória número de caras (X) do experimento lançar duas moedas.

Solução:

O quadro de cálculo para obtenção de V(X) é:

Assim, o quadro de cálculo para obtenção da variância será:

X	P(X=x)	XP(X)	X²P(X)
0	0,25	0	0,0
1	0,50	0,5	0,5
2	0,25	0,5	1,0
Total	**1,00**	**1**	**1,5**

$V(X) = 1,5 - 1^2 = \mathbf{0,5}$

O desvio padrão pode ser obtido através da raiz quadrada da variância:

$S(X) = \sqrt{0,5} = \mathbf{0,71}$

Exemplo 4:

Sobre os tipos de canais que a *internet* foi acessada, o *desktop* liderou com 37%, seguido pelo *notebook (laptop)* (23%), *smartphone* (12%), *tablets* (10%), *iPad* (8%), console de *videogame* (5%), *iPod* (3%) e outros dispositivos (2%). Se categorizarmos *desktop*(X=8), *notebook* (X=7), *smartphone*(X=6), *tablets*(X=5), *Ipad*(X=4), console de videogame(X=3), *Ipod*(X=2), outros dispositivos(X=1). Calcule V(X).

100 • Estatística Aplicada à Informática e às suas novas Tecnologias

O quadro de cálculo para obtenção de V(X) é:

X	P(X)	XP(X)	$X^2P(X)$
8	0,37	2,96	23,68
7	0,23	1,61	11,27
6	0,12	0,72	4,32
5	0,10	0,50	2,5
4	0,08	0,32	1,28
3	0,05	0,15	0,45
2	0,03	0,06	0,12
1	0,02	0,02	0,02
Total	**1**	**6,34**	**43,64**

$V(X) = 43,64 - (6,34)^2 = \mathbf{3,44}$

O desvio padrão pode ser obtido através da raiz quadrada da variância:

$S(X) = \sqrt{3,44} = \mathbf{1,86}$

Exemplo 5:

Entretenimento e recreação foram o conteúdo mais acessado na *internet* (X=7) pelos brasileiros (41% dos internautas) - a pesquisa não define o período de tempo. Em segundo lugar ficaram os acessos para trabalhos escolares, estudo ou pesquisa (X=6), 22%. Trocas de mensagens ou o uso da internet para conhecer pessoas ficaram na terceira posição(X=5), 13%, seguidos por trabalho (X=4), 10%, pesquisas em geral (X=3), 7%, atualização profissional (X=2), 5%, e *download* ou leitura de livros (X=1), 2%. Calcule V(X).

Solução:

O quadro de cálculo para obtenção de V(X) é:

Capítulo 4 Variáveis Aleatórias Discretas • 101

X	P(X)	XP(X)	X²P(X)
7	0,41	2,87	20,09
6	0,22	1,320	7,92
5	0,13	0,65	3,25
4	0,10	0,40	1,6
3	0,07	0,21	0,63
2	0,05	0,10	0,2
1	0,02	0,02	0,02
Total	1	5,57	33,71

$V(X) = 33,71 - (5,57)^2 = \mathbf{2,69}$

O desvio padrão pode ser obtido através da raiz quadrada da variância:

$S(X) = \sqrt{2,69} = \mathbf{1,64}$

Propriedades da Esperança Matemática

Pode-se demonstrar matematicamente que:

1) A esperança de uma constante é própria constante:

$$E(k) = k$$

Exemplo

$X = 1,1,1$
$E(1) = 1$

2) Multiplicando uma variável aleatória por uma constante, sua esperança ficará multiplicada por essa constante:

$$E(kX) = kE(X)$$

Exemplo:

$X = 1,2,3$
$K = 5$

$$E(X)= (1+2+3)/3 = 2$$
$$Y= 5X$$
$$Y=5,10,15$$
$$E(Y)= (5+10+15)/3=10 \rightarrow E(Y)=E(5X)= 5 \times 2 = 10$$

3) A esperança da soma ou diferença de duas variáveis aleatórias é a soma ou diferença das esperanças:

$$\boxed{E(X \pm Y) = E(X) \pm E(Y)}$$

Exemplo:

$$X=1,2,3$$
$$E(X)= (1+2+3)/3 = 2$$
$$Y= 3,4,5$$
$$E(Y)= (3+4+5)/3= 4$$
$$X+Y = 4,6,8$$
$$E(X+Y) = (4+6+8)/3=6 \rightarrow E(X+Y) = 2 + 4 =6$$

4) Somando-se ou subtraindo-se uma constante a uma variável aleatória, sua média fica somada ou subtraída da mesma constante:

$$\boxed{E(X \pm K) = E(X) \pm K}$$

Exemplo:

$$X=1,2,3$$
$$E(X)= (1+2+3)/3 = 2$$
$$K=5$$
$$X+5 = 6, 7, 8$$
$$E(X+5)= (6+7+8)/3 = 7 \rightarrow E(X+5) = 2 + 5 = 7$$

5) A esperança dos desvios da variável em relação à própria esperança é Zero:

$$\boxed{E[(X - E(X)] = 0}$$

Exemplo:

X=1,2,3
E(X)= (1+2+3)/3 = 2
[X − 2] = -1 , 0, 1
E[X-2] = (-1 + 0 + 1)/ 3 = 0

6) A esperança do produto de duas variáveis aleatórias será o mais próximo do produto das esperanças, quanto mais independentes foram X e Y:

$$E(XY) = E(X).E(Y)$$

X=5,7,6,
E(X)= (5+7+6)/3 = 6
Y= 1,0,2
E(Y)= (1+0+2)/3= 1
XY = 5, 0, 12
E(XY) = (5 + 0 + 12) / 3 = 5,67 → E(XY) = 6 x 1 = 6

Propriedades da Variância

Pode-se demonstrar matematicamente que:

1) A variância de uma constante é ZERO:

$$V (K) = 0$$

Exemplo:

X= 1,1,1,
V(1)=0

2) Multiplicando-se uma variável aleatória por uma constante, sua variância fica multiplicada pelo quadrado da constante:

$$V(KX) = K^2\, V(X)$$

Exemplo:

X=1,2,3
K=5
E(X)= (1+2+3)/3 = 2

$$V(X) = \frac{(1-2)^2 + (2-2)^2 + (3-2)^2}{3} = \frac{1+0+1}{3} = \frac{2}{3}$$

Y= 5X
Y=5,10,15
E(Y)= (5+10+15)/3=10

$$V(Y) = \frac{(5-10)^2 + (10-10)^2 + (15-10)^2}{3} = \frac{25+0+25}{3} = \frac{50}{3}$$

3) Somando-se ou subtraindo-se uma variável por uma constante, sua variância não se altera:

$$V(X \pm K) = V(X)$$

Exemplo:

X=1,2,3
E(X)= (1+2+3)/3 = 2

$$V(X) = \frac{(1-2)^2 + (2-2)^2 + (3-2)^2}{3} = \frac{1+0+1}{3} = \frac{2}{3}$$

K=5
Y = X + 5 = 6, 7, 8,
E(Y) = E(X + 5) = (6+7+8)/3 = 7

$$V(Y) = \frac{(6-7)^2 + (7-7)^2 + (8-7)^2}{3} = \frac{1+0+1}{3} = \frac{2}{3}$$

Capítulo 4 Variáveis Aleatórias Discretas • **105**

4) A variância da soma ou diferença de duas variáveis aleatórias independentes é a soma das respectivas variâncias:

$$V(X \pm Y) = V(X) + V(Y)$$

Exemplo: 1

X	Y	X+Y
2	1	3
0	0	1
0	0	1
0	1	1
1	1	1
0	0	0
0	1	1
1	1	1
0	0	1

$V(X) \approx 0,3$
$V(Y) \approx 0,1$
$V(X+Y) \approx 0,4$
$V(X + Y) = V(X) + V(Y) \approx 0,3 + 0,1 \approx 0,4$

Exemplo: 2

Variação do preço percentual de desktops(X) e notebooks(Y) em 30 lojas variadas no mês dezembro de 2013, comparado com o mês de dezembro de 2012.

X	Y	X+Y
1.1	–0.3	0.8
–1.2	–0.3	–1.5
1.3	–0.8	0.4
0.3	1.1	1.4
–1.4	–1.5	–2.9
1.0	–0.3	0.7
0.4	–0.9	–0.5
1.3	0.0	1.3
–1.0	–0.6	–1.7
–1.3	1.5	0.2
1.1	–0.6	0.5
–1.1	–0.3	–1.5
1.3	–0.8	0.5
0.1	1.4	1.5
–1.3	–0.9	–2.2
0.8	–0.3	0.5
0.6	–0.6	0.0

1.5	-0.3	1.2
-1.0	-0.7	-1.7
-0.4	1.3	0.9
-1.2	-0.9	-2.1
0.6	0.0	0.6
-1.0	-0.3	-1.3
0.0	1.9	1.9
0.8	-0.2	0.6
-0.2	1.6	1.4
0.8	-0.3	0.5
-0.7	1.1	0.4
0.2	2.2	2.4
-1.4	-1.0	-2.4

V(X)	0.97	
V(Y)	0.97	
V(X+Y)	1.93	
V(X) +V(Y)	1.93	

Aplicação das Propriedades em Estudo de Caso

Numa seção de empacotamento, produtos de *hardwares* são acondicionados em pacotes por máquinas que funcionam através de um sistema de gerencia computacional, com alta precisão. O sistema está programado para encaixotar em média 200 kg de produtos de *hardwares*, porém, dado o grau de precisão do sistema computacional, o peso real obtido se distribui em torno dessa média com desvio padrão 3 kilos. Supondo que a caixa tem um peso constate de 25 kilos, qual a média e o desvio padrão do peso bruto da caixa?

Solução:

Seja X o peso dos produtos de *hardwares*. Este peso é uma variável aleatória em que:

$E(X) = 200$ kg
$V(X) = 9$ $(kg)^2$
$S(X) = 3$ kg

O peso bruto da caixa será:
Z = X + 25

Portanto:

$E(Z) = E(X +25) = E(X) +25 = 200 +25 =$ **225 kg**

$V(Z) = V(X + 25) = V(X) = 9$ g^2 ® $S(Z) = \sqrt{9} =$ **3 kg**

Atividades Propostas

1) Uma urna contém duas bolas brancas (B) e três bolas vermelhas (V), represente por X a variável aleatória número de bolas vermelhas, ao selecionar aleatoriamente sucessivamente sem reposição duas bolas dessa urna. A cada ponto amostral você pode associar um número Real que represente este resultado.

Solução:

O espaço amostral do problema é dado pelo conjunto constituído dos seguintes pontos amostrais:

$$S=\{VV;\ VB;\ BV;\ BB\}$$

Podemos colocar este resultado em uma tabela associando a cada ponto amostral um número real, aí vamos ter a descrição da variável aleatória, da seguinte maneira:

Ponto Amostral	Número Real: x_i = número de caras no ponto amostral i
VV	2
VB	1
BV	1
BB	0

Você pode ver assim que a cada ponto do espaço amostral associou-se um número real.

2) Uma urna contém duas bolas brancas (B) e três bolas vermelhas (V), represente por X a variável aleatória número de bolas vermelhas. Suponha que são sorteadas ao acaso duas bolas, uma após a outra e sem reposição. Encontre a função de distribuição de probabilidade da variável aleatória X.

Solução:

O espaço amostral do problema é dado pelo conjunto constituído dos seguintes pontos amostrais:

$$S=\{VV;\ VB;\ BV;\ BB\}$$

A variável aleatória em estudo é dada por:
X= número de bolas vermelhas

Assim, você pode calcular a probabilidade de cada ponto amostral ocorrer, da seguinte maneira:

$P(X=0) = P(B \cap B) = P(B) \, P(B) = (2/5) \, (1/4) = 1/10$
$P(X=1) = P \, (V \cap B) + P \, (B \cap V) = P(V) \, P(B) + P(B) \, P(V) = (3/5) \, (2/4) + (2/5) \, (3/4) = 6/10$
$P(X=2) = P(V \cap V)= P(V) \, P(V)= (3/5) \, (2/4) = 3/10$.

Assim, a função de distribuição de probabilidade da variável aleatória X será:

X	0	1	2
p_i	1/10	6/10	3/10

3) Uma caixa contém dois *notebooks* brancos (B) e três vermelhos (V). Represente por X a variável aleatória número de *notebooks* vermelhos. Suponha que são sorteadas ao acaso dois *notebooks*, um após o outro e sem reposição. Encontre a esperança e a variância da variável aleatória X.

Solução:

Você sabe do exercício anterior que a função de distribuição de probabilidade da variável aleatória X é:

X	0	1	2
p_i	1/10	6/10	3/10

Assim, pode calcular a E[X] e a Var[X] aplicando as expressões:

$$E(x) = \sum_{i=1}^{n} x_i p(x_i) = 0(1/10) + 1(6/10) + 2(3/10) = 1,2$$

$$Var(x) = \sum_{i=1}^{n} \left[x_i - E(x) \right]^2 p(x_i) = \left\{ \left[0 - (1,2)^2 \cdot (1/10) \right) \right\} + \dots$$

$$+ \left\{ [2 - 1,2]^2 \cdot (3/10) \right\} = 0,36.$$

4) Considere o experimento aleatório lançar uma moeda três vezes e observar as faces voltadas para cima. Represente por X a variável aleatória número de caras. Pede-se:

a) A cada ponto do espaço amostral você pode associar um número Real, descreva este resultado.

b) Encontre a função de distribuição de probabilidade da variável aleatória X.

Solução:

O espaço amostral do problema é dado pelo conjunto constituído dos seguintes pontos amostrais, sendo C=Cara e K=Coroa:

S={CCC; CCK; CKC; KCC; KKC; KCK; CKK; KKK }

a) Podemos colocar este resultado em uma tabela associando a cada ponto amostral um número real, aí vamos ter a descrição da variável aleatória, da seguinte maneira:

Ponto Amostral	Número Real: x_i = número de caras no ponto amostral i
CCC	3
CCK	2
CKC	2
KCC	2
KKC	1
KCK	1
CKK	1
KKK	0

Você pode ver assim que a cada ponto do espaço amostral associou-se um número Real.

b) Sabendo-se o S e a variável aleatória, você pode calcular a probabilidade de cada ponto amostral ocorrer, da seguinte maneira:

$P(X=0) = P(KKK) = \mathbf{1/8}$
$P(X=1) = P(KKC \cup KCK \cup CKK) = P(KKC) + P(KCK) + P(CKK) = \mathbf{3/8}$
$P(X=2) = (CCK \cup CKC \cup KCC) = P(CCK) + P(CKC) + P(KCC) = \mathbf{3/8}$
$P(X=3) = P(CCC) = \mathbf{1/8}$
Assim, a distribuição de probabilidade da variável aleatória X será:

X	0	1	2	3
p_i	1/8	3/8	3/8	1/8

Que satisfaz as condições:

Capítulo 4 Variáveis Aleatórias Discretas • **113**

- $$\sum_{i=1}^{n} p(x_i) = 1$$

- $$0 \le p(x_i) \le 1$$

5) Um processo de fabricação produz HDs com peso médio de 300 g e desvio padrão de 7g. Esses HDs são acondicionados em pacotes de uma dúzia cada. A embalagem pesa em média 40g com variância $2,25g^2$. Qual a média e o desvio padrão do peso total do pacote?

Solução:

X = v.a peso da peça

E(X) = 300g
V(X) = $49g^2$
S(X) = 7g

Y = v.a peso da embalagem

E(Y) = 40g
V(Y) = $2,25g^2$
S(Y) = 1,50g

Z = v.a peso total do pacote

Z = 12X + Y
E(Z) = E(12X + Y) = 12E(X) + E(Y) = 12 x 300 + 40 = **3640g**
V(Z) = V(12X + Y) = 12V(X) + V (Y) = 12 x,49 + 2,25 = **590,25g^2**
S(Z) = **24,30g**

A média do peso total do pacote é **3.640g** e o desvio padrão é de **24,30g**.

6) O lucro unitário L de um *pendrive* é dado por L = 1,2 V − 0,8C − 3,5. Sabendo-se que o preço unitário de venda (V) tem média de R\$ 60,00,

o desvio padrão R$ 5,00 e que o preço do custo unitário C tem uma distribuição de média R$ 50,00 e desvio padrão R$ 2,00, qual a média e o desvio padrão do lucro unitário?

Solução:

E(L) = 1,2. E(V) − 0,8 . E(C) − E(3,5) = 72 – 40 – 3,5 = **28,5**
V(L) = (1,2)^2 . V(V) + (0,8)^2 . V(C)+ V(3,5) = 1,44 x 25 + 0,64 x 4 = **38,56**

S(L) = **6,21**

7) Calcule a esperança matemática, a variância e o desvio padrão da distribuição de probabilidades abaixo que descreve a variável aleatória número de *downloads* que um *site* recebeu no período de um mês.

X(em mil)	P(x)
0	0,10
1	0,10
2	0,60
3	0,10
4	0,10
Total	**1,00**

Solução:

X(em mil)	P(x)	XP(X)	X^{2}P(X)
O	0,10	0	0
1	0,10	0,10	0,10
2	0,60	1,20	2,40
3	0,10	0,30	0,90
4	0,10	0,40	1,60
Total	**1,00**	**2,00**	**5,00**

Capítulo 4 Variáveis Aleatórias Discretas • 115

E[X] = **2,00** mil *downloads*

V[X] = 5 − (2)² = 5 − 4 = **1**

S[X} = √ 1 = **1** mil *downloads*

8) Suponhamos uma operadora de telefonia celular em que recebemos R$ 1.000,00 quando acertamos integralmente um bloco de 100 perguntas e perdemos R$ 500,00, quando a erramos. O jogo é favorável para o apostador?

Solução:

Esperança do ganho:

E[X] = 1000(0,5) − 500(0,5) = **R$ 250,00**

Resposta: O jogo é favorável.

9) Um homem deseja assegurar um laboratório de informática contra incêndio. O valor do laboratório é R$30.000,00. O prêmio anual que deve pagar para o seguro de seu laboratório é R$ 4.000,00. Se a probabilidade de que o fogo destrua o laboratório é de 1/10.000, o seu contrato de seguro é um "jogo justo"?

Solução:

E[X] = 30000(0,0001) − 4000(0,9999) = **− R$ 3.996,60**

Resposta: Não é justo porque a esperança é negativa.

10) Tempo gasto nas redes sociais: muitos irão duvidar do dado, mas a humanidade gasta 22% do seu tempo mergulhada nas redes sociais(X=6), liderando a lista. Atrás das redes sociais, temos as pesquisas(X=5), 21%, leituras(X=4), 20%, comunicações através de *e-mails* e mensagens

instantâneas(X=3), 19%, conteúdos multimídias(X=2), 13% e compras em lojas virtuais(X=1), 5%.

Pede-se:

a) Monte a distribuição de probabilidades
b) Obtenha a distribuição acumulada
c) Calcule a esperança matemática
d) Calcule o desvio padrão

Solução:

a) Monte a distribuição de probabilidades

X	P(X)
6	0,22
5	0,21
4	0,20
3	0,19
2	0,13
1	0,05
Σ	1

b) Obtenha a distribuição acumulada

X	P(X)	F(x)
6	0,22	0,22
5	0,21	0,43
4	0,20	0,63
3	0,19	0,82
2	0,13	0,95
1	0,05	1,00
Σ	1	

Gráfico da Distribuição Acumulada

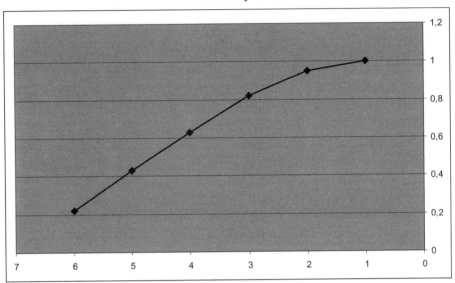

c) Calcule a esperança matemática

X	P(X)	XP(X)
6	0,22	1,32
5	0,21	1,05
4	0,20	0,8
3	0,19	0,57
2	0,13	0,26
1	0,05	0,05
Σ	1	4,05

E(x) = **4,05**

d) Calcule o desvio padrão

X	P(X)	XP(X)	X²P(X)
6	0,22	1,32	7,92
5	0,21	1,05	5,25
4	0,20	0,8	3,2
3	0,19	0,57	1,71
2	0,13	0,26	0,52
1	0,05	0,05	0,05
Σ	1	4,05	18,65

$V(X) = 18,65 - (4,05)^2 = \mathbf{2,25}$

$S(X) = \sqrt{2,25} = \mathbf{1,5}$

 *Capítulo 5*

Variáveis Aleatórias Contínuas

Variáveis Aleatórias Contínuas

Variáveis aleatórias contínuas são todas as variáveis aleatórias que resultam de *processo de medição*. Estas variáveis assumem infinitos valores em um dado intervalo.

Exemplos:

- Extensão em metros de formulário contínuo produzido pelo *output* de um programa computacional;
- Peso de CPUs de computadores de uma empresa;
- Altura de CPUs de computadores de uma empresa;
- Tempo que um programa demora para realizar uma tarefa;
- Tempo que um analista demora para finalizar um programa computacional;
- Tempo para execução do *download* de um programa computacional;
- Tempo que um programa leva para verificar se um computador tem vírus;
- Tempo que um perito leva para identificar *hackers* que vêm atacando os computadores de empresas de uma cidade;
- Tempo que um banco de dados demora para finalizar uma pesquisa relacional;
- Tempo em que os sinais de trânsito ficam fechados.

Cálculo de Probabilidades Envolvendo Variáveis Aleatórias Contínuas

A tabela de distribuição de probabilidades de uma variável aleatória contínua apresenta uma infinidade de pontos muito próximos e distintos cada uma, com probabilidades desprezíveis. Não tem sentido o cálculo de probabilidade no ponto $P(X = x)$ porque é igual ou praticamente zero.

Exemplo:

Seja a observação da variável aleatória altura de indivíduos em uma academia. Os resultados da pesquisa estão revelados na tabela abaixo:

Tabela: Alturas de Alunos de uma Academia

Alturas	P(X)
1,70	0.0
1,71	0.0
1,72	0.0
1,73	0.1
1,74	0.0
1,75	0.1
1,76	0.0
1,77	0.1
1,78	0.0
1,79	0.1
1,80	0.0
1,81	0.0
1,82	0.1
1,83	0.1
1,84	0.0
1,85	0.0
1,86	0.0
1,87	0.1
1,88	0.0
Total	**1.0**

Conclusões:

- Por ser uma variável contínua, as ocorrências das variáveis são muito próximas: um centésimo já diferencia uma realização da outra, gerando uma nova frequência absoluta;
- Isso faz com que as frequências absolutas sejam desprezíveis em comparação com o tamanho da amostra, gerando frequências relativas próximas de zero. Observe que cada altura tem valores muito próximos e probabilidades tendendo à zero;
- Probabilidades no ponto não tem sentido: **P(X= 1,70)≈P(X=1,71) ≈P(X=1,72)≈P(X=1,73)≈0**;
- Mas a probabilidade de P(X≤1,75)= 0,20, não é tão desprezível; o mesmo ocorrendo com P(X≥1,79)= 0,40;
- Para sermos mais racionais, no campo contínuo, as variáveis sempre serão consideradas em termos de intervalos para cálculo de probabilidades: $X<x$, $x_1<X<x_2$; e $X>x$.

Portanto, a probabilidade de um dado valor (ponto) é zero. No campo contínuo, não existe probabilidade em um ponto: P(X=x) = 0.

Podemos estender todas as definições de variáveis aleatórias discretas para variáveis contínuas.

Distribuição de Probabilidades (Função Densidade de Probabilidades)

Uma variável aleatória X é contínua se existir uma função f(x), tal que:

1. $f(x) \geq 0$ (não negativa)

2. $\int_{-\infty}^{\infty} f(x)dx = 1$

A função f(x) é chamada função densidade de probabilidade (f.d.p).

A probabilidade de uma variável aleatória contínua X pertencer a um intervalo [a, b] é dada por:

$$P(a \leq X \leq b) = \int_a^b f(x)dx$$

Esta integral indica a área sob a curva da função f(x) definida pelo intervalo [a, b], conforme, por exemplo, a figura abaixo:

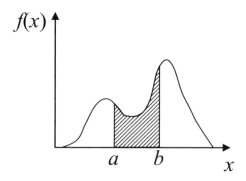

Conclusão: a probabilidade é uma área.

Função Repartição de Probabilidades:

$$P(X \leq x) = F(x) = \int_{-\infty}^{x} f(x)dx$$

Esperança Matemática:

$$E(x) = \int_{-\infty}^{\infty} x \cdot f(x)dx$$

Variância:

$$V(X) = E(X^2) - [E(X)]^2 = \left[\int_{-\infty}^{\infty} x^2 \cdot f(x)dx\right] - [E(X)]^2$$

Capítulo 5 Variáveis Aleatórias Contínuas • **123**

Exemplo:

O tempo que um programa leva para finalizar uma tarefa (em segundos) é uma variável aleatória **X** que pode ser definida pela seguinte função densidade de probabilidade:

$$\begin{cases} f(x) = kx & \text{para } 0 < x < 2 \\ f(x) = 0 & \text{caso contrário} \end{cases}$$

Pede-se:

a) O valor de k
b) F(1)
c) E(X)
d) V(x)

Solução:

a) O valor de k:

$$\int_0^2 K \cdot X \, dx = 1$$

K = 1/2

b) F(1):

$$F(1) = P(x \leq 1) =$$

$$F(1) = \int_0^1 (1/2) \cdot X \, dx = \mathbf{1/4}$$

c) E(x):

$$E(1) = \int_0^2 X \cdot (1/2) \cdot X \, dx = \mathbf{4/3}$$

d) V(x):

$$E\left(X^2\right)=\int_0^2 X^2 \cdot (1/2)\cdot X\, dx = 2$$

$$V(X)= 2 - (4/3)^2 = \mathbf{2/9}$$

Atividades Propostas

1) Seja X uma variável aleatória contínua com a seguinte função de densidade de probabilidade:

$$f\left(x\right)=\begin{cases} \dfrac{1}{2}x & para\ 0 \leq x \leq 2 \\[2mm] 0\ para \not< x \end{cases}$$

Calcular: $P(0 \leq X \leq 1)$

Solução:

$$P\left(0 \leq X \leq 1\right)=\int_0^1 1/2 x dx$$

$$P\left(0 \leq X \leq 1\right)=1/2\int_0^1 x dx$$

$$P\left(0 \leq X \leq 1\right)=1/2\int_0^1 x^2 / 2 dx$$

$$P\left(0 \leq X \leq 1\right)=1/2\left[x^2 / 2 \right]_0^1$$

$$P\left(0 \leq X \leq 1\right)=1/2\left[1/2-0/2\right]=1/2 \cdot 1/2 = \mathbf{0,25}$$

2) Uma variável aleatória X tem a seguinte função densidade de probabilidade:

$$f = \begin{cases} KX^3 & para\ 0 \leq x \leq 2 \\ 0 & para\ x\ fora\ desse\ intervalo \end{cases}$$

Determinar:
a) A constante K
b) $P(X \leq 1)$

Solução:

$$\int_0^2 KX^3 dx = 1$$

$$K\int_0^2 X^3 dx = 1$$

$$K\left[X^4/4\right]_0^2 = 1$$

$$K\left[2^4/4 - 0^4/4\right] = 1$$

$$K\left[16/4\right] = 1$$

$$4K = 1$$

$$K = \mathbf{1/4}$$

b)

$$P(X \leq 1)$$

$$P(X \leq 1) = F(1) =$$

$$\int_0^1 1/4 X^3 dx =$$

$$1/4 \int_0^1 X^3 dx =$$

$$1/4 \left[X^4 / 4 \right]_0^1 =$$

$$1/4 \left[1^4 / 4 - 0^4 / 4 \right] = 1/4 \cdot 1/4 = 1/16 = \mathbf{0,0625} \text{ ou } \mathbf{6,25\%}$$

3) Achar a média e o desvio padrão da seguinte distribuição de probabilidade:

$$f(x) = 3X^2 \text{ para } 0 \leq X \leq 1$$

a)

Média:

$$E(X) = \int_0^1 X \cdot 3 \cdot X^2 dx$$

$$E(X) = \int_0^1 3 \cdot X^3 dx$$

$$3 \left[X^4 / 4 \right]_0^1 = 3[1/4] = \mathbf{3/4}$$

Capítulo 5 Variáveis Aleatórias Contínuas • **127**

Desvio padrão:

$$E\left(X^2\right)=\int_0^1 X^2 \cdot 3 \cdot X^2 dx$$

$$E\left(X^2\right)=\int_0^1 3 \cdot X^4 dx = 3\left[X^5/5\right]_0^1 = 3[1/5] = 3/5$$

$$V(X) = 3/5 - (3/4)^4 = 3/5 - 9/16 = 3/80 = 0,0375$$

$$S(X) = \sqrt{0,0375} = \mathbf{0,1936}$$

4) Uma variável aleatória contínua tem função densidade de probabilidade conforme é dado abaixo:

$$f(X) = \begin{cases} KX & 0 < X < 1 \\ 0 & \text{caso contrário} \end{cases}$$

a) Encontre o valor de K
b) Encontre a média da distribuição

a)

$$\int_0^1 KX dx = 1$$

$$K\int_0^1 X dx = 1$$

$$K\left[X^2/2\right]_0^1 = 1$$

$$K[1/2]_0^1 = 1$$

$$\frac{K}{2} = 1$$

$$K = \mathbf{2}$$

b)

$$f(X) = \begin{cases} 2X & 0 < X < 1 \\ 0 & \text{caso contrário} \end{cases}$$

$$E(X) = \int_0^1 X \cdot 2X dx =$$

$$E(X) = \int_0^1 2X^2 dx =$$

$$E(X) = 2\int_0^1 X^2 dx =$$

$$E(X) = 2\left[X^3/3\right]_0^1 =$$

$$E(X) = 2[1/3 - 0] = \mathbf{2/3}$$

5) Um profissional de computação observou que seu sistema leva de 0 a 2 segundos para realizar *download* com a função densidade de probabilidade abaixo:

$$\begin{cases} K(2+X) & 0 \le X \le 2 \\ 0 & \text{caso contrário} \end{cases}$$

Pede-se:

a) Descubra o valor de **K**

b) Calcule E(X)

Solução:

a)

$$\int_0^2 K(2+X)\,dx = 1$$

$$\int_0^1 2K\,dx + \int_0^2 KX\,dx = 1$$

$$2K\left[X\right]_0^1 + K\left[X^2/2\right]_0^1 = 1$$

$$2K\left[2-0\right] + K\left[4/2-0\right] = 1$$

$$4K + 2K = 1$$

$$K = \frac{1}{6}$$

$$\int_0^2 X(1/6)(2+X)dx =$$

$$\int_0^2 X(1/6)\left(2X+X^2\right)dx =$$

$$(1/6)\int_0^2 \left(2X+X^2\right)dx =$$

$$(1/6)\int_0^2 (2X)dx + (1/6)\int_0^2 X^2 dx =$$

$$(1/6)x2\int_0^2 (X)dx + (1/6)\int_0^2 X^2 dx =$$

$$(1/3)\int_0^2 (X)dx + (1/6)\int_0^2 X^2 dx =$$

$$(1/3)\left[X^2/2\right]_0^2 dx + (1/6)\left[X^3/3\right]dx =$$

$$(1/3)\left[(4/2-0)+(1/6)[8/3]\right] =$$

$$(1/3)\left[(2-0)+(1/6)[8/3]\right] =$$

$$(1/3)\left[(2)+(1/6)[8/3]\right] = (2/3)+(4/9) = 20/18 = \mathbf{10/9}$$

Capítulo 6

Distribuição Binomial

Modelagem de Variáveis Aleatórias

O que objetivamos é um recurso científico de como modelar matematicamente a realidade quando esta tem componentes aleatórios, estocásticos. Algumas variáveis aleatórias se adaptam muito bem a uma série de problemas práticos e, o que é mais importante, tem regularidade em seu comportamento básico, portanto sua modelagem pode ser estruturada. São as chamadas **"Distribuições de Probabilidades"**.

Portanto, um estudo mais detalhado dessas variáveis aleatórias é de grande importância para a construção de modelos probabilísticos e estimação de parâmetros para ajustarmos a problemas reais de pesquisa.

Assim, será apresentada na sequência uma das principais distribuições para variáveis aleatórias discretas, que é a **Distribuição Binomial**, e seus parâmetros característicos. Antes, porém deveremos estudar a **Distribuição de Bernoulli**, da qual resulta a **Distribuição Binomial**.

Distribuição de *Bernoulli*

Suponhamos a realização de um único experimento cujo resultado pode ser um sucesso (se acontecer o evento que nos interessa) ou um fracasso (o evento não se realiza).

Definimos a variável aleatória discreta como X e a distribuição de probabilidade de X é:

X	Eventos	P(X)
1	Sucesso	p
0	Fracasso	$1 - p = q$
Σ	___	1

$$P(x) = p^x \cdot q^{1-x}$$

Onde:

p = probabilidade de sucesso;
q = probabilidade do insucesso, q = 1 – p.

Exemplo:

Seja uma experiência aleatória que consiste no lançamento de um dado uma única vez. Suponhamos que o lançador tem interesse que ocorra a face 5. A variável aleatória assim definida é de *Bernoulli* e sua distribuição de probabilidade é:

X	Eventos	P(X)
1	Sucesso	1/6
0	Fracasso	5/6
Σ	_____	1

Logo, a distribuição de probabilidade para esta experiência aleatória é:

$$P(X = x) = \begin{cases} 1/6 & \text{se } x = 1 \\ 5/6 & \text{se } x = 0 \end{cases}$$

A expressão da distribuição em forma de modelo matemático fica:

$$P(X=x) = (1/6)^x \cdot (5/6)^{1-x}$$

Parâmetros Características da *Bernoulli*

$E(X) = p$
$V(X) = pq$

Distribuição Binomial

É uma distribuição de probabilidade adequada aos experimentos que apresentam apenas dois resultados: **Sucesso** ou **Fracasso.** Portanto, deriva da distribuição de *Bernoulli*.

Exemplos:

- Vender (sucesso) ou não vender (fracasso) pacotes matemáticos para empresas;
- Cancelar (sucesso) ou não cancelar (fracasso) uma reserva em um *show*;
- Ocorrência (sucesso) ou não ocorrência (fracasso) de vírus a computadores de uma empresa;
- Ter ocorrido (sucesso) ou não ter ocorrido (fracasso) ataque de *hackers* a computadores de uma empresa;
- Conceder (sucesso) ou não conceder (fracasso) licença para uso de programas computacionais a uma empresa;
- Conseguir emprego (sucesso) ou não conseguir emprego (fracasso) quando um pós-graduado volta da realização de um *MBA*.

A variável aleatória que tem distribuição binomial é o número de sucessos (X) em **n** oportunidades de ocorrências de sucessos e fracassos.

É, portanto, o *número de tentativas bem sucedidas*, ou seja, o **número total de sucessos** ocorridos em **n** provas independentes de *Bernoulli* observadas.

Exemplos:

- Verificar, em um dado instante, o número de processadores ativos em um sistema com multiprocessadores;
- Verificar o número de *bits* que não estão afetados por ruídos em um pacote com n *bits*.

Probabilidade Binomial

Seja a experiência de se observar quatro programas computacionais distintos consecutivos na realização de uma tarefa. Seja a situação de conseguir realizar a tarefa (sucesso) ou não realizar a tarefa (fracasso). Se o programa realizar com sucesso a tarefa vai atribuir valor 1, caso contrário, valor 0. Vamos supor que o resultado da observação seja a situação abaixo:

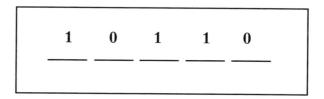

Observado a situação acima temos: somente o segundo e o quinto programas fracassaram na realização da tarefa, ou seja, não realizariam a tarefa. Neste caso, ocorreriam três sucessos em cinco oportunidades, em cinco experiências independentes de *Bernoulli*: X=3. Este valor é uma variável aleatória e que tem distribuição binomial.

A distribuição binomial calcula a probabilidade de em cinco programas distintos na realização de uma tarefa, três a realizarem com sucesso: P(X=3).

Para calcular esta probabilidade, algumas considerações têm que ser garantidas e alguns dados têm que ser conhecidos:

1º) O número de n oportunidades de ocorrências dos sucessos e fracassos tem que ser conhecido *a priori*, isto é, o número de experiências aleatórias para observação da ocorrência ou não do sucesso tem que ser conhecido e fixo;

Capítulo 6 Distribuição Binomial • **135**

2º) Estas **n** experiências de Bernoulli têm que ser independentes umas das outras;

3º) Em cada experiência independente, a probabilidade de ocorrer o sucesso (p) deve ser constante.

No caso discutido acima, vamos supor que, por histórico, a probabilidade de um programa, nas linguagens computacionais utilizadas, realizar a tarefa abordada é de 75%: **p = 0,75.** Assim, a distribuição de probabilidades da variável aleatória, que conta o número de sucessos em "n" experimentos aleatórios independentes de *Bernoulli* e associa a sua chance de ocorrência, é dada por:

$$P(X = x)\overset{x}{\underset{n}{C}}\,p^{x} \cdot q^{(n-x)}$$

Com parâmetros n e p:

$$X \sim B(n;p)$$

A expressão acima diz que X tem distribuição binomial de parâmetro n e p.

Onde:

X = número de sucessos em n repetições independentes do experimento aleatório;

n = número de experimentos aleatórios (número de tentativas);

p = probabilidade de ocorrer sucesso em cada experiência de Bernoulli;

1 – p = probabilidade de insucesso em cada experiência de Bernoulli.

$$\overset{x}{\underset{n}{C}} = \text{combinação de } n \text{ x a } x = \frac{n!}{x!(n-x)!}$$

Exemplo:

No nosso caso, vamos enfim calcular a P(X = 3):

X = número de programas, em 5 considerados, que executaram com sucesso a tarefa.

$$X \sim B(5;0,75)$$

Logo:

$$P(X = x) = \underset{n}{\overset{x}{C}} p^x \cdot q^{(n-x)}$$

$$P(X = 3) = \underset{5}{\overset{3}{C}} (0,75)^3 \cdot (0,25)^{(5-3)}$$

$$P(X = 3) = \underset{5}{\overset{3}{C}} (0,75)^3 \cdot (0,25)^{(2)}$$

$$P(X = 3) = \mathbf{0,2637} \text{ ou } \mathbf{26,37\%}$$

Parâmetros Característicos da Binomial

Vamos considerar a média (esperança matemática) e a variância como os parâmetros característicos da Binomial.

A média de uma variável aleatória binomial é a média do número de sucessos se pudéssemos realizar as n experiências um número suficientemente grande de vezes e a variância é o grau de variação do número de sucessos ao realizar as n experiências um número suficientemente grande de vezes.

Pode-se demonstrar à luz das propriedades da média e da variância que o valor esperado e a variância de X são respectivamente:

E(X) = n.p
V(X) = n.p.q

Exemplo 1:

No exemplo trabalhado acima, temos o seguinte cálculo da média:

$$E(X) = n \times p = 5 \times 0,75 = \mathbf{3,75}$$

Isso significa que, se pudéssemos observar 5 programas distintos na realização da tarefa um número muito grande de vezes, a média do número de programas que realizariam a tarefa seria de 3,75≈ **4** programas.
No exemplo trabalhado acima, temos o seguinte cálculo da variância:

$$V(X) = n \times p \times q = 5 \times 0,75 \times 0,25 = \mathbf{0,938}$$

$$S(X) = \sqrt{0,938} = \mathbf{0,968} \approx \mathbf{1\ programa}$$

Este é o grau de dispersão que teríamos do número de programas que realizariam a tarefa com sucesso em 5 versões distintas do programa, se pudéssemos repeti-las um número grande de vezes.

Exemplo 2:

Sabe-se que 10% dos pacotes estatísticos vendidos para universidades brasileiras são da Europa. Determine as probabilidades de que, dentre três pacotes vendidos para universidades brasileiras:

Dois sejam da Europa;
Nenhum seja da Europa.

Solução:

Vamos identificar qual é a variável aleatória em estudo e quais são o sucesso e o fracasso associados a esta variável:

X: variável aleatória número de pacotes vendidos para universidades brasileiras ser da Europa.

Assim, você pode agora identificar os elementos da expressão da distribuição Binomial.

a)

X= número de sucessos, x=2
n= número de experimentos aleatórios, n=3
p=probabilidade de sucesso, p=0,10 e q=0,90

Com estes elementos podemos calcular a probabilidade:

$$P(X = x) = C_n^x \, p^x \cdot q^{(n-x)}$$

$$P(X = 2) = C_3^2 (0,10)^2 \cdot (0,90)^{(3-2)}$$

Pode-se concluir que, dentre três pacotes vendidos, a probabilidade de dois serem da Europa é de **0,027** ou aproximadamente **2,7%**.

b)

x= número de sucessos, x=0
n=número de experimentos aleatórios, n=3
p=probabilidade de sucesso, p=0,10 e 1−p=0,90

Com estes elementos podemos calcular a probabilidade:

$$P(X = 0) = C_3^0 (0,10)^0 \cdot (0,90)^{(3-0)} = 0,7290$$

Pode-se concluir que, dentre três pacotes vendidos, a probabilidade de nenhum ser da Europa é de **0,7290** ou **72,90%.**

Parâmetros Característicos:

$E(X) = 3 \times 0,10 = \mathbf{0,3}$

$V(X) = 3 \times 0,30 \times 0,90 = \mathbf{0,27}$

Exemplo 3:

Se 20% dos alunos de um curso pré-vestibular são aprovados para universidades federais, determine a probabilidade de que, em 4 alunos escolhidos aleatoriamente:

a) Um seja aprovado em universidades federais;
b) Nenhum seja aprovado em universidades federais;
c) Menos que dois sejam aprovados em universidades federais.

Solução:

Primeiramente, você irá identificar qual é a variável aleatória em estudo e quais são o sucesso e o fracasso associados a esta variável:

X: variável aleatória aprovação em universidades federais

Assim, você pode agora identificar os elementos da expressão da distribuição Binomial.

a)

x= número de sucessos, x = 1
n = número de experimentos aleatórios, n = 4
p = probabilidade de sucesso, p = 0,20 e 1–p = 0,80

Com estes elementos podemos calcular a probabilidade:

$$P(X = 1) = {}_{4}^{1}C\,(0,20)^{1} \cdot (0,80)^{(4-1)} = \mathbf{0,4096}$$

140 • Estatística Aplicada à Informática e às suas novas Tecnologias

Pode-se concluir que, dentre quatro alunos deste cursinho, a probabilidade de um ser aprovado em universidade federal é de **0,4096** ou **40,96%**, aproximadamente.

b)

x= número de sucessos, x=0
n = número de experimentos aleatórios, n=4
p = probabilidade de sucesso, p=0,20 e 1-p=0,80

Com estes elementos podemos calcular a probabilidade:

$$P(X=0) = \overset{0}{\underset{4}{C}}(0,20)^0 \cdot (0,80)^{(4-0)} = 0,4096$$

Pode-se concluir que, dentre quatro alunos deste cursinho, a probabilidade de nenhum ser aprovado em universidade federal é, também, de **0,4096** ou **40,96%**.

c)

x= número de sucessos, x= 0 ou 1
n = número de experimentos aleatórios, n=4
p = probabilidade de sucesso, p=0,20 e 1-p=0,80

Com estes elementos podemos calcular a probabilidade:

P(X<2) = P(X=0) + P(X=1) = 0,4096 + 0,4096 = **0,8192**

Pode-se concluir que, dentre quatro alunos deste cursinho, a probabilidade de menos de dois, ou seja, nenhum ou um, serem aprovados em universidade federal é de **0,8192** ou **81,92%**.

Parâmetros Característicos:

$E(X) = 4 \times 0,20 = \mathbf{0,80}$

$V(X) = 4 \times 0,20 \times 0,80 = \mathbf{0,64}$

Atividades Propostas

1) Em um *site* de conteúdo erótico, de cada 500 visitantes, 60 são da Bahia, ou seja, 12% das visitas ao *site* são de baianos. Em uma amostra de cinco visitantes ao *site*, qual a probabilidade de que:

a) Três sejam da Bahia?
b) Dois ou mais sejam da Bahia?
c) Nenhum seja da Bahia?
d) Calcule a esperança e a variância desta variável aleatória.

Solução:

Primeiramente, você irá identificar qual é a variável aleatória em estudo e quais são o sucesso e o fracasso associados a esta variável:

X: variável aleatória número de visitantes da Bahia ao *site* de conteúdo erótico.

Assim, você pode agora identificar os elementos da expressão da distribuição Binomial.

a)

X = número de sucessos, $x=3$
n = número de experimentos aleatórios, $n=5$
p = probabilidade de sucesso, $p=0,12$ e $1-p=0,88$

Com estes elementos podemos calcular a probabilidade:

$$P(X=3) = \overset{3}{\underset{5}{C}}(0,12)^3 \cdot (0,88)^{(5-3)} = 0,013$$

Pode-se concluir que, dentre cinco visitantes ao site, a probabilidade de um ser baiano é de 0,013 ou 1,3%.

b)

X= número de sucessos, x ^{3} 2
n = número de experimentos aleatórios, n=5
p = probabilidade de sucesso, p=0,12 e 1-p=0,88

Com estes elementos podemos calcular a probabilidade:

$$P(X=3) = \overset{3}{\underset{5}{C}}(0,12)^3 \cdot (0,88)^{(5-3)} = 0,013$$

P(X≥2) = P(X=2)+P(X=3)+P(X=4)+P(X=5) =

1 − P[P(X=0)+P(X=1)]

$$P(X=0) = \overset{0}{\underset{5}{C}}(0,12)^0 \cdot (0,88)^{(5-0)} = 0,5295$$

$$P(X=1) = \overset{1}{\underset{5}{C}}(0,12)^1 \cdot (0,88)^{(5-1)} = 0,3598$$

P(X≥2) = 1 − [0,5295+0,3598] = 1- 0,8893 = **0,1107**

Pode-se concluir que, dentre cinco visitantes ao *site*, a probabilidade de dois ou mais serem da Bahia é de **11,07%.**

Capítulo 6 Distribuição Binomial • **143**

c)

X= número de sucessos, x=0
n = número de experimentos aleatórios, n=5
p = probabilidade de sucesso, p=0,12 e 1-p=0,88

Com estes elementos podemos calcular a probabilidade:

$$P(X=0)=\underset{5}{\overset{0}{C}}(0,12)^{0}\cdot(0,88)^{(5-0)}=0,5295 \text{ ou } 52,95\%$$

Pode-se concluir que, dentre cinco visitantes ao *site*, a probabilidade de nenhum ser da Bahia é de **0,5295 ou 52,95%.**

d)

Esperança: E(X) = 5(0,12)= **0,60**

Variância: Var(X) = 5(0,12)(0,88)= **0,528**.

2) Dos e-mails, 68,8% é spam. Tendo uma amostra aleatória de 10 e-mails, qual a probabilidade da metade ser Spam?

Solução:

$$P(X=5)=\underset{10}{\overset{5}{C}}(0,688)^{5}\cdot(0,312)^{5}=\mathbf{0,1149 \text{ ou } 11,49\%}$$

3) Jogando um dado 3 vezes, determine a probabilidade de se obter "4" no máximo 2 vezes.

Solução:

$$P(X\leq 2)=\underset{3}{\overset{0}{C}}(1/6)^{0}(5/6)^{3}+\underset{3}{\overset{1}{C}}\cdot(1/6)^{1}(5/6)^{2}+\underset{3}{\overset{2}{C}}\cdot(1/6)^{2}(5/6)^{1}$$

P(X ≤ 2) = **0,9950 ou 99,50%**.

144 • Estatística Aplicada à Informática e às suas novas Tecnologias

4) A probabilidade de um atirador acertar o alvo é 2/3. Se ele atirar 5 vezes, qual a probabilidade de acertar pelo menos 4 tiros?

Solução:

$$P(X \geq 4) = C_5^4 \cdot (2/3)^4 (1/3)^1 + C_5^5 \cdot (2/3)^5 (1/3)^0 = \mathbf{0,4608} \text{ ou } \mathbf{46,08\%}$$

5) A probabilidade de um profissional de informática acertar a linguagem de programação de um determinado sistema é 1/3. Se o referido profissional for consultado 5 vezes, qual a probabilidade dele acertar 3 vezes?

Solução:

$$P(X = 3) = C_5^3 \cdot (1/3)^3 (2/3)^2 = \mathbf{0,1646} \text{ ou } \mathbf{16,46\%}$$

6) Um grupo de clientes de um analista de sistema foram consultados para responder (sim) ou (não) se estão satisfeitos com os serviços de construção de um programa para controle de vendas. Sabe-se que 30% dos entrevistados responderam sim à pergunta. Seis pessoas são escolhidas ao acaso deste grupo. Qual a probabilidade de terem sido escolhidas 3 pessoas que disseram (não) à satisfação com o serviço?

Solução:

$$P(X = 3) = C_6^3 \cdot (0,70)^3 (0,30)^3 = \mathbf{0,1852} \text{ ou } \mathbf{18,52\%}$$

7) No departamento de informática, a probabilidade de um funcionário chegar atrasado é sempre constante e igual a 1/3. Em um mês corrido de 30 dias, qual a probabilidade deste funcionário chegar atrasado 10 dias, nenhum dia, no máximo quatro dias e pelo menos 5 dias? Se ele perde, a cada dia que chega atrasado, R$ 5,00 de seu salário, qual o valor esperado de sua perda no mês?

Capítulo 6 Distribuição Binomial • 145

Solução:

$$P(X=10)=\underset{30}{\overset{10}{C}}\cdot(1/3)^{10}(2/3)^{20}=0,1530 \text{ ou } 15,30\%$$

$$P(X=0)=\underset{30}{\overset{0}{C}}\cdot(1/3)^{0}(2/3)^{30}=0,0000 \text{ ou } 00,00\%$$

$$P(X=0)=\underset{30}{\overset{1}{C}}\cdot(1/3)^{1}(2/3)^{29}+\underset{30}{\overset{2}{C}}\cdot(1/3)^{2}(2/3)^{28}+\underset{30}{\overset{3}{C}}\cdot(1/3)^{3}(2/3)^{27}$$
$$+\underset{30}{\overset{4}{C}}\cdot(1/3)^{4}(2/3)^{26}=$$

P(X ≤ 4) = **0,012** ou **1,20%**.

P(X ≥ 5) = 1 – P(X ≤ 4) = 1 – 0,012 = **0,9880 ou 98,80%**.

E(5X) = 5 E(X) = 5 . 30 .(1/3) = **R$ 50,00**.

8) Uma pesquisa mostra que apenas 2% dos estudantes querem cursar Informática. Suponha uma amostra aleatória de 20 estudantes do 3° ano do Ensino Médio, qual a probabilidade de 2 optarem por cursar Informática na universidade?

Solução:

$$P(X=2)=\underset{20}{\overset{2}{C}}\cdot(0,02)^{2}(0,98)^{18}=\mathbf{0,0528 \text{ ou } 5,28\%}$$

9) Para 73% dos internautas, é invasão de privacidade o uso de informações pessoais para personalizar busca. Seleciona-se aleatoriamente uma amostra de 30 internautas, qual a probabilidade de 18 considerarem invasão de privacidade o uso de informações pessoais para personalizar busca?

Solução:

$$P(X=18)=\underset{30}{\overset{18}{C}}\cdot(0,73)^{18}(0,27)^{12}=\mathbf{0,05 \text{ ou } 5\%}$$

146 • Estatística Aplicada à Informática e às suas novas Tecnologias

10) Abaixo representamos uma informação W de um sistema computacional representada por 8 *bits (um byte)*. O volume de tráfego do sistema gera milhões de sequências de 8 *bits,* que produzem milhões de informações para o modelo. Seja a experiência aleatória de selecionar um *byte* deste sistema, qual a probabilidade de ter selecionado um dos *bytes* que pode determinar a informação W, como a que se segue ?

1	0	1	1	1	0	1	0

Solução:

$$P(X = 5) = C_8^5 \cdot (0,5)^5 (0,5)^3 = \mathbf{0,1094} \text{ ou } \mathbf{10,94\%}$$

11) Segundo a FEBRABAN, 46% das contas correntes no Brasil têm o serviço de *internet banking* ativo. Selecionou-se aleatoriamente 10 contas correntes do Brasil, qual a probabilidade da metade ter o serviço de *internet banking* ativo?

Solução:

$$P(X = 5) = C_{10}^5 \cdot (0,46)^5 (0,54)^5 = \mathbf{0,2383} \text{ ou } \mathbf{23,83\%}$$

12) O crescimento da base de *smartphones* e *tablets* aumentou a utilização do serviços bancários móveis, o chamado *mobile banking* no Brasil. Em 2011, o percentual de uso do *mobile banking* atingiu um percentual de 24% do total de transações do país. Com isso, a *internet* se tornou pela primeira vez a principal origem das transações bancárias no país, a frente das de origem interna referentes ao pagamento de tarifas e impostos. Seja a experiência de observarmos a variável aleatória números de transações *mobile banking* dentre um total de 30 transações bancárias totais independentes. Qual a probabilidade dessa variável aleatória assumir o valor 8?

Solução:

$$P(X = 8) = \underset{30}{\overset{8}{C}} \cdot (0,24)^8 (0,76)^{22} = \mathbf{0,1538} \text{ ou } \mathbf{15,38\%}$$

13) O faturamento da publicidade na *internet* cresce de maneira geométrica no Brasil. A propaganda *on-line* alcançou a fatia de 14% do bolo publicitário brasileiro em 2012. Seleciona-se aleatoriamente 5 peças publicitárias do Brasil. Qual a probabilidade de 2 serem de propaganda *on-line?*

Solução:

$$P(X = 2) = \underset{5}{\overset{2}{C}} \cdot (0,14)^2 (0,86)^3 = \mathbf{0,1247} \text{ ou } \mathbf{12,47\%}$$

14)Dos usuários do Facebook, 20% comentam em fotos de amigos, 26% curtem conteúdo enviado por outros, 10% gostam de usar o serviço de mensagens privadas e 22% gostam de comentar a atualização de *status* dos contatos da rede social. Uma amostra aleatória de 100 membros do Facebook são selecionados aleatoriamente.

Pede-se:

a) A probabilidade de 25 comentarem em fotos de amigos;

b) A probabilidade de 30 curtirem conteúdo enviado por outros;

c) A probabilidade de 15 gostarem de usar o serviço de mensagens privadas;

d) A probabilidade de 20 gostarem de comentar a atualização de *status* dos contatos da rede social.

148 • Estatística Aplicada à Informática e às suas novas Tecnologias

Solução:

a)

$$P(X = 25) = \underset{100}{\overset{25}{C}} \cdot (0,20)^{25} (0,80)^{75} = \mathbf{0,0439} \text{ ou } \mathbf{4,39\%}$$

b)

$$P(X = 30) = \underset{100}{\overset{30}{C}} \cdot (0,26)^{30} (0,74)^{70} = \mathbf{0,0580} \text{ ou } \mathbf{5,80\%}$$

c)

$$P(X = 15) = \underset{100}{\overset{15}{C}} \cdot (0,10)^{15} (0,90)^{85} = \mathbf{0,0327} \text{ ou } \mathbf{3,27\%}$$

d)

$$P(X = 20) = \underset{100}{\overset{20}{C}} \cdot (0,22)^{20} (0,78)^{80} = \mathbf{0,0881} \text{ ou } \mathbf{8,81\%}$$

15) O Facebook está em primeiro lugar entre as redes sociais mais acessadas pelos brasileiros. Segundo estudo do Ibope realizado em 2012, 91% dos 8.561 entrevistados de 11 regiões metropolitanas do Brasil são membros desta rede social. Para 82%, a primeira rede social acessada foi o Facebook. Uma subamostra aleatória de 5 entrevistados é selecionada aleatoriamente.

Pede-se:

a) A probabilidade de mais de 2 entrevistados serem membros do Facebook;

b) A probabilidade de nenhum entrevistado ter como a primeira rede social acessada o Facebook.

Solução:

a)

P(X>2)= P(X=3)+P(X=4)+(X=5)

$$P(X = 3) = \underset{5}{\overset{3}{C}} \cdot (0,91)^3 (0,09)^2 = 0,0610$$

$$P(X = 4) = \underset{5}{\overset{4}{C}} \cdot (0,91)^4 (0,09)^1 = 0,3086$$

$$P(X = 5) = \underset{5}{\overset{5}{C}} \cdot (0,91)^5 (0,09)^0 = 0,6240$$

P(X>2)=P(X=3)+P(X=4)+(X=5)=0,0610+0,3086+0,6240=

0,9937 ou **99,37%**.

b)

$$P(X = 0) = \underset{5}{\overset{0}{C}} \cdot (0,82)^3 (0,18)^2 = \mathbf{0,0002} \quad \text{ou} \quad \mathbf{0,02\%}$$

16) Em 2020, a maioria dos pagamentos, compras e transações bancárias será feita por meio de dispositivos móveis, como *smartphones* e *tablets*, eliminando a necessidade de dinheiro em espécie ou cartões de crédito, especialmente nos países mais avançados. É o que dizem 65% dos entrevistados em um estudo recente da consultoria *Pew Research*, nos Estados Unidos. Se obtivermos uma amostra aleatória de 40 destes entrevistados, qual a probabilidade de 25 acreditarem nas projeções referidas?

Solução:

$$P(X = 25) = \underset{40}{\overset{25}{C}} \cdot (0,65)^{25} (0,35)^{15} = \mathbf{0,1226} \quad \text{ou} \quad \mathbf{12,26\%}$$

150 • Estatística Aplicada à Informática e às suas novas Tecnologias

17) Do mercado de banda larga fixa, 80% está nas mãos de três grupos. Se 30 clientes de banda larga foram selecionados aleatoriamente, qual a probabilidade 20 terem adquirido o serviço de um dos três grupos monopolizadores?

Solução:

$$P(X = 20) = C_{30}^{20} \cdot (0,80)^{20} (0,20)^{10} = \mathbf{0,0355} \quad ou \quad \mathbf{3,55\%}$$

18) Em uma pesquisa, 14% dos clientes de banda larga não trocam de operadora, apesar do alto índice de insatisfação. Qual a probabilidade de, em uma amostra de 10 destes clientes, nenhum revelar o mesmo motivo de impedimento para mudar de operadora?

Solução:

$$P(X = 0) = C_{10}^{0} \cdot (0,14)^{0} (0,86)^{10} = \mathbf{0,2213} \quad ou \quad \mathbf{22,13\%}$$

19) Dos usuários da *internet*, 15% a utiliza para *streaming* de músicas e vídeos. Em uma amostra aleatória de 5 usuários de *internet,* qual a probabilidade de 2 usarem a ferramenta para *streaming* de músicas e vídeos?

Solução:

$$P(X = 2) = C_{5}^{2} \cdot (0,15)^{2} (0,85)^{3} = \mathbf{0,1382} \quad ou \quad \mathbf{13,82\%}$$

20) Em uma pesquisa, 75% dos consumidores de banda larga reclamaram da velocidade do serviço e se disseram insatisfeitos com a resposta da empresa. Se selecionarmos, com reposição, 100 consumidores de *internet* móvel de alta velocidade, qual a probabilidade da metade indicar a mesma queixa aqui relatada?

Solução:

$$P(X = 50) = C_{100}^{50} \cdot (0,75)^{50} (0,25)^{50} =$$

P(X =50) = **0,0000000451** ou **0,00000451%**.

Capítulo 6 Distribuição Binomial • **151**

21) As estatísticas não mentem! *Sites* de namoro funcionam! Dois em cada três membros de um *site* de namoro criam um relacionamento e 20% dos relacionamentos sérios, atualmente, começaram em um *site* de namoro. Responda as questões abaixo:

a) Uma amostra aleatória de 10 membros de um *site* de namoro foi selecionada com reposição. Qual a probabilidade de encontrar 3 usuários que arranjaram um namorado(a) pelo *site*?

b) De uma amostra de 5 internautas, qual a probabilidade de pelo menos 1 ter começado um relacionamento sério por *site* de relacionamento?

Solução:

a)

$$P(X = 3) = C_{10}^{3} \cdot (2/3)^{3} (1/3)^{7} = \mathbf{0,0154} \text{ ou } \mathbf{1,54\%}$$

b)

$$P(X \geq 1) = 1 - P(X = 0) = C_{5}^{0} \cdot (2/3)^{0} (1/3)^{5} = 1 - 0,039 = 0,9961 \text{ ou } 99,61\%$$

22) Em um laboratório de informática, os programas criados acertam ou não a resposta de um problema com uma probabilidade de 10%. Se forem selecionados 20 programas deste laboratório, qual a probabilidade da taxa de acerto ser de 5%?

Solução:

$$P(X = 1) = C_{20}^{1} \cdot (0,10)^{1} (0,90)^{19} =$$

$$P(X = 1) = \mathbf{0,2702} \text{ ou } \mathbf{27,02\%}$$

Capítulo 7

Distribuição de *Poisson*

Variável Aleatória de *Poisson*

A variável aleatória de *Poisson* é definida como o número de sucessos em certo intervalo contínuo fixo considerado.

Correspondem às situações em que se avalia o número de ocorrências de um tipo de evento por unidade de tempo, comprimento, área ou volume.

Exemplos:

- Número de consultas a uma base de dados em **um minuto**;
- Número de pedidos a um servidor em um **intervalo de tempo**;
- Número de erros de tipografia em **um formulário**;
- Numero de vezes em que o corpo de bombeiros é chamado **por dia** para combater incêndios em uma cidade grande;
- Número de defeitos na impressão de **certo livro**;
- Número de pessoas que chegam ao caixa de um supermercado nos **primeiros 5 minutos** em que é aberto;
- Número de carros que passam por um pedágio no intervalo de tempo de **30 minutos.**

Suposições Básicas da Distribuição de *Poisson*:

- Independência entre as ocorrências do evento considerado;
- Os eventos ocorrem de forma aleatória, de tal forma que não haja tendência de aumentar ou reduzir as ocorrências do evento no intervalo considerado.

Condições para Construção do Modelo de *Poisson*:

- Selecione um intervalo de tempo fixo de observação;
- Observe o número de ocorrências de certo evento de interesse neste intervalo. Este número de ocorrências é uma variável discreta com valores possíveis 0, 1, 2...;
- Se a probabilidade da ocorrência do evento de Poisson é **rara** ou **nula** em um intervalo relativamente pequeno e só passa a ser considerável quando o intervalo de observação cresce, então o evento pode ser na prática modelado pela distribuição de *Poisson*.

Lei dos Fenômenos Raros:

Na distribuição de *Poisson*, se 'n' é um valor muito grande e 'p' um valor muito pequeno, temos o que se chama **"acontecimento raro"**. Como exemplo disto, podemos citar: a ocorrência de gêmeos; fenômenos meteorológicos de rara apresentação; número diário de desastres de automóvel em uma cidade de poucos habitantes; número de objetos defeituosos que aparecem em um processo de fabricação em que as máquinas são extremamente precisas; número de sementes de ervas daninhas no meio das sementes comerciais de uma planta; etc..

Na prática, diz-se que um acontecimento é raro quando $n \geq 50$ e $p \leq 0,1$.

Uma distribuição de *Poisson* modela bem eventos "raros". Fenômenos raros são aqueles que não acontecem com grande frequência para qualquer intervalo de tempo de observação.

Exemplo:

O estacionamento de um automóvel da linha "Gol" em um estacionamento na Av. Presidente Vargas, no Rio de Janeiro, em um intervalo de 1 hora, certamente não é um evento de *Poisson*, mas o evento chegada de um "BMW" no mesmo estacionamento e no mesmo período de tempo deve ser uma ocorrência de *Poisson*.

Formulação do Modelo de *Poisson*

A distribuição de *Poisson* é uma aproximação da distribuição binomial, quando o número de provas 'n' tende para o infinito e a probabilidade 'p' do evento em uma prova tende para zero, mantendo-se finito e não nulo o produto 'np', média da distribuição.

Trata-se de uma distribuição binomial, em que:

- $n \to \infty$ e $p \to 0$
- $\mu = np = t\lambda$
- Pode-se demonstrar matematicamente que:

$$\lim_{n \to \infty} P(X = x) = \overset{x}{\underset{n}{C}} p^n \cdot q^{(n-x)}$$

É a expressão seguinte:

$$P(X = x) = \frac{e^{-\mu} \cdot \mu^x}{x!}$$

Parâmetros Característicos da Distribuição de *Poisson*:

$E(X) = \mu$
$V(X) = \mu$

Exemplos:

1) Em um dado posto de pedágio, passam, em média, 5 carros por minuto. Qual a probabilidade de passarem exatamente 3 carros em certo minuto?

Solução:

$\mu = t\lambda = 1.5 = 5$

$$P(X = 3) = \frac{e^{-5} \cdot 5^3}{3!} = \mathbf{0,1404} \text{ ou } \mathbf{14,04\%}$$

2) Certo posto de bombeiros recebe, em média, 3 chamadas por dia. Qual a probabilidade de receber 4 chamadas em dois dias?

Solução:

λ = 3/dia
μ = tλ = 2. 3 = 6

Logo:

$$P(X = 4) = \frac{e^{-6} \cdot 6^4}{4!} = \mathbf{0,1339} \text{ ou } \mathbf{13,39\%}$$

3) Supondo que as consultas em um banco de dados ocorrem de forma independente e aleatória, com uma taxa média de três consultas por minuto. Qual a probabilidade de que no próximo minuto ocorram menos do que três consultas?

Solução:

Seja X o número de consultas por minuto. Então:

P(X < 3) = P(0) + P(1) + P(2) =

$$\frac{e^{-3} \cdot 3^0}{0!} + \frac{e^{-3} \cdot 3^1}{1!} + \frac{e^{-3} \cdot 3^2}{2!} = \mathbf{0,4232}$$

4) Qual seria a probabilidade do exemplo acima de que no próximo minuto ocorram mais do que 5 consultas?

Solução:

$$P(X > 5) = 1 - P(X \leq 5) = 1 - F(5)$$

Vamos calcular primeiramente a F(5):

$$P(X \leq 5) = P(0) + P(1) + P(2) + P(3) + P(4) + P(5) =$$

$$\frac{e^{-3} \cdot 3^0}{0!} + \frac{e^{-3} \cdot 3^1}{1!} + \frac{e^{-3} \cdot 3^2}{2!} +$$

$$\frac{e^{-3} \cdot 3^3}{3!} + \frac{e^{-3} \cdot 3^4}{4!} + \frac{e^{-3} \cdot 3^5}{5!} = 0,9160$$

$$P(X > 5) = 1 - P(X \leq 5) = 1 - 0,9160 = \mathbf{0,0840}$$

Processo de *Poisson* – Processo de Contagem

Um processo estocástico $\{ N(t), t \geq 0 \}$ é dito ser um processo de *Poisson* ou de contagem se $N(t)$ representa o número total de sucessos que ocorre no instante t e que satisfaz as seguintes condições:

1^a – $N(t) \geq 0$;

2^a – $N(t)$ é um valor discreto (inteiro);

3^a – Se $s < t$, então $N(s) < N(t)$;

4^a – Se $s < t$, então $N(t) - N(s)$ é igual ao número de eventos que ocorrem no intervalo $(s, t]$.

Veja:

N(t)

Nestas condições, N(t) é um processo de contagem ou de *Poisson*.

Exemplo:

Os processos de contagem segundo *Poisson* servem para modelar fenômenos, tais como: Se N(t) é igual ao número de gols que um jogador marca até o instante t, t igual aos primeiros 45 minutos de jogo do primeiro tempo, então { N(t), t≥0 } é um processo de contagem. Um evento deste processo (gol) irá acontecer não importa quando o jogador faça o gol.

Propriedades dos Processos de Contagem:

- Incrementos independentes;
- Incrementos estacionários.

Incrementos independentes significa que o número de sucessos N(t) parece chegar independentemente, isto é, um excesso ou deficiência acidental do número de sucessos N(t) em algum intervalo de tempo dado não exerce nenhum efeito sobre o número de sucessos ocorridos durante qualquer outro intervalo de tempo.

Exemplo:

Suponha que um engenheiro de telecomunicações faça um levantamento das chamadas de serviço nas linhas à longa distância entre duas cidades durante o horário das 9:00 às 10: 00 horas de cada dia útil. Seu levantamento leva a conclusão de que um excesso ou deficiência de chamadas em algum intervalo dado não exerce nenhum efeito sobre o número de chamadas ocorridas durante qualquer outro intervalo de tempo.

Incrementos estacionários significa que o número de sucessos N(t) ocorrido durante qualquer intervalo de tempo dado parece depender somente da duração do intervalo de tempo. Quanto maior o intervalo, maior tende ser o número de sucessos N(t).

Capítulo 7 Distribuição de *Poisson* • **159**

Exemplo:

Do exemplo anterior do engenheiro de telecomunicações, o número de chamadas ocorridas durante qualquer intervalo de tempo dado parece depender somente da duração do intervalo de tempo. Quanto maior o intervalo, maior tende ser o número de chamadas.

O engenheiro passa a construir um modelo probabilístico matemático para descrever a situação. Ele lança a hipótese de que esteve a observar os resultados de certa experiência aleatória, que tem vinculada a ela um espaço amostral e distribuição de probabilidades apropriadas. A verificação das suposições de independência e estacionaridade sugerem ou não a modelagem pelo *Processo de Poisson*.

Exemplo:

Seja o exemplo N(t) igual ao número de gols que um jogador marca até o instante t, onde t pode representar suas faixas etárias ao longo da vida. A suposição de incrementos independentes poderia ser justificada se acreditássemos que a chance do jogador marcar um gol hoje não dependesse de "como ele estivesse em dias anteriores". Contudo, depende, e a suposição de independência fica comprometida. A suposição de incremento estacionário também não é uma suposição razoável, pois pode facilmente se concordar que um jogador marcará mais gols na faixa etária de 25-30 do que entre 35-40 anos. Mas pode se considerar razoável supondo uma janela temporal de 1 ano.

Portanto, neste caso, N(t), igual ao número de gols que um jogador marca até o instante t, onde t pode ser suas faixas etárias ao longo da vida, não é um processo de *Poisson*.

Atividades Propostas

1) Mensagens chegam a um servidor de acordo com uma distribuição de Poisson, com taxa média de cinco chegadas por minuto. Qual é a probabilidade de que duas chegadas ocorram em um minuto?

Solução:

$$\mu = t\lambda = 1.5 = 5$$

$$P(X=2) = \frac{e^{-5} \cdot 5^2}{2!} = 0,0842 \ \text{ ou } \ 8,42\%$$

2) Uma loja atende, em média, 2 clientes por hora. Calcular a probabilidade em uma hora:

Solução:

a) Atender exatamente 2 clientes:

$$\lambda = 2$$
$$\mu = \lambda \cdot t = 2 \cdot 1 = 2$$

$$P(X=2) = \frac{e^{-2} \cdot 2^2}{2!} = 0,2707 \ \text{ ou } \ 27,07\%$$

b) Atender 3 clientes:

$$\lambda = 2$$
$$\mu = \lambda \cdot t = 2 \cdot 1 = 2$$

$$P(X=3) = \frac{e^{-2} \cdot 2^3}{3!} = 0,1804 \ \text{ ou } \ 18,04\%$$

3) Suponha que haja, em média, 2 suicídios por ano em uma população de 50.000 habitantes. Encontre a probabilidade de que em um dado ano tenha havido:

Solução:

$$\lambda = 2$$
$$\mu = \lambda \cdot t = 2 \cdot 1 = 2$$

a) Nenhum suicídio;

$$P(X=0)=\frac{e^{-2}\cdot 2^{0}}{0!}=0,1353 \quad \text{ou} \quad \mathbf{13,53\%}$$

b) Apenas 1 suicídio;

$$P(X=1)=\frac{e^{-2}\cdot 2^{1}}{1!}=0,2706 \quad \text{ou} \quad \mathbf{27,06\%}$$

c) Dois suicídios;

$$P(X=2)=\frac{e^{-2}\cdot 2^{2}}{2!}=0,2706 \quad \text{ou} \quad \mathbf{27,06\%}$$

4) Suponha 400 erros de impressão distribuídos aleatoriamente em um papel contínuo de 500 páginas. Encontre a probabilidade que em uma dada página contenha:

Solução:

$\lambda = 400/500 = 0,8$
$\mu = \lambda . t = 0,8 .1 = 0,8$

a) Nenhum erro;

$$P(X=0)=\frac{e^{-0,8}\cdot (0,8)^{0}}{0!}=0,4493 \quad \text{ou} \quad \mathbf{44,93\%}$$

b) Exatamente 2 erros;

$$P(X=2)=\frac{e^{0,8}\cdot (0,8)^{2}}{2!}=0,1438 \quad \text{ou} \quad \mathbf{14,38\%}$$

5) Suponha 400 erros de impressão distribuídos aleatoriamente em um papel contínuo de 500 páginas. Encontre a probabilidade que em uma dada página contenha pelo menos um erro de impressão:

Solução:

$\lambda = 400/500 = 0,8$
$\mu = \lambda . t = 0,8 .1 = 0,8$

$P(X \geq 1) = 1 - P(X=0) = 1 - 0,4493 = \mathbf{0,5507}$

$$P(X = 0) = \frac{e^{0,8} \cdot (0,8)^0}{0!} = \mathbf{0,4493} \quad \text{ou} \quad \mathbf{44,93\%}$$

6) Pela internet, as pessoas do mundo inteiro trocam 1,63 bilhões de dados por dia. É muito conteúdo disponibilizado na rede mundial de computadores para o pouco tempo hábil que cada pessoa tem para ficar conectado em frente a uma tela de computador. O lado bom: grande parte deste conteúdo iria para sua lixeira. Selecionado um dia ao acaso, qual a probabilidade de uma pessoa do mundo ter trocado 4 bilhões de dados?

Solução:

$\lambda = 1,63$ bilhões de dados por dia.
$\mu = \lambda . t = 1,63 .1 = 1,63$

$$P(X = 4) = \frac{e^{-1,63} \cdot (1,63)^4}{4!} = \mathbf{0,0576} \quad \text{ou} \quad \mathbf{5,76\%}$$

7) Há quem diga que o microblog perdeu força com o tempo. Mas o número de *tweets* enviados diariamente pelos usuários do Twitter é ainda espetacular: 250 milhões em média por dia. Neste universo de milhões, muitas notícias compartilhadas, reclamações contra empresas, piadinhas "retuitadas" e fotografias enviadas. Há quem ainda o use como um diário. Selecionando um dia aleatoriamente, qual a probabilidade do número de tweets enviados ser de 300 milhões?

Capítulo 7 Distribuição de *Poisson* • **163**

Solução:

$\lambda = 250$ milhões por dia
$\mu = \lambda \cdot t = 250 \cdot 1 = 250$ milhões por dia

$$P(X = 300) = \frac{e^{-250} \cdot (250)^{300}}{300!} =$$

P(X = 300) = **0,00021**

8) O maior *site* de vídeos do mundo continua crescendo. Para exemplificar tal afirmação, vejamos a quantidade de horas de vídeo enviadas por minuto ao *Youtube*: cerca de 72 horas por minuto. Muitos vídeos de música, esporte, atualidades e "esquisitices" sendo enviados ao mesmo tempo. Destaque para o aumento de vídeos originais. Suponhamos que selecionamos um minuto do dia aleatoriamente. Já parou para pensar na probabilidade da quantidade de vídeos enviado ser maior que 100 horas? Qual o valor desta probabilidade?

Solução*:*

$\lambda = 72$ horas/minuto
$\mu = \lambda \cdot t = 72 \cdot 1 = 72$ horas/minuto

P(X ≤ 100) = 0,999278

P(X >100) = 1- 0,999278 = **0,000722**

A probabilidade é desprezível!

9) O recorde de *tweets* por segundo em 2012 foi de 8868. Qual a probabilidade de em 2013 este número ser 15% maior?

Solução*:*

15% maior = 8868 x 0,15 + 8868 = 10198
$\lambda = 8868$/segundo

$\mu = \lambda \cdot t = 8868 \cdot 1 = 8868/\text{segundo}$

$$P(X = 10198) = \frac{e^{-8868} \cdot (8868)^{10198}}{10198!} =$$

$P(X = 10198) = \mathbf{0}$

O evento é raro, muito pouco provável!

10) Em média, o *Instagram* tem 60 fotos enviadas por segundo. Qual a probabilidade de, em dois segundos, o *Instagram* ter 130 fotos enviadas?

$\lambda = 60$ fotos/segundo
$\mu = \lambda \cdot t = 60 \cdot 2 = 120$ fotos/segundo

$$P(X = 130) = \frac{e^{-120} \cdot (120)^{130}}{130!} =$$

$P(X = 130) = \mathbf{0{,}0233}$

11) O Rio registrou uma média de 42 peregrinos furtados por dia durantes as duas semanas em que recebeu participantes da Jornada da Juventude(JMJ), revelou balanço divulgado em julho de 2013 pela Secretaria de Segurança. Selecionado ao acaso certo dia das duas semanas da JMJ, qual a probabilidade de ter havido somente 24 peregrinos furtados?

Solução:

$\mu = 42/\text{dia}$

$$P(X = 24) = \frac{e^{-24} \cdot (42)^{24}}{24!} = \mathbf{0{,}0008} \text{ ou } \mathbf{0{,}08\%}$$

Capítulo 8

Distribuição Uniforme

Variável Aleatória Uniforme

Em estatística e probabilidade, a distribuição uniforme é a distribuição de probabilidades contínua mais simples de conceituar: a probabilidade de se gerar qualquer ponto em um intervalo contido no espaço amostral é proporcional ao tamanho do intervalo.

O que caracteriza a distribuição uniforme é que todo subintervalo de mesma amplitude em [a, b] tem a mesma probabilidade.

Quando uma variável aleatória X só pode assumir valores dentro de um intervalo contínuo de variação [a , b], com função densidade de probabilidade como a descrita abaixo e assumir valor zero em caso contrário, então ela tem distribuição uniforme:

$$f(x) = \begin{cases} \dfrac{1}{b-a} \text{ para } a \leq X \leq b \\ 0 \text{ em caso contrário} \end{cases}$$

A distribuição de probabilidades de X pode ser representada por uma função que assume um valor constante e positivo em todo intervalo [a, b], de tal forma que as probabilidades possam ser vistas por áreas sob a curva dessa função. Como **certamente** vai ocorrer um resultado em [a, b], então a área sob a função neste intervalo deve ser igual a 1 e nula fora deste intervalo.

Seu gráfico é:

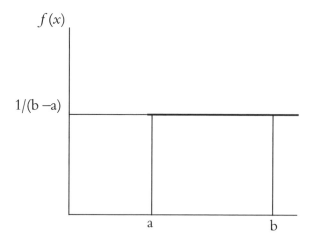

Parâmetros Característicos da Distribuição Uniforme:

Pode-se demonstrar matematicamente que:

$$E(X) = \frac{(a+b)}{2}$$

$$V(X) = \frac{(b-a)^2}{12}$$

Diz-se que $X \sim U[a,b]$
A expressão acima diz que X tem distribuição uniforme no intervalo a e b.

Observação:

A maioria das linguagens de programação, pacotes estatísticos ou planilhas de cálculo possuem um gerador de números aleatórios, que gera a partir de uma distribuição uniforme, com valores entre 0 e 1. Esse número é chamado de **pseudo-aleatório**, porque é possível repetir a mesma sequência a partir de uma mesma semente (valor inteiro).

Capítulo 8 Distribuição Uniforme • **167**

Exemplos:

1) Um profissional de Computação observou que seu sistema gasta entre 20 e 24 segundos para realizar determinada tarefa. Considere a probabilidade uniforme em [20, 24], isto é, todo subintervalo de mesma amplitude em [20, 24] ter a mesma probabilidade.

a) P(20<X<21)
b) P(21<X<22)
c) P(20<X<22)
d) P(22<X<24)
e) P(X>23)
f) E(X)
g) V(X)

Solução:

Tem-se que X ~ U[20, 24]. Logo, a função densidade de probabilidade de X é:

$$f(x) \begin{cases} \dfrac{1}{4} \text{para } 20 \le X \le 24 \\ \\ 0 \text{ em caso contrário} \end{cases}$$

Portanto, podemos calcular as probabilidades sob essa densidade:

a) P(20<X<21)

$$P(20 < X < 21) = \int_{20}^{21} (1/4)\,dx = 1/4[X]$$

= (21-20)/ 4 = **0,25** ou **25%**.

b) $P(21<X<22)$

$$P(21<X<22) = \int_{21}^{22}(1/4)dx = 1/4[X]$$

$= (22-21)/ 4 = \mathbf{0,25}$ ou $\mathbf{25\%}$.

c) $P(20<X<22)$

$$P(20<X<22) = \int_{20}^{22}(1/4)dx = 1/4[X]$$

$= (22-20)/ 4 = \mathbf{0,5}$ ou $\mathbf{50\%}$.

d) $P(22<X<24)$

$$P(22<X<24) = \int_{22}^{24}(1/4)dx = 1/4[X]$$

$= (24-22)/ 4 = \mathbf{0,5}$ ou $\mathbf{50\%}$.

e) $P(X>23)$

$$P(23<X<24) = \int_{23}^{24}(1/4)dx = 1/4[X]$$

$= (24-23)/ 4 = \mathbf{0,25}$ ou $\mathbf{25\%}$.

Capítulo 8 Distribuição Uniforme • **169**

f)

$$E(X) = \frac{20 + 24}{2} = (44/2) = \mathbf{22}$$

g)

$$V(X) = \frac{(24 - 20)^2}{12} = (16/12) = \mathbf{1,33}$$

2) Um pequeno desenho foi planejado para estar distribuído aleatoriamente de maneira uniforme no intervalo de [0, 2] metros de um "Cartaz Publicitário". Qual a probabilidade de que o pequeno desenho esteja no intervalo entre 1 e 1,5 metros do cartaz?

Solução:

$$f(x) = \begin{cases} 1/2 \text{ se } 0 \le x \le 2 \\ \\ 0 \text{ se } c/c \end{cases}$$

$$P(1 < X < 1,5) = \int_{1}^{1,5} (1/2)\, dx = 1/2[x] = \mathbf{0,25}$$

3) A dureza de uma peça de aço pode ser pensada como sendo uma variável aleatória uniforme no intervalo [50, 70] da escala de *Rockwell*. Calcular a probabilidade de que uma peça tenha dureza entre 55 e 60.

Solução:

$$f(h) = \begin{cases} 1/20 \text{ se } 50 \le h \le 70 \\ \\ 0 \text{ se } c/c \end{cases}$$

$$P(55 < h < 60) = \int_{55}^{60} (1/20)\, dh = 1/20[h] = \mathbf{0,25}$$

Atividades Propostas

1) Uma empresa deseja empacotar e amarrar com barbante bem resistente pacotes de café moído. Estuda a viabilidade de usar certo tipo de barbante, cuja resistência R é uma variável aleatória distribuída sobre o intervalo fechado [50, 70]. Estabelecer a probabilidade P(R < 65).

Solução:

Tem-se que R ~ U[50, 70]. Logo, a função densidade de probabilidade de R é:

$$f(R) = \begin{cases} \dfrac{1}{70-50} = \dfrac{1}{20} & \text{para } 50 < R < 70 \\ \\ 0 & c/c \end{cases}$$

$$P(R < 65) = \int_{50}^{65} (1/20)\, dr = 1/20 [R]$$

$$= (65-50)/20 = \mathbf{0,75} \text{ ou } \mathbf{75\%}.$$

2) Considere um círculo com medidas de ângulos, em graus, a partir de determinada origem. Nesse círculo, há um ponteiro que é colocado a girar. Seja a variável aleatória X contínua definida pelo ângulo formado entre a posição que o ponteiro para e a linha horizontal do lado direito. Assuma que não existe região de preferência para o ponteiro parar. A distribuição de probabilidades de X pode ser representada por uma função que assume um valor constante e positivo em todo intervalo [$0°$, $360°$), de tal forma as probabilidades possam ser vistas por áreas sob a curva dessa função. Como certamente vai ocorrer um resultado em [$0°$, $360°$), então a área sob a função neste intervalo deve ser igual a 1 e nula fora deste intervalo. Nessas condições, podemos considerar que todo intervalo de mesma amplitude, contido em [$0°$, $360°$), tem a mesma probabilidade de ocorrência. Qual é a probabilidade do ponteiro no intervalo [$30°$, $60°$]?

Capítulo 8 Distribuição Uniforme • **171**

Solução:

Tem-se que X ~ U[0, 360]. Logo, a função densidade de probabilidade de X é:

$$f(x) = \begin{cases} \dfrac{1}{360} & \text{para } 0 \le X \le 360 \\ \\ 0 & \text{em caso contrário} \end{cases}$$

Portanto, podemos calcular a probabilidade sob essa densidade: P(30<X<60) =

$$P(30 < X < 60) = \int_{30}^{60} (1/360)\, dx = 1/360[x]$$

= (60-30)/ 360 = **30/360 = 1/12**

3) O raio de uma esfera é uma variável aleatória contínua X uniformemente distribuída entre 1,9 e 2,1 centímetros. Encontre a função densidade de probabilidade da variável aleatória, a esperança do raio da esfera e calcule o volume da esfera.

Solução:

Tem-se que X ~ U[1,9 ; 2,1]. Logo, a função densidade de probabilidade de X é:

$$f(x) = \begin{cases} 5 & \text{para } 1,9 \le X \le 2,1 \\ \\ 0 & \text{em caso contrário} \end{cases}$$

Portanto, podemos calcular a esperança do raio da esfera:

$$E(X) = \frac{(a+b)}{2}$$

$$E(X) = \frac{(1,9+2,1)}{2} = 2cm$$

O volume da esfera é dado pela fórmula:

$$V = \frac{4}{3} \cdot \pi r^3$$

Podemos utilizar o raio médio como o raio da esfera:

$$V = \frac{4}{3} \cdot \pi (2)^3 = 33,5$$

4)Trens urbanos chegam a uma estação em intervalos de 15 minutos começando às 7 da manhã. Se o horário de chegada de um passageiro nessa estação está uniformemente distribuído entre 7 e 7:30, encontre a probabilidade de que ele espere menos de cinco minutos por um trem.

Solução:

Tem-se que $X \sim U[\,0\,;30\,]$. Logo, a função densidade de probabilidade de X é:

$$f(x) = \begin{cases} 1/30 \ \text{ para } \ 0 \le X \le 30 \\ \\ 0 \ \text{ em caso contrário} \end{cases}$$

A probabilidade que tenha que esperar menos de 5 minutos é ele chegar a partir das 7 até 7:10, isto é:

$$F = (10) = P(X < 10) = \int_0^{10} (1/30)\, dx = \mathbf{1/3}$$

Capítulo 8 Distribuição Uniforme • 173

5) Uma máquina de encher copos de refrigerantes sempre despeja nos copos uma quantidade de bebidas entre 270 e 300 ml. Assumindo que X = volume do refrigerante seja uma variável aleatória uniformemente distribuída, determinar a probabilidade de que em um copo sejam despejados mais de 290 ml de refrigerante.

Solução:

Tem-se que $X \sim U[\,270\,;300\,]$. Logo, a função densidade de probabilidade de X é:

$$f(x) = \begin{cases} 1/30 \ \text{ para } \ 270 \le X \le 300 \\[2mm] 0 \ \text{ em caso contrário} \end{cases}$$

A probabilidade pedida é

$$P(X > 290) = \int_{290}^{300} (1/30)\,dx = \mathbf{1/3}$$

6) A ocorrência de panes em qualquer ponto de uma rede telefônica de 7 km foi modelada por uma distribuição uniforme no intervalo [0, 7]. Qual é a probabilidade de que uma pane venha a ocorrer nos primeiros 800 metros?

Solução:

Tem-se que $X \sim U[\,0\,;7\,]$. Logo, a função densidade de probabilidade de X é:

$$(x) = \begin{cases} 1/7 \ \text{ para } \ 0 \le X \le 7 \\[2mm] 0 \ \text{ em caso contrário} \end{cases}$$

174 • Estatística Aplicada à Informática e às suas novas Tecnologias

A probabilidade pedida é:

$$P(X \le 0,8) = \int_0^{0,8} (1/7)\,dx = \mathbf{0,1142} \quad \text{ou} \quad \mathbf{11,42\%}$$

7) Milhões de pessoas acessaram a *internet* no Brasil no terceiro trimestre de 2012. A partir do terceiro trimestre de 2012, o Ibope passou a incluir na medição crianças e adolescentes e constatou que é uma variável aleatória uniformemente distribuída no intervalo de 2 a 17 anos de idade com acesso em casa. Selecionando aleatoriamente uma criança e adolescente que acesse a *internet*, qual a probabilidade de ser criança?

Solução:

Tem-se que $X \sim U[\,2;\,17\,]$, função densidade de probabilidade de X é:

$$f(x) = \begin{cases} 1/15 \ \text{ para } \ 2 \le X \le 17 \\ \\ 0 \ \text{ em caso contrário} \end{cases}$$

No Brasil, é considerada criança a pessoa até 12 anos de idade. Logo, a probabilidade pedida é:

$$P(X \le 12) = \int_2^{12} (1/15)\,dx = \mathbf{2\,/\,3}$$

8) No Brasil, a inclusão digital de 40 milhões de pessoas da classe C, entre 2003 e 2011, impulsionou o setor de Tecnologia da Informação e Comunicação (TIC). Com a compra de mais computadores e *smartphones*, o acesso doméstico à *internet* cresceu. Segundo o índice *Brasscom de Convergência Digital* (IBCD), o país obteve a pontuação que variou de 7 até 10, de acordo com a lei da distribuição uniforme, e cresceu cerca de 4% em 2012 em comparação à edição de 2011. Qual a probabilidade que o Brasil atinja mais de 8 pontos na escala IBCD em inclusão digital em 2013?

Capítulo 8 Distribuição Uniforme • **175**

Solução:

Tem-se que X ~ U[7; 10], função densidade de probabilidade de X é:

$$f(x) = \begin{cases} 1/3 \ \text{ para } \ 7 \le x \le 10 \\ \\ 0 \ \text{ em caso contrário} \end{cases}$$

A probabilidade pedida é:

$$P(X > 8) = \int_{8}^{10} (1/3) dx = \mathbf{2/3}$$

9) A quantidade de horas em vídeos enviados ao *Youtube* a cada minuto é uma variável aleatória presumidamente uniformemente distribuída no intervalo de [20 ; 60] horas. Qual a probabilidade de em um minuto a quantidade de horas em vídeos enviados ao *Youtube* ser menor que o seu valor médio?

Solução:

Tem-se que X ~ U[20; 60], função densidade de probabilidade de X é:

$$f(x) = \begin{cases} 1/40 \ \text{ para } \ 20 \le x \le 60 \\ \\ 0 \ \text{ em caso contrário} \end{cases}$$

Portanto, podemos calcular a esperança do raio da esfera:

$$E(X) = \frac{(a+b)}{2}$$

$$E(X) = \frac{(20+60)}{2} = 40$$

A probabilidade pedida é:

$$P(X \le 40) = \int_{20}^{40} (1/40)\,dx = \mathbf{1/2}$$

10) Um percentual expressivo dos internautas brasileiros tem uma velocidade de banda larga de 128 a 512 Kbps, que varia aleatoriamente segundo um modelo uniforme. Qual a probabilidade de um destes internautas brasileiros escolhido ao acaso ter uma velocidade maior que 320 Kbps?

Solução:

Tem-se que X ~ U[128;512], função densidade de probabilidade de X é:

$$f(x) = \begin{cases} 1/384 \ \text{ para } \ 128 \le X \le 512 \\ \\ 0 \ \text{ em caso } \ \text{contrário} \end{cases}$$

A probabilidade pedida é:

$$P(X > 320) = \int_{320}^{512} (1/384)\,dx = \mathbf{0{,}5} \ \text{ou} \ \mathbf{50\%}$$

 *Capítulo 9*

Distribuição Exponencial

Variável Aleatória Exponencial

O modelo exponencial tem forte relação com o modelo discreto de *Poisson*. Enquanto a distribuição de *Poisson* pode ser usada para modelar o número de ocorrências em um período contínuo (tempo ou de comprimento), a distribuição exponencial pode modelar a variável aleatória contínua que representa o **intervalo** (de tempo ou de comprimento) entre duas ocorrências sucessivas de *Poisson*.

Exemplos:

- Tempo (em minutos) entre consultas a uma base de dados;
- Tempo (em segundos) entre pedidos a um servidor;
- Distância (em metros) entre defeitos de uma fita.

A distribuição exponencial pode ser usada quando as suposições de *Poisson* (independência entre as ocorrências e taxa média de ocorrências constante no intervalo considerado) estiverem satisfeitas.

A figura abaixo ilustra a relação entre as duas distribuições:

Visualização da Relação Poisson e Exponencial:

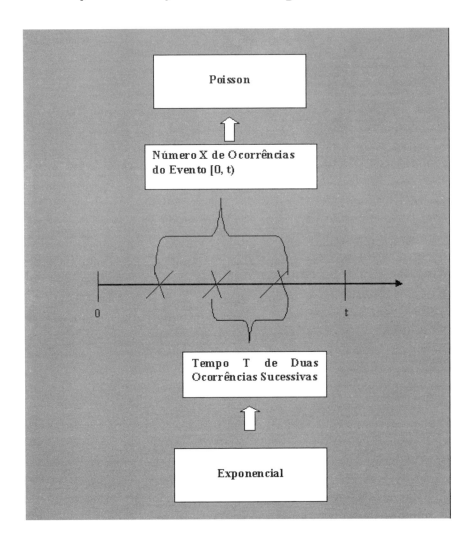

Função Densidade de Probabilidade da Distribuição Exponencial:

Sua função densidade de probabilidade é:

$f(T) = \lambda e^{-\lambda t}$ para $t \geq 0$
$f(T) = 0$ para $t < 0$

Onde λ é a frequência média de sucessos por unidade de observação.

Função Repartição de Probabilidades da Distribuição Exponencial:

A Função Repartição é:

F(t) = P(T ≤ t) = 1 − $e^{-\lambda t}$ **t ≥ 0**
F(t) = 0   **c/c**

Portanto: **P(T > t) = $e^{-\lambda t}$**

Parâmetros Característicos da Exponencial:

$E(T) = \mathbf{1/\lambda}$

$V(T) = \mathbf{1/\lambda^2}$

Gráfico de f(t)

Logo, diz-se que $T \sim E(\lambda)$.

Observações:

1) A probabilidade exponencial de que o primeiro evento ocorra dentro do intervalo considerado de tempo ou espaço é:

$$P(T \le t) = 1 - e^{-\lambda t}$$

2) A probabilidade exponencial de que o primeiro evento ocorra fora do intervalo considerado de tempo ou espaço:

$$P(T > t) = e^{-\lambda t}$$

Propriedade da Distribuição Exponencial de Falta de Memória

A distribuição exponencial é frequentemente usada em estudos de confiabilidade como sendo o modelo para tempo até a falha de um equipamento, muito utilizada para componentes eletrônicos.

A propriedade de **"falta de memória"** da distribuição exponencial implica que o equipamento não se desgasta, ou seja, independente de quanto tempo o equipamento tenha operado, a probabilidade de uma falha na próximas t horas, minutos, segundos etc. é a mesma que de uma falha nas primeiras t horas, minutos, segundos, etc. de vida do equipamento.

Implicação:

A propriedade de **"falta de memória"** da distribuição exponencial implica que **o equipamento não se desgasta**, ou seja, independente de quanto tempo o equipamento tenha operado, a probabilidade de uma falha, por exemplo, nas próximas 1.000 horas é a mesma que a probabilidade de uma falha nas primeiras 1.000 horas de vida do equipamento.

Capítulo 9 Distribuição Exponencial • 181

Exemplo:

Seja T o tempo entre detectações de uma partícula rara em um contador *geiger* e considere que T tenha uma distribuição exponencial com E(T) = 1,4 minutos. Qual a probabilidade de detectarmos uma partícula dentro de 30 segundos a partir do começo da contagem?

Solução:

Vamos primeiro transformar 30 segundos em minutos (t):

1 minuto _____ 60 segundos

t _____ 30 segundos

t = 0,5 minutos

E(T) = 1,4 minutos → λ = 1/1,4 ≈ 0,70

P(T ≤ 0,5) = 1 − $e^{-0,7.0,5}$ = **0,30** ou **30%**

Agora, supondo que ligamos o contador *geiger* e esperamos 3 minutos sem detectar partícula. Qual a probabilidade de uma partícula ser detectada nos próximos 30 segundos?

P(T < 3,5/ T > 3 min) = P(3 < T < 3,5) / P(T > 3)

P (3 < T < 3,5) = $e^{-0,7 \cdot 3,0}$ − $e^{-0,7 \cdot 3,5}$ = **0,0035**

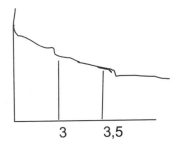

$P(T > 3) = e^{-0,7 \cdot 3} = 0,117$

Logo,

$P(3 < T < 3,5) / P(T > 3) = (0,0035) / 0,117 = \mathbf{0,30}$ ou **30%**.

Conclusão:

Depois de esperar por 3 minutos sem uma detecção, a probabilidade de uma detecção nos próximos 30 segundos é a mesma de uma detecção nos 30 segundos imediatamente após começar a contagem.

Exemplos:

1) Os defeitos de um tecido seguem a distribuição de *Poisson* com média de um defeito a cada 400 m. Qual a probabilidade de que o intervalo entre dois defeitos consecutivos seja:

a) No mínimo de 1000 m;
b) No máximo de 1000 m;
c) Entre 800 e 1000 m.

Solução:

a) $\lambda = 1/400$ defeitos/metros

$P(T \geq 1000) = e^{-1/400 \cdot 1000} = e^{-2,5} = \mathbf{0,0820}$

b) $P(T \leq 1000) = 1 - e^{-\lambda t} = 1 - e^{-2,5} = 1 - 0,0820 = \mathbf{0,9180}$

c) $P(800 < T < 1000) = e^{(-1/400) \cdot 800} - e^{(-1/400) \cdot 1000} = 0,1353 - 0,820 = \mathbf{0,0533}$

Capítulo 9 Distribuição Exponencial • **183**

2) Em média, um navio atraca em certo posto a cada dois dias. Qual a probabilidade de que, a partir da partida de um navio, se passem mais de 4 dias antes da chegada do próximo navio?

Solução:

$\lambda = \frac{1}{2}$

$P(T \geq 4) = e^{-1/2 \cdot 4} = e^{-2} = \mathbf{0,1353}$

3) Cada rolo de lâmina de aço de 500 metros contém, em média, duas imperfeições. Qual a probabilidade de que, à medida que se desenrole um rolo, a primeira imperfeição apareça no primeiro segmento de 50 metros?

Solução:

$\lambda = 2/500 = 0,004$

$P(T \leq 50) = 1 - e^{-2/500 \cdot 50} = 1 - e^{-0,2} = 1 - 0,8187 = \mathbf{0,1813}$

4) Um departamento de conserto de máquinas recebe, em média, 5 chamadas por hora. Iniciando em um ponto de tempo aleatoriamente escolhido, qual a probabilidade de que a primeira chamada chegue dentro de meia hora?

Solução:

$\lambda = 5$

$P(T \leq 0,5) = 1 - e^{-5 \cdot 0,5} = 1 - e^{-2,5} = 1 - 0,0821 = \mathbf{0,9179}$

5) Suponhamos que o manuscrito de um livro-texto tem um total de 50 erros nas 500 páginas de material, sendo os erros distribuídos aleatoriamente através do texto, qual a probabilidade de que, quando o revisor comece a ler um capítulo, o primeiro erro se encontre:

a) Dentro das cinco primeiras páginas;
b) Depois das quinze primeiras páginas.

Solução:

a)

$\lambda = 50/500 = 0,1$

$P\ (T \leq 5) = 1 - e^{-0,1 \cdot 5} = 1 - e^{-0,5} = 1 - 0,6065 = \mathbf{0,3935}$

b)

$\lambda = 0,1$

$P(T > 15) = e^{-0,1 \cdot 15} = e^{-1,5} = \mathbf{0,2231}$

Atividades Propostas

1) As interrupções no funcionamento de energia elétrica ocorrem segundo um Poisson com média de uma interrupção por mês (quatro semanas). Qual a probabilidade de que entre duas interrupções consecutivas haja um intervalo de:

a) Menos de uma semana:
b) Entre dez a doze semanas:
c) Exatamente um mês:
d) Mais de três semanas:

Solução:

$\lambda = 1/4 = 0,25$ interrupções por semana

a) Menos de uma semana;

$P(\ T \leq 1\ ) = 1 - e^{-0,25.1} = \mathbf{0,2212}$ ou $\mathbf{22,12\%}$.

b) Entre dez a doze semanas;

$$P(10 < T < 12) = e^{-0,25.10} - e^{-0,25.12} = 0,0821 - 0,0498 = \mathbf{0,0323} \text{ ou } \mathbf{3,23\%}.$$

c) Exatamente um mês;

$$P(T = 1) \approx \mathbf{0}$$

d) Mais de três semanas;

$$P(T > 3) = e^{-0,25.3} = e^{-0,75} = \mathbf{0,4724} \text{ ou } \mathbf{47,24\%}.$$

2) Uma média de 0,5 clientes por minuto chega a um balcão de uma *lanhouse*. Depois que o funcionário abre o balcão, qual a probabilidade de que ele tenha que esperar pelo menos 3 minutos antes que apareça o primeiro cliente?

Solução:

$$\lambda = 0,5$$

$$P(T > 3) = e^{-0,53} = e^{-1,5} = \mathbf{0,2231} \text{ ou } \mathbf{22,31\%}.$$

3) Em média, seis pessoas por hora se utilizam de uma caixa automática de um banco em uma loja de departamentos:

a) Qual a probabilidade de que se passem pelo menos 10 minutos entre a chegada de dois clientes?

b) Qual a probabilidade de que, depois da saída de um cliente, não se apresente outro em pelo menos 20 minutos?

c) Qual a probabilidade de que chegue um segundo cliente dentro de 1 minuto, após a chegada do primeiro?

Solução:

$\lambda = 6$ pessoas por hora $= 0,1$ pessoa por minuto

a) Qual a probabilidade de que se passem pelo menos 10 minutos entre a chegada de dois clientes?

$P(T > 10) = e^{-0,1.10} = e^{-1,0} = \mathbf{0,3679}$ ou **36,79%**.

b) Qual a probabilidade de que, depois da saída de um cliente, não se apresente outro em pelo menos 20 minutos?

$P(T > 20) = e^{-0,1.20} = e^{-2,0} = \mathbf{0,1353}$ ou **13,53%**.

c) Qual a probabilidade de que chegue um segundo cliente dentro de 1 minuto, após a chegada do primeiro?

$P(T \le 1) = 1 - e^{-0,1.1} = 1 - e^{-0,1} = 1 - 0,9048 = \mathbf{0,0952}$ ou **9,52%**.

4) Um sistema operacional copia, em média, 100 itens de uma pasta em 50 segundos. Qual a probabilidade que a cópia entre dois itens consecutivos se dê em mais de 0,5 segundos?

Solução:

$\lambda = 100/50 = 2$ cópias/segundos

$P(T > 0,5) = e^{-2.0,5} = e^{-1} = \mathbf{0,3679}$ ou **36,79%**.

5) Em uma grande rede corporativa de computadores, as conexões dos usuários ao sistema podem ser modeladas como um processo de *Poisson*, com média de 25 conexões por hora. Qual a probabilidade de não haver conexões em um intervalo de 6 minutos?

Solução:

Vamos primeiro transformar 6 minutos em horas (t):

1 hora _____ 60 minutos

t _____ 6 minutos

t = 0,1 horas

Não haver conexões em um intervalo de 6 minutos significa que elas ocorrem em um intervalo de tempo maior do que 6 minutos, que em termos de horas é análogo a T > 0,1. Logo, a probabilidade pedida é:

$\lambda = 25/\text{hora}$
$P(T > 0,1) = e^{-25 \cdot 0,1} = e^{-2,5} = $ **0,082 ou 8,2%**.

6) Qual a probabilidade de que o tempo até a próxima conexão esteja entre 2 e 3 minutos do problema anterior?

Solução:

Vamos primeiro transformar 2 e 3 minutos em horas (t):

1 hora _____ 60 minutos

t _____ 2 minutos

t = 0,033 horas

1 hora _____ 60 minutos

t _____ 3 minutos

t = 0,05 horas
$\lambda = 25/\text{hora}$

A probabilidade pedida é:

$$P(0,033 < T < 0,05) = e^{-25.0,033} - e^{-25.0,05} = \textbf{0,1517 ou 15,17\%}.$$

7) A quantidade de *exabytes* (10^8 *bytes*) de dados trafegados por mês nas redes móveis tem distribuição de *Poisson* com média de 2,0 *exabytes* por mês. Qual a probabilidade de que o intervalo entre dois dados trafegados nas redes móveis seja menor do que seu tempo médio?

Solução:

$\lambda = 2$ dados trafegados/mês

Tempo Médio entre Dois Dados Trafegados:

$$E(T) = \frac{1}{\lambda} = \frac{1}{2} = 0,5$$

$P(T < 0,5) = 1 - e^{-2.0,5} = 1 - e^{-1} = 1 - 0,3679 = \textbf{0,632 ou 63,2\%}.$

8) São, em média, 144 bilhões de *e-mails* trafegados por dia segundo a Lei de *Poisson*. Qual a probabilidade de que, a partir da abertura da caixa postal de um *e-mail,* uma pessoa demore menos de um minuto até que mande um *e-mail?*

$\lambda = 144$ bilhões/dia $= 144000000000$ /dia

Vamos primeiro transformar 1 minuto em dias (t):

1 dia _____ 1440 minutos

t _____ 1 minuto

$t = 0,00069$ dias

$P(T \leq 0,00069) = 1 - e^{-144000000000 \,.\, 0,00069} = 1 - 0 = \textbf{1}$

O evento investigado é certo.

9) O tempo de vida até a falha de um semicondutor pode ser modelado por uma variável aleatória exponencial com média de 40.000 horas. Qual a probabilidade de um semicondutor aleatório durar mais que a sua vida média?

Solução:

Vamos primeiramente calcular o valor de λ:

$$E(T) = \frac{1}{\lambda} = 40000$$

Logo, $\lambda = 0,000025$

A probabilidade pedida fica, então:

$P(T > 40000) = e^{-0,000025.40000} = e^{-1} = \mathbf{0,3679}$ ou **36,79%**.

10) Seja T o tempo entre "panes" de um *desktop* e considere que T tenha uma distribuição exponencial com $E(T) = 10$ anos.

Pede-se:

a) Qual a probabilidade de haver "**pane**" no computador nos próximos 2 anos, a partir do começo de seu funcionamento?

b) Qual a probabilidade de após usarmos o *desktop* por 8 anos sem "**pane**", este ocorrer nos próximos 8 anos?

c) Qual a relação entre os valores das probabilidades dos itens (a) e (b)? Por quê?

a)

$\lambda = 1/10 = 0{,}10$

$P\,(T \le 2) = 1 - e^{-0{,}1\,\cdot\,2} = 1 - e^{-0{,}2} = 1 - 0{,}8187 = \mathbf{0{,}1813}$

b)

$P(T \le 10\,/\,T > 8) = P(\,8 \le T \le 10\,)\,/\,P(\,T > 8)$

$P(\,8 \le T \le 10\,) = e^{-0{,}1.8} - e^{-0{,}1.10} = 0{,}4493 - 0{,}3679 = 0{,}0814$

$P(\,T > 2) = e^{-0{,}1.8} = 0{,}4493$

$P(\,8 < T < 10\,)\,/\,P(\,T > 8) = 0{,}0814/0{,}4493 = \mathbf{0{,}1812}$

c) As probabilidades são iguais, pela propriedade da "*falta de memória*" da distribuição exponencial. Depois de funcionar por 8 anos sem "pane", a probabilidade de uma "pane"" nos próximos 2 anos é a mesma probabilidade de uma "pane" nos próximos 2 anos a partir do início do uso do computador.

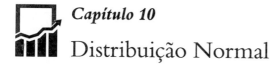

Capítulo 10
Distribuição Normal

Distribuição Normal – Definição

A curva normal é considerada a distribuição de probabilidade mais importante, pois permite modelar uma infinidade de fenômenos naturais e, além disso, possibilita realizar aproximações para calcular probabilidades de muitas variáveis aleatórias que têm outras distribuições. É muito importante também na inferência estatística, como será observado no capítulo seguinte. É muito importante também na inferência estatística, como será observado em capítulos seguintes.

Esta distribuição é chamada de curva normal porque a sua média representa uma norma, um modelo de comportamento para a variável na população. Os valores que se desviam da média são considerados erros, daí o conceito de desvio padrão.

A distribuição normal é caracterizada por uma função de probabilidade, cujo gráfico descreve uma curva em forma de sino, unimodal e simétrica, como mostra a figura abaixo:

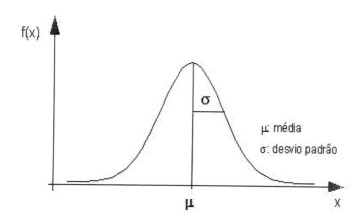

Essa forma de distribuição evidencia que há maior probabilidade de a variável aleatória assumir valores próximos do centro.

Função Densidade de Probabilidades da Distribuição Normal:

Dados os parâmetros $\mu \in R$ e $\sigma > 0$, a função densidade de probabilidade da normal é dada por:

$$f(x) = \frac{1}{\sigma(2\pi)^{0,5}} e^{-(0,5)[(X-\mu)/\sigma]^2}$$

$$-\infty < X < +\infty$$

Parâmetros Característicos da Distribuição Normal:

Com certo esforço matemático, é possível mostrar que o valor esperado e a variância da distribuição normal são dados por:

$$E(X) = \mu \quad e \quad V(X) = \sigma^2$$

Aplicações da Distribuição Normal:

Quando estudamos os gráficos de análise e as medidas da forma da distribuição, aprendemos a detectar se uma distribuição de frequência tinha a forma da Curva Normal.

Uma vez detectada que a distribuição se ajusta à Curva Normal, podemos realizar duas aplicações com esta informação:

- Cálculo de probabilidades da variável em estudo pertencer a determinados intervalos;
- Modelagem da distribuição de estimativas de parâmetros para inferência estatística.
- Neste capítulo, aprenderemos a realizar a primeira aplicação.

Capítulo 10 Distribuição Normal • **193**

Geometria da Distribuição Normal:

- A variável aleatória X pode assumir todo e qualquer valor real;
- A representação gráfica da distribuição normal é uma curva em forma de sino, simétrica em torno da média μ, que recebe o nome de Curva Normal ou de Gauss;
- A área total limitada pela curva e pelo eixo das abscissas é igual a 1, já que essa área corresponde à probabilidade de a variável aleatória X assumir qualquer valor real;
- A curva normal é assintótica em relação ao eixo das abscissas sem, contudo, alcançá-la;
- Como a curva é simétrica em torno de μ, a probabilidade de ocorrer valor maior do que a média é igual à probabilidade de ocorrer valor menor do que a média, isto é, ambas as probabilidades são iguais a 0,5.

Escrevemos:

$$P(X > \mu) = P(X < \mu) = 0,5$$

Quando temos em mãos uma variável aleatória com distribuição normal, nosso principal interesse é obter a probabilidade dessa variável aleatória assumir um valor em um determinado intervalo.

Propriedades da Distribuição Normal:

De uma <u>distribuição normal</u>, unimodal, gaussiana, simétrica, de afunilamento médio (ou mesocúrtica) podemos dizer o seguinte:

- Dos valores, 68% encontram-se a uma distância da média inferior a **um desvio padrão**;
- Dos valores, 95% encontram-se a uma distância da média inferior a **duas vezes o desvio padrão**;
- Dos valores, 99,7% encontram-se a uma distância da média inferior a **três vezes o desvio padrão**.

Curva Normal

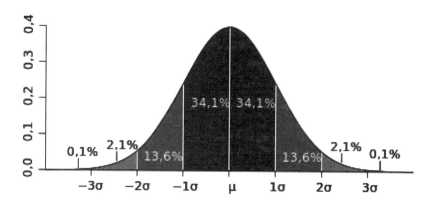

Observação:

Um abuso comum das distribuições normais de probabilidade é a confusão entre os conceitos de **probabilidade** e **certeza**. Por exemplo, se for selecionado ao acaso um elemento de uma população normalmente distribuída, sabemos que a probabilidade de se obter um valor dentro de um intervalo de dois desvios padrão, a partir da média, é de aproximadamente 95%. Isso não implica, porém, que não se possa obter um resultado não usual. De fato, em 5% das vezes deve-se esperar obter um valor que esteja a uma distância maior do que dois desvios padrão da média.

Consideremos uma população normalmente distribuída com média 100 e um desvio padrão 15. A lei da Curva Normal diz que $P[70 \leq \mu \leq 130]$ = 95%. Não seria estranho se um valor individual extraído dessa população fosse 112 ou mais. Porém, seria altamente fora do normal obter um valor extraído dessa população igual a 190, mas não é impossível. Não é certo que qualquer valor selecionado dessa população resulte no intervalo de 70 a 130. Existe um risco de 5% de não ser.

Passos de Cálculo de Probabilidades sob a Distribuição Normal:

- Identificar no problema dados da relação:

$$X \sim N(\mu; \sigma^2)$$

Transformar a variável aleatória original X em uma nova variável aleatória padronizada Z, que é tabelada, pela fórmula:

$$z = \frac{\overline{X} - \mu}{\sigma}$$

A transformação assim obtida é uma variável aleatória que tem distribuição normal reduzida ou normal padrão, mas sempre com média 0 e desvio padrão 1 para qualquer natureza da variável original:

$$X : Z \sim N(0; 1).$$

Sua densidade fica então:

$$f(Z) = \frac{1}{(2\pi)^{0,5}} e^{-(0,5)z^2}$$

- Localizar na figura da normal a área correspondente a probabilidade pedida;
- Consultar a tabela da normal reduzida e localizar a probabilidade necessária para o cálculo da probabilidade pedida;
- Realizar o cálculo da probabilidade.

Exemplos:

1) Uma população de sistemas computacionais *"inteligentes"*, após um período de ajustes, foi submetida a um teste padronizado de avaliação de desempenho, obtendo média 100 e desvio padrão 10. Se presumirmos que as notas de avaliação de desempenho dos sistemas são distribuídas normalmente e considerando a experiência aleatória de se selecionar um sistema e observar o seu desempenho X, calcule as probabilidades:

a) $P(100 < X < 120)$;
b) $P(X > 120)$;
c) $P(X > 80)$;
d) $P(85 < X < 115)$;
e) $P(X < 125)$.

Solução:

a) $P(100 < X < 120)$

$$X \sim N(\mu; \sigma^2) \rightarrow X \sim N(100; 100)$$

$$P\left(\frac{X_1 - \mu}{\sigma} < Z < \frac{X_2 - \mu}{\sigma}\right)$$

$$P\left(\frac{100 - 100}{10} < Z < \frac{120 - 100}{10}\right) = P(0 < Z < 2,0)$$

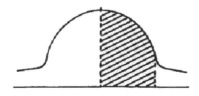

$P((0 < Z < 2,0) = \mathbf{0,4772}$ ou $\mathbf{47,72\%}$.

b) P(X>120)

$$P\left(Z > \frac{X_1 - \mu}{\sigma}\right)$$

$$P\left(Z > \frac{120 - 100}{10}\right) = P(Z > 2,0)$$

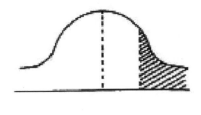

0   2,0

P(Z > 2,0) = 0,5 − 0,4772 = **0,0228** ou **2,28%**.

c) P(X >80)

$$P\left(Z > \frac{80 - 100}{10}\right) = P(Z > -2,0)$$

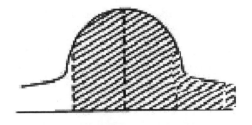

P(Z > -2,0) = 0,4772 + 0,5 = **0,9772** ou **97,72%**.

d) P(85 < X < 115)

$$P\left(\frac{85-100}{10} < Z < \frac{115-100}{10}\right) = P(-1,5 < Z, 1,5)$$

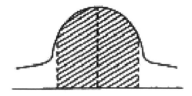

P(−1,5 < Z < 1,5) = 0,4332 + 0,4332 = **0,8664** ou **86,64%**.

e) P(X < 125)

$$P\left(Z < \frac{125-100}{10}\right) = P(Z < 2,5)$$

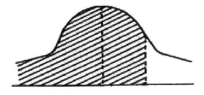

P (Z < 2,5) = 0,5 + 0,4938 = **0,9938** ou **99,38%**.

2) O volume de dados transmitidos por uma rede tem distribuição normal com média de 4.000 dados por segundo e desvio padrão de 200 dados por segundo. Em dado segundo,
calcule as probabilidades de transmissão:

a) P(3600 < X < 4250) dados;
b) P(X < 3400) dados.

Solução:

a) P(3600 < X < 4250)?

$X \sim N(\mu; \sigma^2) \rightarrow X \sim N(4000; 200^2)$

$$P\left(\frac{X_1 - \mu}{\sigma} < Z < \frac{X_2 - \mu}{\sigma}\right)$$

$$P\left(\frac{3600 - 4000}{200} < Z < \frac{4250 - 4000}{200}\right) =$$

P (- 2,00 < Z < 1,25) =

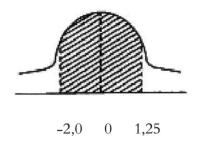

-2,0   0   1,25

P (- 2,00 < Z < 1,25) = 0,4771 + 0,3944 = **0,8716** ou **87,16%**.

b) P(x < 3400)

$$P\left(Z < \frac{3400 - 4000}{200}\right) = P(Z < -3,0)$$

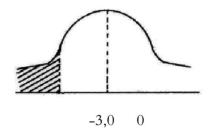

-3,0   0

P(Z < -3,0) = 0,5 – 0,4987 = **0,0013** ou **0,13%**.

Atividades Propostas

1) Os gastos dos analistas com avaliações de programas computacionais, denominado de X, segue a distribuição normal de média R$1.200,00 e desvio padrão R$400,00. Calcule as probabilidades:

a) P(1200<X<2000);

b) P(X>2000).

Solução

X ~ N (1200 ; 160.000)

a)

Primeiro, é preciso calcular:

$$Z = \frac{X - \mu}{\sigma} = \frac{2000 - 1200}{400} = 2$$

A probabilidade de X assumir valor entre a média 1.200 e o valor 2.000 corresponde à probabilidade de Z assumir valor entre a média zero e o valor 2. Esta probabilidade, dada na tabela da normal reduzida anexa, é **0, 4772** ou **47,72%**.

b)

Como X=2.000 corresponde z=2 e a probabilidade de z assumir valor entre a média zero e o valor z=2 é 0, 4772, segue que a probabilidade de Z assumir valor maior do que 2.000 é:

0,5 – 0, 4777 = **0, 0228** ou **2,28%**.

Capítulo 10 Distribuição Normal • **201**

2) Suponha que o tempo médio de verificação de vírus em um computador por um programa seja 50 minutos, com desvio padrão igual a 10 minutos. Se for razoável admitir que o tempo de verificação de vírus em um computador por um programa tem distribuição aproximadamente normal, qual é a probabilidade que um programa leve:

a) Mais de 30 minutos para verificação do computador;

b) Menos de 30 minutos para verificação do computador.

Solução:

X ~ N (50 ; 100)

a)

Chamando a variável aleatória X o tempo de verificação de vírus em um computador por um programa, então a probabilidade pedida é:

P(X > 30)

Primeiro, vamos calcular:

$$Z = \frac{X - \mu}{\sigma} = \frac{30 - 50}{10} = -2,0$$

P(X > 30) = 0,4772 + 0,5 = **0,9772** ou **97,72%**.

b)

P(X < 30)

Primeiro, vamos calcular:

$$Z = \frac{X - \mu}{\sigma} = \frac{30 - 50}{10} = -2,0$$

P(X < 30) = 0,5 – 0,4772 = **0,0228** ou **2,28%**.

3) Um grupo de operadores foram selecionados a darem notas à sua satisfação quanto ao funcionamento de uma determinada marca de impressora. As notas são normalmente distribuídas com média 5 e desvio padrão 1.

Calcule as probabilidades:

a) Maior que 3;

b) Menor que 4,5.

Solução:

$X \sim N (5 ; 1)$

a) Maior que 3:

P(X > 3) = P[Z > (3 – 5) / 1] = P[Z > -2,0] = 0,5 + 0,4772 = **0,9772** ou **97,72%**.

b) Menor que 4,5:

P(X < 4,5) = P[Z < (4,5 – 5) / 1] = P[Z < - 0,5] = 0,5 – 0,1915 = **0,3085** ou **30,85%**.

4) O tempo necessário para o atendimento de uma pessoa em um grande banco tem aproximadamente distribuição normal com média 130 segundos e desvio padrão 45 segundos. Qual a probabilidade de um indivíduo aleatoriamente selecionado requerer menos de 100 segundos para terminar suas transações?

Solução:

$X \sim N (130 ; 2.025)$

P(X < 100) = P[Z < (100 –130)/45] = P[Z < -0,67] = 0,5 – 0,2486 = **0,2514** ou **25,14%**.

5) Uma pessoa tem 20 minutos para chegar ao laboratório de informática. Para tal, pode escolher entre dois caminhos (X ou Y). Sabendo-se que o tempo para percorrer o caminho X ~ N(18; 25) min e que o tempo para percorrer o caminho Y ~ N (19; 4) min. Qual a melhor escolha?

Solução:

Calcularemos a probabilidade da pessoa não se atrasar: P(X < 20) para o caminho X e para o caminho Y :

Caminho X:

X ~ N (18 ; 25)

P(X < 20) = P[Z < (20 –18)/5] = P[Z < 0,4] = 0,5 + 0,1554 = **0,6554** ou **65,54%**.

Caminho Y:

Y ~ N (19 ; 4)

P(Y < 20) = P[Z < (20-19)/2] = P[Z < 0,5] = 0,5 + 0,1915 = **0,6915** ou **69,15%**.

A probabilidade de chegar na hora é mais alta pelo caminho Y.

6) No Rio de Janeiro, os sinais ficam fechados em média 45 segundos com desvio padrão de 30 segundos. O tempo que os sinais ficam fechados é uma variável aleatória com distribuição normal. Qual a probabilidade que um determinado sinal fique fechado por mais de 60 segundos?

Solução:

X ~ N (45 ; 900)

P(X > 60) = P[Z > (60-45)/30] = P[Z >0,5] = 0,5 - 0,1915= **0,3035** ou **30,35%**.

7) Em certo banco de dados, o tempo para a realização das buscas é aproximadamente normal, com média de 50 segundos e desvio padrão de 10 segundos. Qual a probabilidade de que certa busca realizada pelo referido banco de dados leve menos de 40 segundos?

Solução:

X ~ N (50 ; 100)

P(X < 40) = P[Z < (40-50)/10] = P[Z < -1] = 0,5 - 0,3413 = **0,1587** ou **15,87%**.

8) Certa rede de computadores transmite dados a uma velocidade média de 200MB/s, com desvio padrão de 4 MB/s. Sabe-se que a velocidade de transmissão dos dados segue o modelo gaussiano. Qual a probabilidade que em certa transmissão de dados a velocidade da rede ultrapasse a 210 MB/s?

Solução:

X ~ N (200 ; 16)

P(X > 210) = P[Z > (210-200)/4] = P[Z > 2,5] = 0,5 - 0,4938 = **0,0062** ou **0,62%**.

9) Padrões técnicos exigem que o nível de ruídos em CPDs seja de, no máximo, 70 dB. Sabe-se que a intensidade dos ruídos segue a curva normal com média de 65 dB, com desvio padrão 4 dB. Qual a probabilidade que uma determinada CPD tenha uma intensidade de ruído maior que a tolerada?

Capítulo 10 Distribuição Normal • **205**

Solução:

X ~ N (65 ; 16)

P(X > 70) = P[Z > (70-65)/4] = P[Z > 1,25] = 0,5 - 0,3944 = **0,1056** ou **10,56%**.

10) Suponha que o tempo de resposta na execução de um algoritmo é uma variável aleatória com distribuição normal de média 23 segundos e desvio padrão de 4 segundos. Calcule:

a) A probabilidade de o tempo de resposta ser menor do que 25 segundos;
b) A probabilidade de o tempo de resposta ficar entre 20 e 30 segundos.

Solução:

X ~ N(23; 16)

a)

P(X<25) = P[Z < (25-23)/4] = P[Z < 0,5] = 0,5 + 0,1915 = **0,6915** ou **69,15%**.

b)

P(20<X<30)=P[(20-23)/4<Z<(30-23)/4]=

P[-0,75<Z<1,75]=0,2734+0,4599= **0,7333** ou **73,33%**.

11) O tempo médio gasto por usuário em cada página visualizada da *Web* é uma variável aleatória que tem distribuição normal com média de 47 segundos e desvio padrão de 10 segundos. Calcule a probabilidade de um dado usuário gastar mais de 60 segundos em uma dada página visualizada na *internet*.

Solução:

X ~ N (47 ; 100)

P(X > 60) = P[Z > (60–47)/10] = P[Z > 1,3] = 0,5 – 0,4032 = **0,0968** ou **9,68%**.

12) O tempo de navegação na *internet* por mês por usuário é uma variável aleatória que tem distribuição normal com média 50 horas e desvio padrão 16 horas. Qual a probabilidade de, em um dado mês, um usuário navegar por menos de 30 horas?

Solução:

X ~ N (50 ; 256)

P(X < 30) = P[Z < (30–50)/16] = P[Z < -1,25] = 0,5 – 0,3944 = **0,1056** ou **10,56%**.

13) Os usuários do Facebook têm, em média, 38 anos com desvio padrão 8. Sabe-se que a curva da idade dos usuários desta rede social tem aproximadamente distribuição simétrica. Qual a probabilidade de encontrarmos menores de idade com perfis no *site* mencionado?

Solução:

X ~ N (38 ; 64)

P(X < 18) = P[Z < (18–38)/8] = P[Z < -2,5] = 0,5 – 0,4938 = **0,0062** ou **0,62%**.

14) O usuário do Facebook tem em média 230 amigos com desvio padrão 280 amigos. Sabendo que o número de amigos segue distribuição aproximadamente normal, qual a probabilidade de selecionarmos um usuário do Facebook e o mesmo estar lotado?

Solução:

$X \sim N\ (\ 230\ ;\ 78.400\ )$

Um perfil de Facebook atinge seu limite máximo quando tem 1.000 amigos:

$P(\ X > 1000) = P[\ Z > (1000-230)/280] = P[\ Z > 2,75\ ] = 0,5 - 0,4970 =$ **0,003** ou **0,3%.**

15) Estudantes universitários que utilizam o Facebook têm significativamente menor grau de pontuação média do que aqueles que não usam o *site*. Uma pesquisa entrevistou 219 estudantes de graduação e pós-graduação e descobriu que as notas de usuários do Facebook geralmente variavam em meio ponto para menos em comparação com as dos não usuários. A média é de 3,25 para os usuários com desvio padrão 0,5, contra 3,75 com desvio padrão 0,5 para os não usuários. A pesquisa também descobriu que 80% dos membros do Facebook não acreditavam que havia ligação entre suas notas baixas e seu vício na rede.

Pede-se:

a) Selecionando-se um usuário do Facebook, a probabilidade de sua média ser superior a 4,00;

b) Selecionando-se um não usuário do Facebook, a probabilidade de sua média ser superior a 4,00. Compare o resultado com o do item (a);

c) De uma amostra aleatória de 30 membros do Facebook, a probabilidade de menos de 25 não acreditar que havia ligação entre suas notas baixas e seu vício na rede.

Solução:

a)

Solução:

X ~ N (3,25 ; 0,25)

P(X > 4,00) = P[Z > (4,00-3,25)/0,5] = P[Z > 1,5] = 0,5 - 0,4332 = **0,0668** ou **6,68%**.

b)

Solução:

X ~ N (3,75 ; 0,25)

P(X > 4,00) = P[Z > (4,00-3,75)/0,5] = P[Z > 0,5] = 0,5 - 0,1915 = **0,3085** ou **30,85%**.

Uma nota superior a 4,00 é bem mais provável para aqueles não usuários do Facebook.

c)

Quando o tamanho da amostra é grande (n≥30), poderemos ajustar uma aplicação tipicamente binomial pela normal:

E(X) = n.p = 30 x 0,8 = 24
V(X) = n.p.q = 30 x 0,80 x 20 = 4,8
S(X) = √4,8 = 2,2

Solução:

X ~ N (24 ; 4,8)

Capítulo 10 Distribuição Normal • 209

P(X < 25) = P[Z < (25-24)/2,2] = P[Z < 0,45] = 0,5 + 0,1736 = **0,6736** ou **67,36%**.

16) No Facebook as pessoas costumam se conectar em média por 7 horas, com desvio padrão 4 horas, segundo à Curva Normal. Nesse período, verificam suas atualizações, divagam sobre a vida, curtem e compartilham conteúdos. Um dado sobre os brasileiros na principal rede social da atualidade: são os que mais possuem amigos nesta. Selecionando uma pessoa usuária do Facebook aleatoriamente, qual a probabilidade dela ficar conectada por mais de 10 horas?

Solução:

X ~ N(7,16)

P(X > 10) = P[Z > (10-7)/4] = P[Z > 0,75] = 0,5 - 0,2734 = **0,2266** ou **22,66%**.

17) Em média, cada brasileiro possui 480 amizades no Facebook com desvio padrão 20. Selecionando aleatoriamente um usuário brasileiro do Facebook, qual a probabilidade dele ter mais de 450 amigos?

Solução:

X ~ N(480 , 400)

P(X > 450) = P[Z > (450-480)/20] = P[Z > -1,5] = 0,5 + 0,4332 = **0,9332** ou **93,32%**.

18) O *Orkut*, rede social que perdeu espaço entre os brasileiros no último ano, é uma das redes que tem destaque por possuir um público majoritariamente jovem: em média seus usuários têm 35 anos com desvio padrão 5 anos, seguindo um modelo gaussiano. Qual a probabilidade de selecionar-se deste grupo um usuário com idade inferior a 25 anos?

Solução:

X ~ N(35,25)

P(X < 25) = P[Z < (25-35)/5] = P[Z < -2,0] = 0,5 - 0,4772 = **0,0228** ou **2,28%**.

19) O número de *e-mails* enviados e recebidos por dia por um usuário corporativo é uma variável aleatória que pode ser aproximada por uma normal e tem média de 112 *e-mails*, com desvio padrão 6 *e-mails*. Qual a probabilidade de selecionar um usuário corporativo e ele ter recebido, neste dia, menos de 115 *e-mails*?

Solução:

X ~ N(112,36)

P(X < 115) = P[Z < (115-112)/6] = P[Z < 0,5] = 0,5 + 0,1915 = **0,6915** ou **69,15%**.

20) Desde que a métrica do Ibope Media foi criada, o Brasil sempre obteve excelentes marcas com a variável aleatória tempo médio de navegação, estando constantemente na liderança mundial. Em julho de 2009, o tempo médio foi de 48 horas com desvio padrão 8 horas, considerando apenas a navegação em *sites*. O tempo sobe para 70 horas com desvio padrão 80 horas se considerar o uso de aplicativos *on-line* (MSN, Emule, Torrent, Skype, etc). Chamando tempo de navegação em *sites* de X e tempo de navegação em aplicativos *on-line* de Y, qual a relação que existe entre as probabilidades?

P(X>50) & P(Y<50)

Solução:

Navegação em *Sites*:

X ~ N(48,64)

P(X > 50) = P[Z > (50–48)/8] = P[Z > 0,25] = 0,5 - 0,0987 = **0,4063** ou **40,63%**.

Navegação *On-line*:

Y ~ N(70,6.400)

P(Y < 50) = P[Z < (50–70)/80] = P[Z < -0,25] = 0,5 - 0,0987 = **0,4063** ou **40,63%**.

Portanto, as probabilidades são as mesmas porque são simétricas na curva normal.

21) O *Razr Maxx* da *Motorola* foi apresentado na época de seu lançamento como o celular com a melhor bateria do mercado. O aparelho, com uma bateria de 3300 mAh, consegue ficar em média 20 horas de uso moderado – com uso frequente de *internet*, jogos e ligações – sem descarregar, com desvio padrão 5 horas. Em *stand-by*, o dispositivo aguenta cerca de 3 dias média com desvio-padrão 0,8 hora. Pergunta-se:

a) Qual a probabilidade de um celular desta marca durar mais de um dia de uso moderado sem descarregar?

b) Qual a probabilidade que, em *stand-by*, dure mais que 5 horas?

Solução:

a) Qual a probabilidade de um celular desta marca durar mais de um dia de uso moderado sem descarregar?

X ~ N(20, 25)

P(X > 24) = P[Z > (24–20)/5] = P[Z > 0,8] = 0,5 - 0,2881 = **0,2119** ou **21,19%**.

212 • Estatística Aplicada à Informática e às suas novas Tecnologias

b) Qual a probabilidade que, em *stand-by*, dure mais que 5 horas?

$X \sim N(3 ; 0,64)$

$P(X > 5) = P[Z > (5-3)/0,8] = P[Z > 2,5] = 0,5 - 0,4938 = \mathbf{0,0062}$ ou **0,62%**.

22) O tempo semanal que um estudante utiliza o laboratório de computação está normalmente distribuído, com média de 6,2 horas e um desvio padrão de 0,9 hora. Você é o responsável pelo planejamento da agenda para o laboratório de computação. De um total de 2.000 alunos, calcule o número de estudantes que usarão o laboratório de computação em menos de 5,3 horas.

Solução:

$X \sim N(6,2 ; 0,81)$

$P(X < 5,3) = P[Z < (5,3-6,2)/0,9] = P[Z < -1,0] = 0,5 - 0,3413 = \mathbf{0,1587}$ ou **15,87%**.

N = número de estudantes que usarão o laboratório de computação em menos de 5,3 horas.

$N = 2000 \times 0,1587 = \mathbf{318\ estudantes}$.

23) O número de horas semanais que os adultos brasileiros gastam em frente ao computador em casa é normalmente distribuído com média de 5 horas e desvio padrão 1 hora. Um adulto é selecionado ao caso no Brasil. Obtenha a probabilidade de o número de horas gastas no computador por ele ser superior a 2,5 horas semanais.

Solução:

$X \sim N(5 ; 1)$

$$P(X > 2,5) = P[Z > (2,5-5)/1] = P[Z > -2,5] = 0,5 + 0,4938 = \mathbf{0,9938}$$

ou **99,38%**.

24) Certificado digital pessoal é um arquivo que utiliza mecanismos de criptografia com o intuito de garantir que uma pessoa é quem ela diz ser. Funciona como uma espécie de assinatura digital. Ele é gerado pela Autoridade Certificadora do IMECC. Um exemplo de aplicação dos certificados digitais pessoais na rede do IMECC é o acesso à rede sem fio. Por motivos de segurança, para acessar a rede sem fio do IMECC, você precisa, de alguma forma, "provar" para o sistema central que você é realmente você. Usuários que têm conta na rede de computadores do IMECC fazem isso digitando um *"login"* e uma senha secreta. Já os que não têm conta na rede de computadores do IMECC utilizam um Certificado Digital Pessoal. O número de usuários que têm Certificado Digital Pessoal em uma grande amostra de empresas é uma variável aleatória que pode ser aproximada por uma distribuição normal com média de 120 usuários e desvio padrão 10 usuários. Selecionando uma organização ao acaso, qual a probabilidade de ter de 140 a 145 usuários com Certificado Digital Pessoal?

Solução:

$X \sim N(120 ; 100)$

$$P(140 < X < 145) = P[(140-120)/10 < Z < (145-120)/10]$$

$$P(140 < X < 145) = P[2 < Z < 2,5] = 0,4938 - 0,4772 = \mathbf{0,0166} \text{ ou}$$
1,66%.

25) Observe o anúncio abaixo. Qual a probabilidade de 200 pessoas *online* no *site* agora já ter começado um relacionamento pela *internet*? Ache a probabilidade usando o modelo binomial e normal. Compare os resultados.

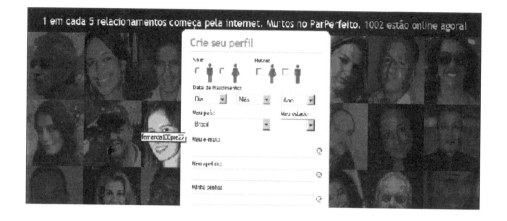

Solução:

Utilizando o modelo binomial:

$$P(X = 200) = C_{1002}^{200}(0,20)^{200}(0,80)^{802} \approx 0,0315 \text{ ou } 3,15\%$$

Utilizando o modelo normal:

Para modelagem pela distribuição normal precisaremos da média e da variância da variável aleatória:

E(X) = n . p = 1002 x 0,2 = 200,40

V(X) = n . q . q = 200,4 x 0,8 = 160,32

S(X) = 12,66

X~N (200,40 ; 160,32)

Como a distribuição normal é contínua, deveremos realizar uma correção de continuidade:

200-0,5 ≤ X ≤ 200+0,5   199,5 ≤ X ≤ 200,5

Logo, a probabilidade pedida será:

P(199,5 ≤ X ≤ 200,5) =

P[(199,5-200,40)/12,66 < Z < (200,5-200,4)/12,66] =

P(-0,07 < X < 0,01) = 0,0279 + 0,0040 = **0,0319** ou **3,19%**.

Comparação dos Resultados:

Verificamos, portanto, que os resultados são praticamente iguais. Isso acontece toda vez que o tamanho da amostra que envolve a modelagem binomial é grande, maior ou igual 30, pelo **Teorema Central do Limite**. Logo, poderemos aproximar a distribuição binomial pela normal quando o tamanho da amostra for suficientemente grande, pois nestes casos a variável aleatória X binomial será aproximadamente normal.

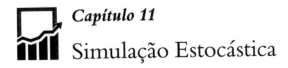 *Capítulo 11*
Simulação Estocástica

Simulação:

É um método empregado para estudar o desempenho de um sistema por meio da formulação de um modelo matemático computacional, que possui as mesmas ou pelo menos semelhantes, características do sistema original.

Manipulando o modelo e analisando resultados, podem-se concluir como diversos fatores afetarão o desempenho do sistema.

Simulação Estocástica:

Há vários tipos de modelos de simulação. Neste capítulo, estudaremos a **Simulação Estocástica** ou de *Monte Carlo*, em que existem variáveis componentes do sistema que se comportam como variáveis aleatórias e que normalmente utiliza computadores digitais para modelar sistemas complexos.

Portanto, **Simulação Estocástica** é a arte de gerar amostras de variáveis aleatórias em um ambiente computacional e usar as ditas amostras para a obtenção de certo resultado.

O comportamento do modelo pode ser estudado por períodos longos.

Exemplo 1:

Ship Simulator é um jogo de computador de simulação de veículo que simula a manobra de navios em diferentes ambientes, embora sem os efeitos de vento e corrente. Ele foi desenvolvido pela empresa holandesa VSTEP e lançado pela antiga empresa *Lighthouse Interactive*, que fechou em 2009.

Exemplo 2:

"Corpo Humano em *Chip*"

Famosa por ter feito crescer uma orelha humana nas costas de um rato, em 1995, a bioengenheira americana Linda Griffith acredita que a chave para entender o desenvolvimento de doenças e a criação de medicamentos eficazes e seguros está na possibilidade de simular, em computadores, o funcionamento do corpo humano. Segundo ela, como nem todos os órgãos estarão no *chip*, a função dos que não forem criados será compensada com programas de computadores.

A pesquisadora lidera uma equipe do Instituto de Tecnologia de Massachusetts (MIT) que desenvolve o projeto "corpo humano em *chip*". A meta é desenvolver uma plataforma de tecido humano interligando, *in vitro*, dez órgãos.

Os pesquisadores pretendem construir um *chip* onde possam simular como o corpo humano das pessoas funciona, como doenças se desenvolvem e que sirva para testar novos medicamentos de forma segura e eficaz.

Quando estiver pronto, o "*chip* do corpo humano" permitirá acelerar pesquisas de novos tratamentos.

Outras Simulações Estocásticas:

- Controle de estoque; programação de produção; reserva de passagens; engenharia econômica aérea; filas de espera em bancos; acessos a *sites* de buscas; comportamento do investidor; transações financeiras; etc.

Limitações da Simulação Estocástica:

- Nenhum problema para o qual existam soluções teóricas alcançáveis no tempo requerido e a custos toleráveis deve ser resolvido usando simulação estocástica;
- Nenhuma solução aproximada é tão boa quanto à solução exata.

Métodos de Geração de Números Aleatórios:

1) Geração de Números Aleatórios ou Gerador por Chance:

Exemplos:

Roletas, jogos de cartas, tabelas de números aleatórios.

2) Geração de Números Pseudo-aleatórios:

- Utiliza métodos algébricos;
- Geração por computador;
- Tem uma lei de formação determinística;
- Parecem ser aleatórios, mas na verdade não são;
- Entretanto, satisfazem uma série de requisitos desejáveis.

Características dos Números Pseudos-aleatórios:

- Distribuição uniforme dentro do intervalo [0 , 1];
- Estatisticamente independente;
- Reprodutíveis, a mesma sequência pode ser repetida para testar diferentes modelos ou versões do programa;
- Não repetitivos para um dado intervalo: o total de números distintos na sequência deve ser suficiente grande quando comparado com o total de números aleatórios necessários para a simulação;
- Ser possível gerá-los com grande velocidade;
- Utilizar um mínimo de memória possível do computador na sua geração.

Números Pseudo-aleatórios:

Números **pseudo-aleatórios** constituem uma sequência de valores que, embora sejam gerados de forma determinística, tem aparência de variáveis aleatórias uniformes [0,1] independentes.

O desempenho de uma simulação estará fortemente correlacionado com o gerador de números aleatórios usados.

Um dos métodos de geração mais usado é o chamado *congruencial linear,* que no Excel é gerado computacionalmente pela função *aleatorio()* ou *aleatórioentre().*

Método Congruencial Linear ou de Congruência Mista:

Dentre os diversos métodos para gerar números aleatórios, o mais popular é o método congruencial linear, que tem esse nome devido ao conceito de congruência da teoria dos números.

Sua expressão matemática é:

$$X_{n+1} = (C_0 + C . X_n) . \text{Mod M}$$

Onde:

Mod M = resto inteiro de (C_0 + C . X_n)

A expressão acima pode ser escrita como:

$$X_{n+1} = \left[\frac{(C_0 + C \cdot X_n)}{M} - \text{parte inteira de} (C_0 + C \cdot X_n)/M \right]$$

Exemplo:

$X_0 = 3$; $C_0 = 3$; $C=12$ e $M=11$

$$X_1 = \left[\frac{(C_0 + C \cdot X_n)}{M} - \text{parte inteira de} (C_0 + C \cdot X_0)/M \right] \cdot M$$

$$X_1 = \left[\frac{(3 + 12 \cdot 3)}{11} - 3 \right] \cdot 11 = 6$$

$$X_2 = \left[\frac{(C_0 + C \cdot X_1)}{M} - \text{parte inteira de}(C_0 + C \cdot X_1)/M\right] \cdot M$$

$$X_2 = \left[\frac{(3 + 12 \cdot 6)}{11} - 6\right] \cdot 11 = 9$$

$$X_3 = \left[\frac{(C_0 + C \cdot X_2)}{M} - \text{parte inteira de}(C_0 + C \cdot X_2)/M\right] \cdot M$$

$$X_3 = \left[\frac{(3 + 12 \cdot 9)}{11} - 10\right] \cdot 11 = 1$$

Para gerar números r_1, r_2, r_3, r_4, ..., r_n no intervalo [0, 1] seguindo o modelo de uma lei uniforme e conforme a função *aleatorio()* do Excel, basta aplicar a expressão abaixo:

$$r_{n+1} = x_{n+1} / M$$

Para o exemplo anterior a sequência aleatória fica:

Sequência	X_{n+1}	r_{n+1}
1	6	0,5454
2	9	0,8182
3	1	0,0909
4	4	0,3636
5	7	0,6364
6	10	0,9091
7	2	0,1819
8	5	0,4545
9	8	0,7273
10	0	0,0000
11	3	0,2727
12	6	0,5455

Observação:

- Geradores empregando $C_0=0$ são chamados de **congruência multiplicativa** e geradores empregando $C_0 \neq 0$ são chamados de **congruência mista**;
- A função aleatorio() e aleatórioentre(,) do Excel utiliza este método para gerar computacionalmente números aleatórios;
- A função aleatório() do Excel pode ser usada para gerar uma amostra aleatória simples.

Exemplo:

Uma população é formada por 10 tempos (em segundos) que um conjunto de programas distintos, mas com a mesma finalidade de tarefa, levam para serem baixados em um computador XP:

4	5	10	5	2	1	4	5	5	3

Selecione uma amostra aleatória simples de tamanho 4 utilizando a função aleatório do *Excel*:

As etapas para gerar uma ***AAS*** são:

1. Colocar na célula A1 o número 1;
2. Editar → preencher → série → coluna → linear → incrermento: 1 → limite: tamanho da população;
3. Na coluna B, preencher a população com os dados da variável observada na população;
4. Na coluna C, na célula C1, colocar a função: =aleatorio( ). Copiar o número gerado para as outras células da coluna C;
5. Selecionar a coluna C → editar → copiar → editar → colar especial → valores;
6. Selecionar toda a planilha;
7. Dados → classificar → classificar por coluna C → crescente;
8. Pronto: temos uma amostra gerada para qualquer tamanho de amostra.

O resultado para uma aplicação no Excel é mostrado abaixo:

Sequência	População	Números Aleatórios
1	4	0,2662
9	5	0,2713
3	10	0,4564
2	5	0,4772
6	1	0,5814
5	2	0,5993
4	5	0,7667
8	5	0,8278
7	4	0,8954
10	3	0,9795

Uma amostra de tamanho 4 seria:

$$4 \; ; 5 \; ; 10; 5$$

Observação:

A função aleatorio() no *Excel* é volátil, então dificilmente ao reproduzir o procedimento geraríamos a mesma sequência de números pseudo-aleatórios que encontramos acima.

Gerar Sequências que Tenham Distribuição Uniforme:

O método de congruência, como já sabemos, gera números pseudo-aleatórios que tem distribuição uniforme [0,1]. Mas ainda não discutimos como obter os valores da expressão da congruência linear.

A lei de formação é a que já sabemos:

$$X_{n+1} = \left[\frac{(C_0 + C \cdot X_n)}{M} - \text{parte inteira de} (C_0 + C \cdot X_n)/M \right]$$

Escolhem-se 4 números não negativos:

X_0 = valor inicial ou semente do gerador
C = multiplicador
C_0 = incremento
M= módulo

Exemplo:

X_0=3 , C= 7, C_0= 3 e M=10

X_0 = 3

$$X_1 = \left[\frac{(C_0 + C \cdot X_0)}{M} - \text{parte inteira de} (C_0 + C \cdot X_0)/M \right] \cdot M$$

$$X_1 = \left[\frac{(3 + 7 \cdot 3)}{10} - 2 \right] \cdot 10 = 4$$

$$X_2 = \left[\frac{(C_0 + C \cdot X_1)}{M} - \text{parte inteira de} (C_0 + C \cdot X_1)/M \right] \cdot M$$

$$X_2 = \left[\frac{(3 + 12 \cdot 4)}{10} - 5 \right] \cdot 10 = 1$$

$$X_3 = \left[\frac{(C_0 + C \cdot X_2)}{M} - \text{parte inteira de} (C_0 + C \cdot X_2)/M \right] \cdot M$$

$$X_3 = \left[\frac{(3 + 12 \cdot 1)}{10} - 1 \right] \cdot 10 = 0$$

$$X_4 = \left[\frac{(C_0 + C \cdot X_3)}{M} - \text{parte inteira de} (C_0 + C \cdot X_3)/M \right] \cdot M$$

Capítulo 11 Simulação Estocástica • **225**

$X_5 = 4$; $X_6 = 1$, $X_7 = 0$; $X_8 = 3$

Agora gerando uma uniforme no intervalo $[0,1]$:

Sequência	X_{n+1}	r_{n+1}
0	3	*0,3*
1	4	*0,4*
2	1	*0,1*
3	0	*0,0*
4	3	*0,3*
5	4	*0,4*
6	1	*0,1*
7	0	*0,0*
8	3	*0,3*

É fácil constatar que subintervalos de mesmo valor têm aproximadamente a mesma probabilidade.

Distribuição de Probabilidades:

X	P(x)
0,0	0,22
0,1	0,22
0,3	0,34
0,4	0,22
Total	**1,00**

Observação:

Utilizando a função *aleatorio()* do *Excel* ele gerará automaticamente uma distribuição de números aleatórios que tem distribuição uniforme no intervalo $[0,1]$, sem precisar fazer as contas pelo método da congruência linear.

Exemplo:

Gere uma distribuição com 10 números pelo Excel que tenha distribuição uniforme.

Solução:

Planilha do Excel com a geração dos Números Aleatórios:

Distribuição de Probabilidades

X	P(x)%
0.0488	10
0.1122	10
0.1819	10
0.2855	10
0.3374	10
0.3553	10
0.4206	10
0.6227	10
0.8548	10
0.9869	10
Total	100

Gerar Sequências que Tenham Distribuição de Bernoulli:

Suponha que X tem uma distribuição de Bernoulli com P(X=1)=p=0,52 e P(X=0)=1-p=0,48. Para gerar valores para tal distribuição basta gerar r e concluir:

Se Número aleatório(r)< 0,48, x=0;
Se Número aleatório(r)≥0,48, x=1

Exemplo:

Vamos gerar 30 valores com distribuição *Bernoulli*.
Os 30 valores com distribuição de *Bernoulli* são:

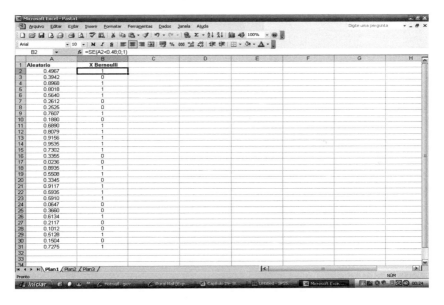

Tabela com os Valores que tem Distribuição de Bernoulli

Aleatório	X Bernoulli
0.4967	1
0.3942	0
0.8968	1
0.8018	1
0.5640	1
0.2612	0
0.2525	0
0.7607	1
0.1880	0
0.6890	1
0.8079	1
0.9156	1
0.9535	1
0.7302	1
0.3355	0
0.0236	0
0.8935	1
0.5508	1
0.3345	0
0.9117	1
0.5935	1
0.5910	1
0.0647	0
0.3660	0
0.6134	1
0.2117	0
0.1012	0
0.5128	1
0.1504	0
0.7275	1

Capítulo 11   Simulação Estocástica   •   229

Gerar Sequências que Tenham Distribuição Binomial:

Para gerar valores que tenham distribuição binomial basta repetir o experimento do exemplo anterior n vezes.

Exemplo:

Vamos gerar 30 valores com distribuição binomial de p=0,52 e n=3:
Os 30 valores com distribuição binomial são:

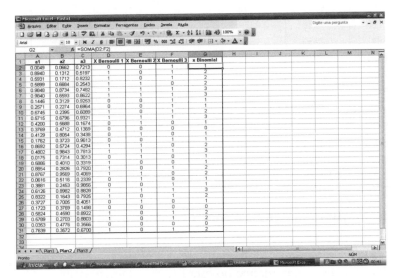

Tabela com os Valores que tem Distribuição Binomial:

a_1	a_2	a_3	X Bernoulli 1	X Bernoulli 2	X Bernoulli 3	x Binomial
0.0049	0.0662	0.7213	0	0	1	1
0.8940	0.1312	0.5197	1	0	1	2
0.5931	0.1712	0.8232	1	0	1	2
0.5899	0.6684	0.2543	1	1	0	2
0.9848	0.8734	0.7482	1	1	1	3
0.9840	0.6593	0.8622	1	1	1	3
0.1446	0.3129	0.9253	0	0	1	1
0.2571	0.2274	0.6964	0	0	1	1
0.6745	0.2395	0.6089	1	0	1	2

0.5715	0.6796	0.9321	1	1	1	3
0.4200	0.5688	0.1674	0	1	0	1
0.3769	0.4712	0.1369	0	0	0	0
0.4129	0.8054	0.3438	0	1	0	1
0.1762	0.3723	0.9613	0	0	1	1
0.8692	0.5724	0.4294	1	1	0	2
0.4802	0.9843	0.7813	1	1	1	3
0.0175	0.7314	0.3013	0	1	0	1
0.5886	0.4010	0.3319	1	0	0	1
0.8854	0.2826	0.7920	1	0	1	2
0.8767	0.9569	0.4069	1	1	0	2
0.0616	0.5116	0.2339	0	1	0	1
0.3881	0.2453	0.9856	0	0	1	1
0.6126	0.8982	0.8828	1	1	1	3
0.8322	0.1643	0.7925	1	0	1	2
0.3727	0.7005	0.4051	0	1	0	1
0.1723	0.3769	0.1498	0	0	0	0
0.5824	0.4590	0.8922	1	0	1	2
0.5789	0.2703	0.8803	1	0	1	2
0.0353	0.4776	0.3566	0	0	0	0
0.7639	0.3572	0.6700	1	0	1	2

Gerar Sequências que Tenham Distribuição *Poisson*:

Para gerar valores que tenham distribuição *Poisson* teremos que programar em algum *software* matemático ou estatístico o algoritmo abaixo:

- 1.Gerar uma sequência "r " de números aleatórios com distribuição uniforme [0,1];

- 2.Fazer $x = 0$, $p = p_0$ e $s = p$;
  $$p_0 = e^{-\lambda}$$

- 3. Enquanto r>s, fazer
  (a)$x = x+1$
  (b) $p = (p.\lambda)/x$
  (c) $s = s+p$;

- Retornar x.

Contudo, este algoritmo já está implementado no *Excel* (assim como de outras distribuições) e pode-se gerar uma sequência de valores com distribuição de *poisson* automaticamente seguindo a rotina:

Ferramentas → análise de dados → geração de número aleatório → número aleatório (escolha o número de sequências aleatórias de poisson deseja gerar) → número de número aleatório (escolha o tamanho da sequência) → escolha a distribuição de Poisson → escolha o parâmetro de poisson λ.

Exemplo:

Seguindo a rotina acima, geraremos 30 números que tenham distribuição de *poisson* com $\lambda = 2$:

Procedimentos:

1º) Passo

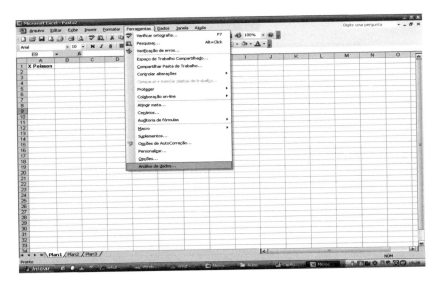

2º) Passo

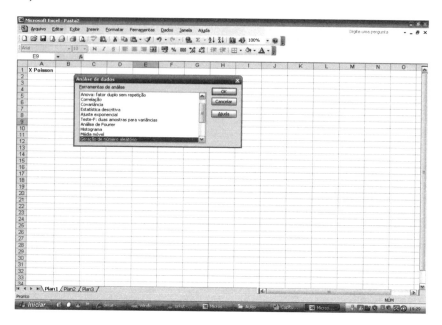

3º) Passo

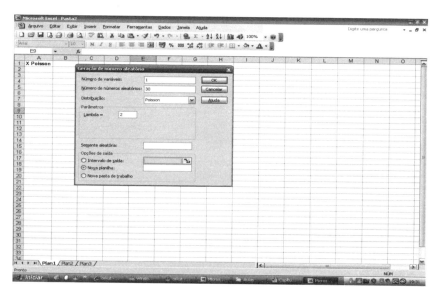

Tabela com os Valores que tem Distribuição de Poisson

Sequência	X Poisson
1	0
2	3
3	1
4	0
5	1
6	1
7	1
8	3
9	4
10	3
11	2
12	0
13	2
14	0
15	0
16	0
17	4
18	2
19	3
20	4
21	1
22	6
23	1
24	4
25	1
26	1
27	4
28	2
29	7
30	4

Gerar Sequências que Tenham Distribuição Exponencial:

Gera-se o número aleatório (r) e aplica-se a expressão abaixo:

$$X = (-1/\lambda) \cdot \ln(1-r)$$

ou

$$X = -E(t) \cdot \ln(1-r)$$

Exemplo:

Suponha $\lambda = 2$ e deseja-se gerar 30 valores T com distribuição exponencial de parâmetro 2.

Os 30 valores com distribuição exponencial são:

Tabela com os Valores que tem Distribuição de Exponencial:

Aleatório	X Exponencial	X Exponencial em Valores
0.1908	0.1058	0.1058
0.0205	0.0104	0.0104
0.6523	0.5282	0.5282
0.7368	0.6675	0.6675
0.6531	0.5294	0.5294
0.5812	0.4352	0.4352
0.9400	1.4065	1.4065
0.6282	0.4947	0.4947
0.5833	0.4377	0.4377
0.8483	0.9429	0.9429
0.2081	0.1166	0.1166
0.0826	0.0431	0.0431
0.4726	0.3199	0.3199
0.8859	1.0855	1.0855
0.0975	0.0513	0.0513
0.4441	0.2936	0.2936
0.7394	0.6724	0.6724
0.2224	0.1258	0.1258
0.5343	0.3821	0.3821
0.3008	0.1789	0.1789
0.5143	0.3611	0.3611
0.8308	0.8883	0.8883
0.5715	0.4237	0.4237
0.1486	0.0805	0.0805
0.5029	0.3495	0.3495
0.2728	0.1592	0.1592
0.2739	0.1600	0.1600
0.3178	0.1912	0.1912
0.1304	0.0698	0.0698
0.9683	1.7251	1.7251

Gerar Sequências que tenham Distribuição Normal Padrão:

É o valor de **z** cuja probabilidade é o número aleatório (r) gerado da uniforme [0,1].

$P(Z \leq z) = r$

Exemplo:

Vamos gerar 30 valores com distribuição normal padrão:
Os 30 valores com distribuição normal são:

Tabela com os Valores que tem Distribuição de Normal

Aleatório	X Normais	X Normais em Valor
0.5788	0.1988	0.1988
0.1706	-0.9518	-0.9518
0.5995	0.2520	0.2520
0.2399	-0.7065	-0.7065
0.0297	-1.8858	-1.8858
0.9263	1.4485	1.4485
0.9190	1.3981	1.3981
0.4100	-0.2276	-0.2276
0.3584	-0.3629	-0.3629
0.1622	-0.9855	-0.9855
0.1618	-0.9872	-0.9872
0.4661	-0.0851	-0.0851
0.8341	0.9706	0.9706
0.7435	0.6542	0.6542
0.4548	-0.1136	-0.1136
0.3550	-0.3717	-0.3717
0.1777	-0.9240	-0.9240
0.0521	-1.6247	-1.6247
0.5477	0.1198	0.1198
0.4727	-0.0685	-0.0685
0.1393	-1.0834	-1.0834
0.9592	1.7415	1.7415
0.2210	-0.7690	-0.7690
0.0105	-2.3089	-2.3089
0.2991	-0.5270	-0.5270
0.7568	0.6960	0.6960
0.7653	0.7233	0.7233
0.6946	0.5090	0.5090
0.0678	-1.4925	-1.4925
0.4465	-0.1344	-0.1344

Simulação de Sistemas para Certas Situações Reais:

Vamos ver agora exemplos de simulação de situações reais.

Exemplo 1:

Uma empresa tem três alternativas de sistemas de trabalho para aluguel de caminhões por dia. Os esquemas de funcionamento dos aluguéis são:

Esquema 1:

- Aluguel de até 3 caminhões por dia;
- Cada caminhão é alugado por R$ 800,00 ao dia;
- A empresa abastece com gasolina cada caminhão alugado em R$ 100,00.

Esquema 2:

- Aluguel de até 4 caminhões por dia;
- Cada caminhão é alugado por R$ 1.000,00 ao dia;
- A empresa abastece com gasolina cada caminhão alugado em R$ 450,00.

Esquema 3:

- Aluguel de até 5 caminhões por dia;
- Cada caminhão é alugado por R$ 500,00 ao dia;
- O abastecimento dos caminhões é por conta do cliente.

Qual dos três esquemas é mais vantajoso para ser implementado pela empresa?

Solução:

- Podemos resolver este problema através de duas alternativas:
- Adotando em dado momento os três esquemas e constatar na prática o melhor sistema de aluguel;

Capítulo 11 Simulação Estocástica • 239

- Simulando o funcionamento da empresa com os três esquemas através de recursos computacionais e verificando o mais eficiente.

Considerações:

- A vantagem da simulação é que ela irá simular a realidade dos três sistemas sem custo reais para a empresa;
- A simulação visaria reproduzir, em um ambiente controlado, o que se passaria no mundo real, no cotidiano do aluguel dos caminhões da empresa;
- O número de caminhões alugados por dia é uma variável aleatória e o sistema de aluguéis dos caminhões tem uma componente aleatória que requer uma simulação estocástica;
- A distribuição de probabilidades do número de caminhões alugados é a binomial. Deveremos gerar valores para o número de aluguéis alugados por dia através da simulação daquele modelo;
- As distribuições de probabilidades do número de aluguéis de caminhões por dia será obtida em cada esquema através do Excel;
- Simularemos o comportamento do aluguel dos caminhões por dia durante um mês (30 dias) em cada esquema.

Esquema 1:

a_1	a_2	a_3	X Bernoulli 1	X Bernoulli 2	X Bernoulli 3	X Binomial
0.9312	0.0440	0.0396	1	0	0	1
0.9112	0.6764	0.1303	1	1	0	2
0.5460	0.5381	0.8556	1	1	1	3
0.4254	0.0856	0.5747	0	0	1	1
0.7706	0.0833	0.5336	1	0	1	2
0.6184	0.3459	0.0166	1	0	0	1
0.0066	0.6168	0.1605	0	1	0	1
0.1212	0.3060	0.9264	0	0	1	1
0.8037	0.4341	0.5767	1	0	1	2
0.9104	0.1762	0.3657	1	0	0	1
0.6981	0.8224	0.6341	1	1	1	3
0.9173	0.6408	0.1217	1	1	0	2

0.3224	0.4210	0.7821	0	0	1	1
0.4853	0.1912	0.3602	1	0	0	1
0.8070	0.8752	0.5338	1	1	1	3
0.3172	0.1290	0.3139	0	0	0	0
0.8594	0.5673	0.1630	1	1	0	2
0.8011	0.7875	0.1185	1	1	0	2
0.7548	0.5220	0.8054	1	1	1	3
0.9441	0.8207	0.9959	1	1	1	3
0.9679	0.6654	0.3998	1	1	0	2
0.8282	0.6942	0.9569	1	1	1	3
0.9305	0.0847	0.9929	1	0	1	2
0.3031	0.3642	0.2356	0	0	0	0
0.9395	0.9353	0.4420	1	1	0	2
0.6530	0.9409	0.6776	1	1	1	3
0.8279	0.9920	0.2585	1	1	0	2
0.2507	0.6570	0.7560	0	1	1	2
0.1927	0.2801	0.0513	0	0	0	0
0.4988	0.6336	0.3028	1	1	0	2

Distribuição de Probabilidades

X	P(X)	Ganho	Perda	Saldo	X.P(X).Saldo
0	0.10	800	–100	700	0.00
1	0.27	800	–100	700	186.90
2	0.40	800	–100	700	560.00
3	0.23	800	–100	700	489.30
Total	1.00				1236.20

Média   **2/dia**

Capítulo 11 Simulação Estocástica • 241

Esquema 2:

a_1	a_2	a_3	a_4	X Ber 1	X Ber 2	X Ber 3	Xber 4	x Binomial
0.9312	0.0440	0.0396	0.1793	1	0	0	0	1
0.9112	0.6764	0.1303	0.7589	1	1	0	1	3
0.5460	0.5381	0.8556	0.0039	1	1	1	0	3
0.4254	0.0856	0.5747	0.0085	0	0	1	0	1
0.7706	0.0833	0.5336	0.7188	1	0	1	1	3
0.6184	0.3459	0.0166	0.0339	1	0	0	0	1
0.0066	0.6168	0.1605	0.2700	0	1	0	0	1
0.1212	0.3060	0.9264	0.8894	0	0	1	1	2
0.8037	0.4341	0.5767	0.1699	1	0	1	0	2
0.9104	0.1762	0.3657	0.0026	1	0	0	0	1
0.6981	0.8224	0.6341	0.4035	1	1	1	0	3
0.9173	0.6408	0.1217	0.6889	1	1	0	1	3
0.3224	0.4210	0.7821	0.6281	0	0	1	1	2
0.4853	0.1912	0.3602	0.0130	1	0	0	0	1
0.8070	0.8752	0.5338	0.4084	1	1	1	0	3
0.3172	0.1290	0.3139	0.5169	0	0	0	1	1
0.8594	0.5673	0.1630	0.4689	1	1	0	0	2
0.8011	0.7875	0.1185	0.8260	1	1	0	1	3
0.7548	0.5220	0.8054	0.2767	1	1	1	0	3
0.9441	0.8207	0.9959	0.4322	1	1	1	0	3
0.9679	0.6654	0.3998	0.8613	1	1	0	1	3
0.8282	0.6942	0.9569	0.8406	1	1	1	1	4
0.9305	0.0847	0.9929	0.0631	1	0	1	0	2
0.3031	0.3642	0.2356	0.8477	0	0	0	1	1
0.9395	0.9353	0.4420	0.2290	1	1	0	0	2
0.6530	0.9409	0.6776	0.2642	1	1	1	0	3
0.8279	0.9920	0.2585	0.3763	1	1	0	0	2
0.2507	0.6570	0.7560	0.3143	0	1	1	0	2
0.1927	0.2801	0.0513	0.5511	0	0	0	1	1
0.4988	0.6336	0.3028	0.5293	1	1	0	1	3

Distribuição de Probabilidades

X	P(X)	Ganho	Perda	Saldo	X.P(X).Saldo
1	0.30	1000	–450	550	165.00
2	0.27	1000	–450	550	293.70
3	0.40	1000	–450	550	660.00
4	0.03	1000	–450	550	72.60
Total	1.00				1191.30

Média   2/dia

Esquema 3:

a_1	a_2	a_3	a_4	a_5	X Ber 1	X Ber 2	X Ber 3	X Ber 4	X Ber 5	X Binomial
0.9312	0.0440	0.0396	0.1793	0.0555	1	0	0	0	0	1
0.9112	0.6764	0.1303	0.7589	0.2791	1	1	0	1	0	3
0.5460	0.5381	0.8556	0.0039	0.5820	1	1	1	0	1	4
0.4254	0.0856	0.5747	0.0085	0.9081	0	0	1	0	1	2
0.7706	0.0833	0.5336	0.7188	0.9289	1	0	1	1	1	4
0.6184	0.3459	0.0166	0.0339	0.9014	1	0	0	0	1	2
0.0066	0.6168	0.1605	0.2700	0.4276	0	1	0	0	0	1
0.1212	0.3060	0.9264	0.8894	0.5357	0	0	1	1	1	3
0.8037	0.4341	0.5767	0.1699	0.9987	1	0	1	0	1	3
0.9104	0.1762	0.3657	0.0026	0.4261	1	0	0	0	0	1
0.6981	0.8224	0.6341	0.4035	0.1882	1	1	1	0	0	3
0.9173	0.6408	0.1217	0.6889	0.5504	1	1	0	1	1	4
0.3224	0.4210	0.7821	0.6281	0.0787	0	0	1	1	0	2
0.4853	0.1912	0.3602	0.0130	0.7385	1	0	0	0	1	2
0.8070	0.8752	0.5338	0.4084	0.1643	1	1	1	0	0	3
0.3172	0.1290	0.3139	0.5169	0.1621	0	0	0	1	0	1
0.8594	0.5673	0.1630	0.4689	0.0280	1	1	0	0	0	2
0.8011	0.7875	0.1185	0.8260	0.2651	1	1	0	1	0	3
0.7548	0.5220	0.8054	0.2767	0.7155	1	1	1	0	1	4
0.9441	0.8207	0.9959	0.4322	0.6774	1	1	1	0	1	4
0.9679	0.6654	0.3998	0.8613	0.4491	1	1	0	1	0	3
0.8282	0.6942	0.9569	0.8406	0.5975	1	1	1	1	1	5
0.9305	0.0847	0.9929	0.0631	0.8288	1	0	1	0	1	3
0.3031	0.3642	0.2356	0.8477	0.0447	0	0	0	1	0	1

0.9395	0.9353	0.4420	0.2290	0.8068	1	1	0	0	1	3
0.6530	0.9409	0.6776	0.2642	0.7478	1	1	1	0	1	4
0.8279	0.9920	0.2585	0.3763	0.2431	1	1	0	0	0	2
0.2507	0.6570	0.7560	0.3143	0.9215	0	1	1	0	1	3
0.1927	0.2801	0.0513	0.5511	0.7789	0	0	0	1	1	2
0.4988	0.6336	0.3028	0.5293	0.9470	1	1	0	1	1	4

Distribuição de Probabilidades

X	P(X)	Ganho	Perda	Saldo	X.P(X).Saldo
1	0.17	500	0	500	83.50
2	0.23	500	0	500	233.00
3	0.33	500	0	500	499.50
4	0.23	500	0	500	466.00
5	0.03	500	0	500	82.50
Total	1.00				1364.50

Média   3/dia

Conclusão:

As simulações acima mostram que a melhor opção seria adotar o esquema 3 com a disponibilização de mais caminhões para alugar por dia, por um aluguel mais barato, porém sem se comprometer com o abastecimento dos mesmos. Além do mais, é no esquema três que se tem a maior média de caminhões alugados por dia.

Exemplo 2:

As probabilidades dos carros chegarem ao posto de pedágio de uma ponte no período de 1 minuto de certa tarde estão descritas na distribuição de probabilidades abaixo:

Número de Carros	Probabilidades
0	0.008
1	0.037
2	0.089
3	0.146
4	0.179
5	0.175
6	0.143
7	0.100
8	0.062
9	0.034
10	0.016
11	0.007
12	0.003
13	0.001

Utilize este resultado para simular as chegadas de carros no posto de pedágio, durante 14 períodos de 1 minuto no começo de uma tarde.

Solução:

1º Passo:

Vamos distribuir os números aleatórios de três algarismos de 000 a 999 entre os 14 valores desta variável aleatória, de forma que eles possam ser usados para simular a chegada de carros no posto de pedágio:

Número de Carros	Probabilidades	Probabilidade acumulada	Números Aleatórios
0	0.008	0.008	000–007
1	0.037	0.045	008–044
2	0.089	0.134	045–133
3	0.146	0.280	134–279
4	0.179	0.459	280–458

5	0.175	0.634	459-633
6	0.143	0.777	634-776
7	0.100	0.877	777-876
8	0.062	0.939	877-938
9	0.034	0.973	939-972
10	0.016	0.989	973-988
11	0.007	0.996	989-995
12	0.003	0.999	996-998
13	0.001	1.000	999

2º Passo:

Gerar, através de um programa de computador (Excel), números de três algoritmos.

Veja:

3º Passo:

Compor a lista simulada:

- 676 está no intervalo 634-776, o Número de Carros associado a ele é 6;
- 943 está no intervalo 939-972, o Número de Carros associado a ele é 9;
- 798 está no intervalo 777-876, o Número de Carros associado a ele é 7;
- 116 está no intervalo 045-133, o Número de Carros associado a ele é 2;
- 800 está no intervalo 777-876, o Número de Carros associado a ele é 7;
- 352 está no intervalo 280-458, o Número de Carros associado a ele é 4;
- 254 está no intervalo 134-279, o Número de Carros associado a ele é 3;
- 794 está no intervalo 777-876, o Número de Carros associado a ele é 7;
- 800 está no intervalo 777-876, o Número de Carros associado a ele é 7;
- 382 está no intervalo 280-458, o Número de Carros associado a ele é 4;
- 431 está no intervalo 280-458, o Número de Carros associado a ele é 4;
- 282 está no intervalo 280-458, o Número de Carros associado a ele é 4;
- 310 está no intervalo 280-458, o Número de Carros associado a ele é 4;
- 521 está no intervalo 459-633, o Número de Carros associado a ele é 5;

Logo a lista gerada com distribuição de Poisson é a que está na última coluna da tabela:

Número de Carros	Números Aleatórios	Números Aleatórios	Lista Simulada(carros)
0	000-007	676	6
1	008-044	943	9
2	045-133	798	7
3	134-279	116	2
4	280-458	800	7
5	459-633	352	4
6	634-776	254	3
7	777-876	794	7
8	877-938	800	7

9	939-972	382	4
10	973-988	431	4
11	989-995	282	4
12	996-998	310	4
13	999	521	5

A lista simulada tem a mesma distribuição de probabilidades que os resultados da distribuição de probabilidades empírica e não precisamos assumir *a priori* um modelo de probabilidades para a variável para que os seus valores fossem gerados.

Observação:

A simulação do exemplo precedente foi bastante fácil e direta, mas a utilização inteligente de um programa de computador pode torná-la ainda mais fácil. Levando em conta o fato de que a distribuição dada é a de uma variável aleatória de **Poisson** com λ=**4,9**, poderemos gerar diretamente a lista de valores simulados.

Veja:

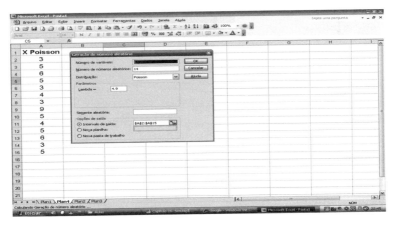

Então, 3, 5, 6, 5, 3, 4, 3, 9, 5, 4, 5, 6, 3, 5 carros chegam ao posto de pedágio durante 20 intervalos simulados de 20 minutos.

Métricas de Desempenho de Computadores

Avaliar o desempenho de computadores é comumente denominado de varredura completa de sistema e, na prática, de forma geral, corresponde a fazer uma varredura automática na sua máquina: desempenho do sistema, velocidade de leitura e gravação do disco rígido, performance da placa mãe, renderização da placa de vídeo em duas e três dimensões etc.

Conhecer o computador de uso doméstico e os de nossa empresa e o que está impedindo os seus desempenhos máximos são pressupostos básicos para não fazermos um *upgrade* errado. O mais correto é fazer alguns testes no PC e verificar a performance de cada componentes.

A verificação de *performance* de computadores tem, entre outros objetivos:

- Definir, medir e resumir;
- Apoiar a seleção fundamentada de sistemas;
- Compreender a motivação para a organização dos sistemas.

A avaliação de desempenho de sistemas computacionais perimite:

- Conhecer porque um computador é melhor que outro para um dado programa ou aplicação;
- Os fatores do desempenho global que estão relacionados com o suporte físico;
- De que forma a arquitetura do conjunto de instruções afeta o desempenho.

Os critérios usados para determinar o desempenho de computadores dependem daquilo que se pretende fazer com a resposta.

Exemplo:

Qual dos seguintes aviões tem o melhor desempenho?

Avião	Número de Passageiros	Alcance (Milhas)	Velocidade (Milhas)	Débito (Passageiros X Milhas)
Boeing 777	375	4630	610	228750
Boeing 747	470	4150	610	286700
Concorde	132	4000	1350	178200
DC-8-50	146	8720	544	79424

Se a finalidade é ter um avião com maior velocidade, o escolhido deve ser o Concorde; com maior capacidade, o Boeing 747; e com maior alcance, o DC-8-50. Mas pode-se também ter um avião com uma combinação eficiente desses critérios.

Estatísticas de Desempenho de Computadores

Para avaliar estatisticamente o desempenho de sistemas computacionais existem disponíveis algumas métricas de base empírica. Vamos exemplificar algumas delas.

1) Tempo de Execução (t)

É o tempo que um programa ou sistema leva para executar uma tarefa ou o tempo que leva a resposta da base de dados. É o intervalo de tempo entre o início e o fim de uma tarefa.

É dividido em *"tempo decorrido"* e *"tempo de CPU"*.

Tempo Decorrido inclui acessos à memória e disco, entrada/saída, etc. *Tempo de CPU* inclui tempo gasto na execução das instruções do programa (*Tempo do Utilizador*) e tempo que o sistema gasta em tarefas requeridas pelo programa (*Tempo de Sistema*).

O *Tempo de CPU* é uma das estatísticas mais utilizadas na medição de desempenho de computadores.

Tempo de Execução

Combinando todos os parâmetros, tem-se a equação básica do desempenho:

$$t = \frac{NI \times NMC}{FR}$$

Onde:

t= Tempo de execução;
NI= número de instruções;
NMC= número médio de ciclos por instruções;
FR= frequência de relógio.

O tempo de execução (t) pode ser medido empiricamente (para programas concretos e com dados de entrada bem definidos).

O número de instruções (NI) pode ser obtido por simulação estocástica, instrumentação do programa e contadores embutidos no CPU.

O número médio de ciclos por instrução (NMC) depende dos detalhes de implementação da CPU e da mistura de instruções do programa. Muitas das vezes é útil dividir as instruções por classes e determinar um NMC para cada classe.

A frequência de relógio (FR) é especificada na documentação do CPU.

O desempenho de computadores pode ser medido pela estatística chamada Desempenho (DES), definida pelo inverso do tempo de execução:

$$D_{ES} = \frac{1}{Tempo \ de \ Execução}$$

A melhor forma de avaliar o desempenho é por execução de aplicações em casos reais de computadores domésticos, corporativos e acadêmicos. Em informática, pesquisas empíricas de base estatística com levantamento por amostragem para avaliação de desempenho são chamadas de *Benchmarks*.

Exemplo:

Se o tempo de execução (t) de um computador é de 2,5 segundos para o computador A e 1,25 para o computador B, qual o computador de melhor desempenho?

Solução:

$$D_{ESA} = \frac{1}{2,5} = 0,4$$

$$D_{ESB} = \frac{1}{1,25} = 0,8$$

Logo, o computador B é 2 vezes mais rápido que o A.

2) Análise de Melhoramento de Desempenho

Inclui quantos programas podem ser executados simultaneamente (multiplicidade ou paralelismo) e quantas perguntas da base de dados podem ser tratadas em um minuto para otimizar o tempo de execução das tarefas do computador.

Lei de *Amdahl*

Teoricamente, o aumento de velocidade com o paralelismo deveria ser linear, de forma que, dobrando a quantidade de elementos de processamento, reduz-se pela metade o tempo de execução. Entretanto, muitos poucos algoritmos paralelos atingem essa situação ideal. A maioria deles possui aumento de velocidade quase linear para poucos elementos de processamento, tendendo a um valor constante para uma grande quantidade de elementos.

O aumento de velocidade potencial de um algoritmo em uma plataforma de computação paralela é dado pela lei de Amdahl, formulada por Gene Amdahl na década de 1960. Ela afirma que uma pequena porção do programa que não pode ser paralelizada limitará o aumento de velocidade geral disponível com o paralelismo. Qualquer problema matemático ou de engenharia grande tipicamente consistirá de diversas partes paralelizáveis e diversas partes sequenciais.

Portanto, a melhoria de desempenho causada por uma dada modificação é limitada pelo tempo durante o qual a modificação pode ser causada. Pode ser medido pela estatística:

Tempo de Execução com o Melhoramento:

$$t_m = \frac{t_u}{\alpha} + t_n$$

Onde:

t_m = tempo de execução com o melhoramento;
t_u = tempo durante o qual o melhoramento é usado;
t_n = tempo durante o qual o melhoramento não é usado;
α = tempo necessário para melhorar o desempenho da unidade de multiplicação.

Exemplo:

Um programa demora 100 segundos para executar certo programa. Desse tempo, 80 segundos são despendidos em multiplicações. Qual o tempo necessário para melhorar o desempenho da unidade de multiplicação para que o tempo de execução com o melhoramento seja 4 vezes mais rápido?

Solução:

Para que o programa execute 4 vezes mais rápido, realizaria a tarefa em $t_m = (100/4) = 25$ segundos.

Logo:

$$t_m = \frac{t_u}{\alpha} + t_n$$

$$25 = \frac{80}{\alpha} + (100 - 80)$$

α = **16 segundos**.

Milhões de Instruções por Segundo (MIPS):

$$MIPS = \frac{NI}{t \times 10^6}$$

Observações:

Esta métrica tem limitações: *não considera a complexidade das instruções para comparar computadores com instruções diferentes e pode variar de forma inversamente proporcional ao desempenho.*

Exemplo:

Avalie o tempo de execução dos computadores abaixo e conclua qual é o de melhor desempenho.

Computador	NI	FR	NMC
A	10^{10}	5 GHz	1,0
B	8×10^9	4 GHZ	1,1

Solução:

Computador	NI	FR	NMC	t	$D_{ES}(1/t)$	MIPS
A	10^{10}	5 GHz	1,0	2,0	0,500	5000
B	8×10^9	4 GHZ	1,1	2,2	0,455	3636

$$t_A = \frac{10 \times 1}{5} = 2,0s$$

$$t_B = \frac{8 \times 1,1}{4} = 2,2s$$

$$MIPS_A = \frac{NI}{t \times 10^6}$$

$$MIPS_A = \frac{10^{10}}{2 \times 10^6}$$

$$MIPS_A = \frac{1}{2} \times 10^4 = 5.000$$

$$MIPS_B = \frac{8 \times 10^9}{2,2 \times 10^6}$$

$$MIPS_B = \frac{8}{2,2} \times 10^3 = 3.636$$

Portanto, o computador de melhor desempenho é o A.

Atividades Propostas

1) Gere 5 números pseudo-aleatórios com distribuição uniforme no intervalo [0,1] com os seguintes dados:

$X_0 = 4$; $C_0 = 2$; $C=15$ e $M=20$

Solução:

A lei de formação é a que já sabemos:

$$X_{n+1} = \left[\frac{(C_0 + C \cdot X_n)}{M} - parte\ inteira\ de(C_0 + C \cdot X_n)/M \right] \cdot M$$

Exemplo:

$X_0 = 4$, $C = 15$, $C_0 = 2$ e $M=20$

$X_0 = 4$

$$X_{n+1} = \left[\frac{(C_0 + C \cdot X_0)}{M} - \text{parte inteira de} (C_0 + C \cdot X_0)/M \right] \cdot M$$

$$X_1 = \left[\frac{(2 + 15 \cdot 4)}{20} - 3 \right] \cdot 20 = 2$$

$$X_2 = \left[\frac{(C_0 + C \cdot X_1)}{M} - \text{parte inteira de} (C_0 + C \cdot X_1)/M \right] \cdot M$$

$$X_2 = \left[\frac{(2 + 15 \cdot 2)}{20} - 1 \right] \cdot 20 = 12$$

$$X_3 = \left[\frac{(C_0 + C \cdot X_2)}{M} - \text{parte inteira de} (C_0 + C \cdot X_2)/M \right] \cdot M$$

$$X_3 = \left[\frac{(2 + 15 \cdot 12)}{20} - 9 \right] \cdot 20 = 2$$

$$X_4 = \left[\frac{(C_0 + C \cdot X_3)}{M} - \text{parte inteira de} (C_0 + C \cdot X_3)/M \right] \cdot M$$

$$X_3 = \left[\frac{(2 + 15 \cdot 2)}{20} - 1 \right] \cdot 20 = 12$$

Agora gerando uma uniforme no intervalo [0,1]:

Sequência	X_{n+1}	r_{n+1}
0	4	0,2
1	2	0,1
2	12	0,6
3	2	0,1
4	12	0,6

256 • Estatística Aplicada à Informática e às suas novas Tecnologias

2) Gerar computacionalmente (no Excel) as seguintes distribuições de probabilidades:

a) Vinte valores com distribuição *Bernoulli* com p=0.5;
b) Vinte valores com distribuição binomial com p=0,5 e n=4;
c) Vinte valores com distribuição *Poisson* λ =0.5;
d) Vinte valores com distribuição exponencial de λ =4;
e) Vinte valores com distribuição normal padrão;
f) Vinte valores com distribuição normal com μ= 4 e λ^2= 0,25.

Soluções:

Como o número aleatório é volátil, cada solução terá uma resposta diferente, portanto, não existe gabarito. No entanto, o aluno pode comparar os passos seguidos nesta solução com os passos que seguiu para solucionar a questão:

a) Vinte valores com distribuição *Bernoulli* com p=0.5;

Capítulo 11 Simulação Estocástica

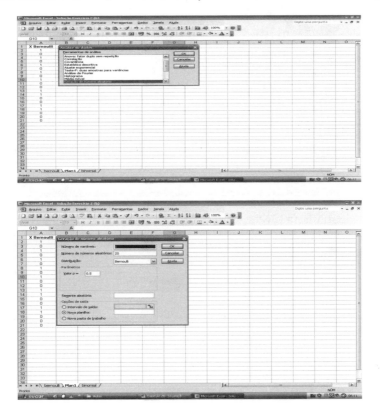

Ou, de maneira direta, através da função Análise de dados do Excel:

b) Vinte valores com distribuição binomial com p=0,5 e n=4;

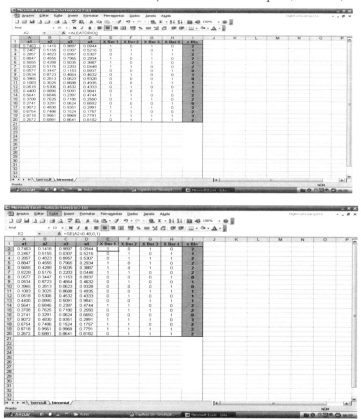

Ou, de maneira direta, através da função Análise de dados do Excel:

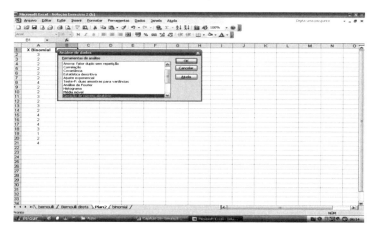

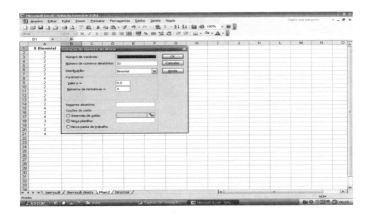

c) Vinte valores com distribuição *Poisson* $\lambda = 0{,}5$;

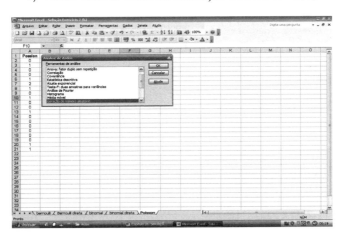

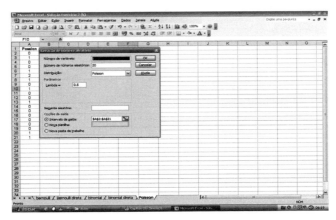

d) Vinte valores com distribuição exponencial de λ =4;

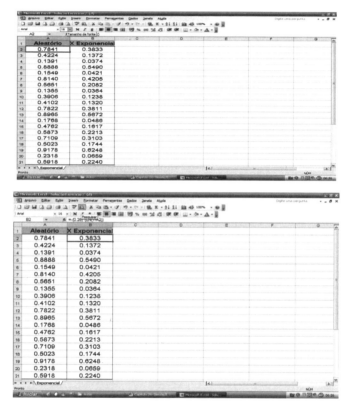

e) Vinte valores com distribuição normal padrão;

Capítulo 11 Simulação Estocástica • 261

Ou, de maneira direta, através da função Análise de dados do Excel:

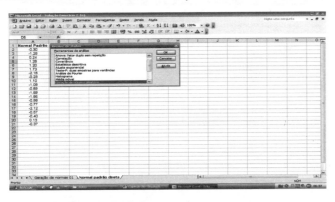

f) Vinte valores com distribuição normal com $\mu = 4$ e $\lambda^2 = 0{,}25$;

Ou, de maneira direta, através da função Análise de dados do Excel:

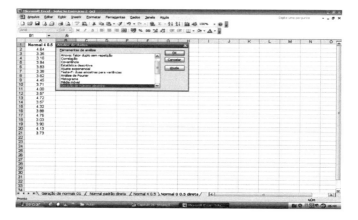

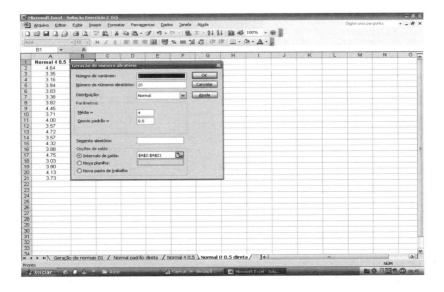

3) Uma loja de jogos virtuais tem 3 sistemas de funcionamento no estabelecimento. As características de cada sistema estão descritas abaixo.

Sistema 1:

- Dois funcionários com ganhos de R$600,00;
- Aluguel mensal do espaço de R$1.000,00;
- Tabela de Preço dos serviços de *internet* seguindo o modelo abaixo:

Tempo de Permanência no Computador por Cliente	Preço(R$)
0 a 8 horas	50
9 a 16 horas	100
17 a 24 horas	200

Sistema 2:

- Quatro funcionários com ganhos de R$600,00;
- Aluguel mensal do espaço de R$2.000,00;
- Tabela de Preço dos serviços de *internet* seguindo o modelo abaixo:

Tempo de Permanência no Computador por Cliente	Preço(R$)
0 a 8 horas	55
9 a 16 horas	110
17 a 24 horas	250

Sistema 3:

- Três funcionários com ganhos de R$750,00;
- Aluguel mensal do espaço de R$2.500,00;
- Tabela de Preço dos serviços de *internet* seguindo o modelo abaixo:

Tempo de Permanência no Computador por Cliente	Preço(R$)
0 a 8 horas	80
9 a 16 horas	150
17 a 24 horas	300

A loja tem, em média, 20 clientes por dia, independente do sistema. O tempo médio de permanência de clientes nos jogos é de 5 horas diárias. Realize uma simulação estocástica (no Excel) para aferir qual o melhor sistema para o funcionamento da loja de jogos virtuais.

Solução:

Geramos uma série de vinte valores com distribuição exponencial no Excel:

X Exponencial
0
4
3
2
9
3
1
11
5
23
4
7
2
3
12
1
1
9
1
2

Com a distribuição de frequências simples da tabela acima montamos a simulação abaixo para cada sistema da loja de jogos:

Sistema 1:

X	P(X)	Preço	X.P(X).Preço
0	0.05	50	0
1	0.20	50	10
2	0.15	50	15
3	0.15	50	22.5
4	0.10	50	20
5	0.05	50	12.5
7	0.05	50	17.5
9	0.05	100	45
11	0.05	100	55
12	0.05	100	60
23	0.05	200	230
Total			**487.5**

Faturamento Sistema 1   12425

Sistema 2:

X	P(X)	Preço	X.P(X).Preço
0	0.05	55	0
1	0.20	55	11
2	0.15	55	16.5
3	0.15	55	24.75
4	0.10	55	22
5	0.05	55	13.75
7	0.05	55	19.25
9	0.05	110	49.5
11	0.05	110	60.5
12	0.05	110	66
23	0.05	250	287.5
Total			**570.75**

Faturamento Sistema 2   12722.5

Capítulo 11 Simulação Estocástica • **267**

Sistema 3:

X	P(X)	Preço	X.P(X).Preço
0	0.05	80	0
1	0.20	80	16
2	0.15	80	24
3	0.15	80	36
4	0.10	80	32
5	0.05	80	20
7	0.05	80	28
9	0.05	150	67.5
11	0.05	150	82.5
12	0.05	150	90
23	0.05	300	345
Total			**741**

Faturamento Sistema 3	17480

Portanto, é no sistema 3 que o faturamento seria melhor, segundo a simulação.

4) Suponha que as probabilidades de um contador levar 1, 2, 3, 4 ou 5 horas para preencher uma declaração de imposto de renda sejam de 0,46; 0,27; 0,15; 0,08; e 0,04, respectivamente. Distribua os números aleatórios de dois algoritmos de 00 a 99 entre os cinco valores desta variável aleatória a fim de simular o tempo que o contador levará para preencher essas declarações.

Solução:

1º Passo:

Vamos distribuir os números aleatórios de três algarismos de 01 a 99 entre os 5 valores desta variável aleatória, de forma que eles possam ser usados para simular o tempo que o contador levará para preencher essas declarações:

Tempo de Preenchimento das Declarações	Probabilidades	Probabilidade acumulada	Números Aleatórios
1	0.46	0.46	01–45
2	0.27	0.73	46–72
3	0.15	0.88	73–87
4	0.08	0.96	88–95
5	0.04	100.00	99

2º Passo:

Gerar, através de um programa de computador (Excel), números de dois algoritmos no intervalo [1,99].

Veja:

62   47   22   86   4

3º Passo:

- 62 está no intervalo 46-72, o tempo de preenchimento das declarações associado a ele é 2;
- 47 está no intervalo 46-72, o tempo de preenchimento das declarações associado a ele é 2;
- 22 está no intervalo 01-45, o tempo de preenchimento das declarações associado a ele é 1;
- 86 está no intervalo 73-87, o tempo de preenchimento das declarações associado a ele é 3;
- 4 está no intervalo 01-45, o tempo de preenchimento das declarações associado a ele é 1;

Logo a lista gerada é:

Compor a lista simulada:

2   2   1   3   1

5) *Geringonça Ltda* é uma pequena firma de serviço de copiadoras, que possui dez máquinas copiadoras. Entretanto, essas máquinas vivem quebrando e necessitando de reparos. Cada máquina dá um retorno financeiro para a empresa de cerca de R$2.000,00, proporcional ao seu tempo de vida. Cada máquina dá um prejuízo de R$100,00, proporcional ao seu tempo de reparo. O tempo que leva uma máquina para tornar a quebrar tem uma distribuição exponencial com média de 20 dias. Só é possível consertar uma máquina de cada vez. O tempo de reparo de uma máquina tem uma distribuição uniforme e leva de um a três dias. Simule o faturamento real total que a *Geringonça Ltda* tem com as máquinas copiadoras nestas condições.

Solução:

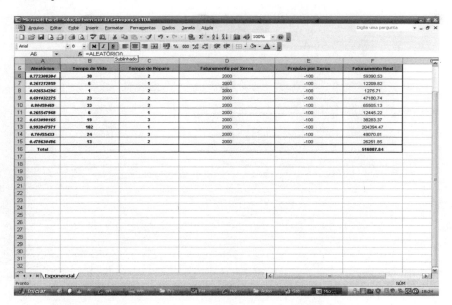

270 • Estatística Aplicada à Informática e às suas novas Tecnologias

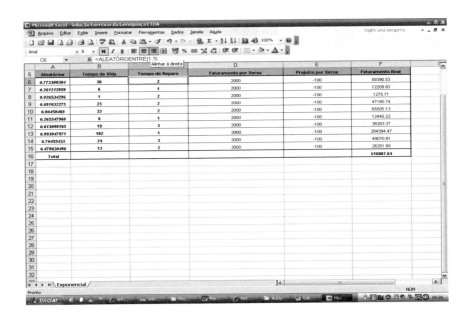

Portanto, o faturamento real total simulado que a *Geringonça Ltda* tem com as máquinas copiadora nestas condições é de **R$516.007,64**.

6) Uma loja tem somente um atendente. Os fregueses chegam aleatoriamente com intervalo, entre eles, variando de 1 a 8 minutos. Cada valor possível do intervalo entre chegadas tem distribuição exponencial de parâmetro $\lambda = 1/4$. A duração do atendimento aos clientes varia de 1 a 6 minutos, com probabilidades também seguindo uma distribuição exponencial de parâmetro $\lambda = 1/3$. Realize a simulação para os primeiros 20 clientes da loja.

Solução:

Para a distribuição do intervalo entre chegadas (em minutos), o resultado da geração de valores com distribuição exponencial de parâmetro $\lambda = 1/4$ foi:

Aleatório	X Exponencial	Intervalo entre chegadas
0.1908	0.8468	1
0.0205	0.0830	0
0.6523	4.2255	4
0.7368	5.3397	5
0.6531	4.2353	4
0.5812	3.4817	3
0.9400	11.2519	11
0.6282	3.9578	4
0.5833	3.5018	4
0.8483	7.5431	8
0.2081	0.9331	1
0.0826	0.3450	0
0.4726	2.5591	3
0.8859	8.6842	9
0.0975	0.4102	0
0.4441	2.3485	2
0.7394	5.3796	5
0.2224	1.0063	1
0.5343	3.0565	3
0.3008	1.4312	1
0.5143	2.8885	3
0.8308	7.1068	7
0.5715	3.3899	3
0.1486	0.6436	1
0.5029	2.7958	3
0.2728	1.2740	1
0.2739	1.2800	1
0.3178	1.5298	2
0.1304	0.5587	1
0.9683	13.8009	14

Para a distribuição da duração do serviço (em minutos), o resultado da geração de valores com distribuição exponencial de parâmetro $\lambda = 1/3$ foi:

Aleatório	X Exponencial	Duração do serviço
0.1908	0.6351	1
0.0205	0.0623	0
0.6523	3.1691	3
0.7368	4.0048	4
0.6531	3.1765	3
0.5812	2.6112	3
0.9400	8.4390	8
0.6282	2.9683	3
0.5833	2.6263	3
0.8483	5.6573	6
0.2081	0.6998	1
0.0826	0.2588	0
0.4726	1.9193	2
0.8859	6.5132	7
0.0975	0.3076	0
0.4441	1.7614	2
0.7394	4.0347	4
0.2224	0.7547	1
0.5343	2.2924	2
0.3008	1.0734	1
0.5143	2.1664	2
0.8308	5.3301	5
0.5715	2.5424	3
0.1486	0.4827	0
0.5029	2.0968	2
0.2728	0.9555	1
0.2739	0.9600	1
0.3178	1.1473	1
0.1304	0.4190	0
0.9683	10.3507	10

Variáveis da Simulação:

1) Intervalo entre Chegadas:
Valores exponenciais gerados através da função aleatorio() do Excel.

2) Duração do Serviço:
Valores exponenciais gerados através da função aleatorio() do Excel.

3) Espera na Fila:
Resulta do confronto do instante de chegada com a duração do serviço (atendimento) anterior.

4) Instante de Chegada:
É a distribuição acumulada do intervalo entre chegadas.

5) Início do Serviço:
É o instante de chegada mais o tempo de espera na fila.

6) Fim do Serviço:
É o tempo de início do serviço mais o tempo de duração do serviço.
7) Tempo Total na Loja:
É o tempo de espera na fila mais a duração do serviço.

8) Tempo Ocioso do Atendente:
É o fim do serviço atual menos o início do serviço seguinte.

A simulação para os primeiros 20 clientes apresentaram os seguintes resultados:

A	B	C	D
Sequência	Intervalo entre chegadas	Instante da chegada	Duração do serviço
	Exponencial Gerada	Acumulada da B	Exponencial Gerada
1	1	1	1
2	0	1	0
3	4	5	3
4	5	10	4
5	4	14	3
6	3	17	3
7	11	28	8
8	4	32	3
9	4	36	3
10	8	44	6
11	1	45	1
12	0	45	0
13	3	48	2
14	9	57	7
15	0	57	0
16	2	59	2
17	5	64	4
18	1	65	1
19	3	68	2
20	1	69	1
Total	—	—	53

Continuação...

E	F	G	H	I
Espera na Fila	Início do Serviço	Fim do Serviço	Tempo Total na Loja	Tempo Ocioso de Atendimento
Fornecido	C+E	F+D	D+E	G-F
0	1	2	1	1
0	1	1	0	1
0	5	8	3	4
0	9	13	4	1
0	13	16	3	0
0	16	19	3	0
0	27	35	8	9
4	31	34	7	4
0	35	38	3	1
0	43	49	6	5
5	49	50	6	0
1	45	45	1	5
0	47	49	2	2
0	56	63	7	7
2	58	58	2	5
0	60	62	2	2
0	65	69	4	3
3	69	70	4	0
0	69	71	2	1
1	71	72	2	0
16	—	—	**70**	**51**

Podemos, a partir da simulação, inferir alguns resultados:

Tempo Médio de Espera (TME):

$$TME = \frac{\text{Tempo Total de Espera na Fila}}{\text{Número Total de Clientes}}$$

$$TME = \frac{16}{20} = 0,8 \, min \, utos$$

Probabilidade que um Cliente Tenha que Esperar na Fila (PEF):

$$PEF = \frac{\text{Número de Clientes Espera na Fila}}{\text{Número Total de Clientes}}$$

$$PEF = \frac{6}{20} = 30\%$$

Proporção de tempo que o Atendente Fica Ocioso (PTO):

$$PTO = \frac{\text{Tempo Total de Ociosidade}}{\text{Último Fim do Serviço}}$$

$$PTO = \frac{51}{72} = 71\%$$

Tempo de Serviço Médio (TSM):

$$TSM = \frac{\text{Duração Total do Serviço}}{\text{Número Total de Clientes}}$$

$$TSM = \frac{53}{20} = 2,65 \, min \, utos$$

Conclusão:

Alguém que fosse tomar decisões estaria interessado nos resultados acima. Obviamente, seria necessária uma simulação mais demorada para se conseguir resultados mais precisos. Entretanto, algumas inferências podem ser obtidas. Os clientes têm que esperar, mas a espera não é excessiva. Entretanto, o atendente fica muito tempo ocioso. Esse é o grande problema deste sistema de filas. Nesse sentido, o ideal seria trabalhar no sentido de minimizar o tempo que o servidor fica sem efetuar serviço.

7) A disponibilidade diária de certo produto é uma variável aleatória, conforme mostrado na tabela abaixo, já que depende da sobra de matéria prima do processo de fabricação do produto principal. O número de clientes que procuram o produto também é uma variável aleatória e segue uma distribuição de *Poisson*, com média de 24 clientes por dia. Entretanto, desses clientes que chegam, a probabilidade de um adquirir o produto é de 70%. Sabe-se que cada produto vendido dá um lucro de R$ 100,00 e que cada não vendido dá um prejuízo de R$ 40,00. Pede-se calcular, por simulação, o lucro líquido médio obtido em uma semana de operação. Considere os números aleatórios 55, 61, 21, 36, 91, 1, 54, 57, 90, 78, 40, 78, 49, 43, 39, 74, 39, 31, 63, 87, 98, 81, 91, 97 para determinar a quantidade de itens vendidos diariamente. Utilize a sequência de números aleatórios para determinar a quantidade de produtos fabricados por dia da semana 55, 61, 21, 36, 91, 1, 54.

Produtos Feitos por Dia	Probabilidade
10	15
14	20
18	30
22	20
26	15
Total	**100**

Solução:

Capacidade (Máxima)	14
Lucro	R$ 100,00
Prejuízo	R$ 40,00

Clientes	Nº Aleatório	Demanda
1	55	Sim
2	61	Sim
3	21	Sim
4	36	Sim
5	91	Não
6	1	Sim
7	54	Sim
8	57	Sim
9	90	Não
10	78	Não
11	40	Sim
12	78	Não
13	49	Sim
14	43	Sim
15	39	Sim
16	74	Não
17	39	Sim
18	31	Sim
19	63	Sim
20	87	Não
21	98	Não
22	81	Não
23	91	Não
24	97	Não
Compradores	14	

280 • Estatística Aplicada à Informática e às suas novas Tecnologias

Tabela 1				
Limite Inferior	Produtos feitos por dia	Probabilidade	Acumulado Inteiro	Escala
0	10	15	15	0-15
16	14	20	35	16-35
36	18	30	65	36-65
66	22	20	85	66-85
86	26	15	100	86-100

Tabela 2				
Limite Inferior	Compra (Sim/Não)	Probabilidade	Acumulado Inteiro	Escala
0	Sim	70	70	0-70
71	Não	30	100	71-100

Produtos fabricados por dia					
Dia	Nº aleatório	Demanda	Prejuízo	Lucro	Resultado
Segunda-feira	55	18	R$ 160,00	R$ 1,400,00	R$ 1,240,00
Terça-feira	61	18	R$ 160,00	R$ 1,400,00	R$ 1,240,00
Quarta-feira	21	14	R$ 0,00	R$ 1,400,00	R$ 1,400,00
Quinta-feira	36	18	R$ 160,00	R$ 1,400,00	R$ 1,240,00
Sexta-feira	91	26	R$ 480,00	R$ 1,400,00	R$ 920,00
Sábado	1	10	R$ 0,00	R$ 1,000,00	R$ 1,000,00
Domingo	54	18	R$ 160,00	R$ 1,400,00	R$ 1,240,00
Total			R$ 1,120,00	R$ 9,400,00	R$ 8,280,00
Média			R$ 160,00	R$ 1,342,86	R$ 1,182,86

Capítulo 11 Simulação Estocástica • 281

8) A seção de manutenção atende máquinas defeituosas de toda a empresa. O número de máquinas com defeito, por semana, segue uma distribuição de *Poisson*, com média 6. A firma analisa a compra de um conjunto de equipamentos para testes e reparos; existem duas alternativas: conjunto A e conjunto B. As tabelas abaixo apresentam a possibilidade de reparo para cada conjunto. Cada equipamento não reparado custa R$ 10.000,00 por semana em termos de perda de produção e deve ter prioridade de conserto na semana seguinte. O custo de operação do conjunto A é de R$ 2.500,00 por semana e do B, de R$ 3.500,00. Os custos de investimentos são praticamente iguais, podendo ser desconsiderados na comparação. Usando a simulação de *Monte Carlo,* determine que conjunto deve ser adquirido. A sequência de números aleatórios a ser usada para 52 semanas são: 32, 87, 39, 20, 34, 87, 25, 81, 86, 16, 35, 67, 41, 92, 83, 6, 89, 60, 43, 6, 57, 34, 37, 30, 38, 16, 99, 75, 50, 44, 38, 26, 42, 83, 16, 65, 41, 88, 33, 87, 11, 77, 77, 39, 83, 84, 93, 80, 9, 49, 83,93.

Conjunto A

Reparos por Semana	Probabilidades
4	40
5	40
6	15
7	5
Total	**100**

Conjunto B

Reparos por Semana	Probabilidades
4	10
5	20
6	30
7	40
Total	**100**

Solução:

Semana	Nº aleatório	Reparos	Não-Reparo	Custo (A)	Semana	Nº aleatório	Reparos	Não-Reparo	Custo (B)
1	32	4	2	R$ 45,000,00	1	32	6	0	R$ 35,000,00
2	87	6	2	R$ 45,000,00	2	87	7	0	R$ 35,000,00
3	39	4	4	R$ 65,000,00	3	39	6	0	R$ 35,000,00
4	20	4	6	R$ 85,000,00	4	20	5	1	R$ 45,000,00
5	34	4	8	R$ 105,000,00	5	34	6	1	R$ 45,000,00
6	87	6	8	R$ 105,000,00	6	87	7	0	R$ 35,000,00
7	27	4	10	R$ 125,000,00	7	27	5	1	R$ 45,000,00
8	81	6	10	R$ 125,000,00	8	81	7	0	R$ 35,000,00
9	86	6	10	R$ 125,000,00	9	86	7	0	R$ 35,000,00
10	16	4	12	R$ 145,000,00	10	16	5	1	R$ 45,000,00
11	35	4	14	R$ 165,000,00	11	35	6	1	R$ 45,000,00
12	67	5	15	R$ 175,000,00	12	67	7	0	R$ 35,000,00
13	41	5	16	R$ 185,000,00	13	41	6	0	R$ 35,000,00
14	92	6	16	R$ 185,000,00	14	92	7	0	R$ 35,000,00
15	83	6	16	R$ 185,000,00	15	83	7	0	R$ 35,000,00
16	16	4	18	R$ 205,000,00	16	16	5	1	R$ 45,000,00
17	89	6	18	R$ 205,000,00	17	89	7	0	R$ 35,000,00
18	60	5	19	R$ 215,000,00	18	60	6	0	R$ 35,000,00
19	43	5	20	R$ 225,000,00	19	43	6	0	R$ 35,000,00
20	6	4	22	R$ 245,000,00	20	6	4	2	R$ 55,000,00
21	57	5	23	R$ 255,000,00	21	57	6	2	R$ 55,000,00
22	34	4	25	R$ 275,000,00	22	34	6	2	R$ 55,000,00
23	37	4	27	R$ 295,000,00	23	37	6	2	R$ 55,000,00
24	30	4	29	R$ 315,000,00	24	30	5	3	R$ 65,000,00
25	38	4	31	R$ 335,000,00	25	38	6	3	R$ 65,000,00
26	16	4	33	R$ 355,000,00	26	16	5	4	R$ 75,000,00

Capítulo 11 Simulação Estocástica • 283

27	99	7	32	R$ 345,000,00	27	99	7	3	R$ 65,000,00
28	75	5	33	R$ 355,000,00	28	75	7	2	R$ 55,000,00
29	50	5	34	R$ 365,000,00	29	50	6	2	R$ 55,000,00
30	44	5	35	R$ 375,000,00	30	44	6	2	R$ 55,000,00
31	38	4	37	R$ 395,000,00	31	38	6	2	R$ 55,000,00
32	26	4	39	R$ 415,000,00	32	26	5	3	R$ 65,000,00
33	42	5	40	R$ 425,000,00	33	42	6	3	R$ 65,000,00
34	83	6	40	R$ 425,000,00	34	83	7	2	R$ 55,000,00
35	16	4	42	R$ 445,000,00	35	16	5	3	R$ 65,000,00
36	65	5	43	R$ 455,000,00	36	65	7	2	R$ 55,000,00
37	41	5	44	R$ 465,000,00	37	41	6	2	R$ 55,000,00
38	88	6	44	R$ 465,000,00	38	88	7	1	R$ 45,000,00
39	33	4	46	R$ 485,000,00	39	33	6	1	R$ 45,000,00
40	87	6	46	R$ 485,000,00	40	87	7	0	R$ 35,000,00
41	11	4	48	R$ 505,000,00	41	11	5	1	R$ 45,000,00
42	77	5	49	R$ 515,000,00	42	77	7	0	R$ 35,000,00
43	77	5	50	R$ 525,000,00	43	77	7	0	R$ 35,000,00
44	39	4	52	R$ 545,000,00	44	39	6	0	R$ 35,000,00
45	83	6	52	R$ 545,000,00	45	83	7	0	R$ 35,000,00
46	84	6	52	R$ 545,000,00	46	84	7	0	R$ 35,000,00
47	93	6	52	R$ 545,000,00	47	93	7	0	R$ 35,000,00
48	80	5	53	R$ 555,000,00	48	80	7	0	R$ 35,000,00
49	9	4	55	R$ 575,000,00	49	9	4	2	R$ 55,000,00
50	49	5	56	R$ 585,000,00	50	49	6	2	R$ 55,000,00
51	83	6	56	R$ 585,000,00	51	83	7	1	R$ 45,000,00
52	93	6	56	R$ 585,000,00	52	93	7	0	R$ 35,000,00
Total				R$ 17,300,000,00	Total				R$ 2,400,000,00
Média por semana – Conjunto A				R$ 332,692,31	Média por semana – Conjunto B				R$ 46,153,85

Conjunto A				
Limite Inferior	Reparos por Semana	Probabilidade	Acum. Inteiro	Escala
0	4	40	40	0-40
41	5	40	80	41-80
81	6	15	95	81-95
96	7	5	100	96-100

Conjunto B				
Limite Inferior	Reparos por Semana	Probabilidade	Acum. Inteiro	Escala
0	4	10	10	0-10
11	5	20	30	11-30
31	6	30	60	31-60
61	7	40	100	61-100

Não-reparo	R$ 10,000
Custo Conj. A	R$ 25,000
Custo Conj. B	R$ 35,000

9) Leia o texto abaixo:

"Sistemas Inteligentes de Transportes ou *Intelligent Transportation Systems* (ITS)"

Os Sistemas Inteligentes de Transportes – ITS são aplicações massivas da informática na área de transporte. Há duas aplicações dos sistemas inteligentes: na informação ao viajante e no reordenamento do tráfego. Os sistemas inteligentes percebem como está o tráfego e a partir dessa conjugação de informação, divulgam mensagens em painéis instalados nas vias da cidade. Essas mensagens orientam sobre as melhores alternativas para o viajante. Avisam, por exemplo, quanto tempo você vai gastar no trânsito. Na outra aplicação, o sistema faz o planejamento do tráfego em tempo real, com a temporização dos sinais conforme a quantidade de carros.

As câmeras e sensores de tráfego são os principais elementos do sistema porque são capazes de contar quantos carros passam em uma unidade de tempo. Os programas de computador percebem veículos com direção perigosa e acionam os agentes.

Os sistemas inteligentes podem ajudar a reprimir transgressões no trânsito com a identificação automática dos veículos. Com a identificação automática por processo eletrônico se consegue monitorar de forma precisa os veículos e suas infrações. Se o veículo tem um *chip*, é possível determinar se o mesmo está com o IPVA em dia ou não. Este sistema permite a fiscalização do tráfego de forma eficiente e sem a presença humana.

Há um decreto que determina que, até 2015, todos os veículos brasileiros tenham *chips*. Eles serão equipados com identificação eletrônica. Consequentemente, não serão necessárias mais *blitzes*.

Com o *chip*, por exemplo, os ônibus monitorados eletronicamente poderão ser investigados: se pararam ou não no ponto, suas velocidades e quantidade de erros."

Identifique, no texto acima, variáveis que classificam os "Sistemas Inteligentes de Transportes" (ITS) como simulador estocástico.

Solução:

Os componentes e as respostas do sistema têm variáveis aleatórias e, por isso, a modelagem adequada é a simulação estocástica.

Abaixo são destacadas as variáveis que caracterizam os ITS como modelos estocásticos:

"Sistemas Inteligentes de Transportes ou *Intelligent Transportation Systems* **(ITS)**

Os Sistemas Inteligentes de Transportes, ITS, são aplicações massivas da informática na área de transporte. Há duas aplicações dos sistemas inteligentes: na informação ao viajante e no reordenamento do tráfego. Os sistemas inteligentes percebem como está o tráfego e a partir dessa conjugação de informação, divulgam mensagens em painéis instalados nas vias da cidade. Essas mensagens orientam sobre as melhores alternativas para o viajante. Avisam, por exemplo, quanto tempo você vai gastar no trânsito. Na outra aplicação, o sistema faz o planejamento do tráfego em tempo real, com a temporização dos sinais conforme a quantidade de carros.

As câmeras e sensores de tráfego são os principais elementos do sistema porque são capazes de contar quantos carros passam em uma unidade de tempo. Os programas de computador percebem veículos com direção perigosa e acionam os agentes.

Os sistemas inteligentes podem ajudar a reprimir transgressões no trânsito com a identificação automática dos veículos. Com a identificação automática por processo eletrônico se consegue monitorar de forma precisa os veículos e suas infrações. Se o veículo tem um *chip*, é possível determinar se o mesmo está com o IPVA em dia ou não. Este sistema permite a fiscalização do tráfego de forma eficiente e sem a presença humana.

Há um decreto que determina que, até 2015, todos os veículos brasileiros tenham *chips*. Eles serão equipados com identificação eletrônica. Consequentemente, não serão necessárias mais *blitzes*.

Com o *chip*, por exemplo, os ônibus monitorados eletronicamente poderão ser investigados: se pararam ou não no ponto, suas velocidades e quantidade de erros."

10) Um programa demora 200 segundos para executar certa tarefa. Desse tempo, 180 segundos são despendidos em multiplicações. Qual o tempo necessário para melhorar o desempenho da unidade de multiplicação para que o tempo de execução com o melhoramento seja 5 vezes mais rápido?

Solução:

Para que o programa execute 5 vezes mais rápido, realizaria a tarefa em $t_m = (200/5) = 40s$.

Logo:

$$t_m = \frac{t_u}{\alpha} + t_n$$

$$40 = \frac{180}{\alpha} + (200 - 180)$$

$\alpha = $ **9 segundos.**

11) Se o tempo de execução (t) de um computador é de 5 segundos para o computador A e 4 segundos para o computador B, utilizando a estatística "desempenho", qual o computador de melhor *performance* ?

Solução:

$$D_{ESA} = \frac{1}{5} = 0,20$$

$$D_{ESB} = \frac{1}{4} = 0,25$$

Logo, o computador A é mais rápido que o B.

12) Compare o desempenho dos computadores abaixo pela métrica dos MIPS:

Computador	NI	FR	NMC
A	10^{10}	4 GHz	2,0
B	6×10^9	4 GHZ	2,0

Solução:

$$t = \frac{NI \times NMC}{FR}$$

$$t_A = \frac{10 \times 2}{4} = 5,0s$$

$$t_B = \frac{6 \times 2}{4} = 3,0s$$

$$MIPS_A = \frac{NI}{t \times 10^6}$$

$$MIPS_A = \frac{10^{10}}{5 \times 10^6}$$

$$MIPS_A = \frac{1}{5} \times 10^4 = 2.000$$

$$MIPS_B = \frac{6 \times 10^9}{3 \times 10^6}$$

$$MIPS_B = 2 \times 10^3 = 2.000$$

Portanto, os computadores têm o mesmo desempenho.

Capítulo 12
Noções de Inferência Estatística

Estatística Inferencial

É a parte da Estatística que tem o objetivo de estabelecer técnicas de avaliar se a estimativa obtida junto à amostra é de qualidade, isto é, se está próxima ao valor do parâmetro populacional. Portanto, é a técnica de tomar o parâmetro populacional pela estimativa, desde que ela seja de boa qualidade, significante.

A Estatística Inferencial tem o objetivo de estabelecer níveis de confiança para a tomada de decisão de associar uma estimativa amostral a um parâmetro populacional de interesse.

A inferência estatística paramétrica utiliza medidas descritivas, tecnologias de amostragem e probabilidades para testar a significância de estimativas calculadas em uma amostra aleatória.

Exemplo 1:

Suponha que tivéssemos colhido uma amostra de 50 tempos de execução de tarefas por sistemas computacionais de um grande empresa de informática e obtivéssemos a média de 2 s. É função da Estatística Inferencial verificar se este resultado encontrado em 50 sistemas computacionais é de boa qualidade, isto é, é significante, o que induz que estaria próximo da média calculada junto toda a população de sistemas computacionais.

Exemplo 2:

Suponha que tivéssemos interesse na porcentagem regular de programas com validação aprovada de uma grande empresa de sistemas de informação. Para investigar o seu valor, optou-se por um estudo por amostragem. Na amostra colhida, verificou-se uma estimativa de 70% para a porcentagem de programas com validação aprovada. Com base nesta estimativa, o que se pode dizer do parâmetro populacional correspondente? Esta estimativa é significante?

Divisão da Inferência Estatística:

A Inferência Estatística tem dois problemas básicos:

- Estimação;
- Testes de Significância.

Estimação:

Processo inferencial pelo qual se toma o valor de um parâmetro populacional de interesse, pelo de uma estimativa ou um intervalo de estimativas amostrais considerados.

É lógico que o que se obtém é um valor ou um intervalo de valores que são aproximações do parâmetro populacional desconhecido.

A estimação é muito usada como estágio inicial para a realização de testes de significância.

Estimador:

É uma fórmula, função dos elementos amostrais, usada para se calcular um valor aproximado para o parâmetro populacional desconhecido e de interesse. É qualquer função das observações amostrais.

Em inferência estatística, para diferenciar, usaremos letras gregas para denominar parâmetros populacionais e latinas para estimadores.

Exemplo:

$\overline{X} = \sum X / n$ é um estimador da média populacional μ.

Diz-se:

$$\hat{\mu} = \overline{X}$$

Estimativa:

É o valor numérico obtido pela aplicação do estimador a uma amostra selecionada.

Exemplo:

$\overline{X} = \sum X / n$ é um estimador utilizado para calcular um valor aproximado para a média populacional desconhecida. Dessa população retirou-se aleatoriamente uma amostra de dias de realização de uma tarefa computacional por 4 programas e os resultados foram os seguintes:

5, 6, 6, 7
(dias)

Cálculo da estimativa:

$\overline{X} = (5+6+6+7)/4 = \mathbf{6} \rightarrow$ é uma estimativa da média populacional de dias que os programas levam para a realização da tarefa.

$\hat{\mu} = \mathbf{6 \ dias}$

Tipos de Estimação:

- Estimação Pontual;
- Intervalo de Confiança.

Estimação Pontual:

Quando, a partir de uma amostra, procura-se tomar o valor do parâmetro populacional desconhecido por uma única estimativa, geralmente a correspondente estatística amostral.

Exemplo:

Deseja-se tomar a porcentagem de acertos (π) da população de programas criados em uma empresa de sistemas de informação pela porcentagem de acertos calculada em uma amostra de programas computacionais convenientemente selecionada (p) da referida população.

Estimação por Intervalo:

Quando, a partir de uma amostra, procura-se tomar o valor do parâmetro populacional desconhecido por um conjunto de estimativas, gerando um intervalo com alta probabilidade de conter o parâmetro populacional desconhecido.

Exemplo:

Deseja-se estimar a porcentagem de acertos a uma resposta através de uma amostra de programas computacionais avaliados de uma grande empresa de ciência da computação. Poderíamos associar a porcentagem de acertos dos programas da organização por um conjunto de estimativas, construindo um intervalo de confiança.

Distribuição t-Student

Suponhamos que, a partir de uma amostra aleatória de n valores retirados de uma população normal de desvio padrão conhecido σ, se deseje estimar a média μ a partir da estatística:

Capítulo 12 Noções de Inferência Estatística • 293

$$Z = \frac{\overline{X} - \mu}{\sigma / \sqrt{n}}$$

Suponha agora que não conheçamos o desvio padrão populacional σ e que, para estimar μ, utilizaremos na fórmula acima o desvio padrão da amostra (S). Entretanto, se usarmos na estatística acima o desvio padrão da amostra (S) ao invés do desvio padrão da população σ, obteremos uma estatística cuja distribuição não é mais a normal reduzida. A distribuição da estatística não teria uma forma constante, como a normal reduzida, pois depende da estatística S, que é uma variável aleatória (a normal reduzida depende de σ, que é uma constante fixa). Como mostrou Student, a estatística abaixo tem distribuição **t**-Student.

Assim:

$$t = \frac{\overline{X} - \mu}{S / \sqrt{n}}$$

Características:

Esta distribuição é simétrica com média 0, mas não é a normal reduzida (Z), pois $S/\sqrt{n}$ é uma variável aleatória, o que não ocorre com (Xbarra-μ)/$\sigma/\sqrt{n}$, em que o denominador é uma constante.

Para grandes amostras, o desvio padrão amostral S deve ser próximo de σ e as correspondentes distribuições **t** devem estar próximas da normal reduzida Z.

Existe uma família de distribuições cuja forma tende à distribuição normal reduzida quando n cresce indefinidamente.

Para trabalharmos com uma distribuição **t**-Student precisamos saber qual a sua forma específica e isso é informado por uma estatística denominada grau de liberdade.

Graus de Liberdade (ϕ)

O número de informações independentes ou livres da amostra dá o número de graus de liberdade ϕ da distribuição **t**.

Genericamente, podemos dizer que o número de graus de liberdade é igual ao número de elementos da amostra (n) menos o número (K) de parâmetros da população a serem estimados, além do parâmetro inerente ao estudo: **φ = n − K**.

Toda estatística de teste que dependa de uma variável aleatória tem graus de liberdade associada.

O objetivo deste estudo visa naturalmente estimar a média populacional μ através da média da amostra. Porém, para estimarmos μ, teremos que adicionalmente estimar também σ^2 através de S^2. Isto significa que a estatística "t" tem n − 1 graus de liberdade: φ = n − 1.

Para cada valor de φ temos uma curva diferente de "t" e quando n → ∞, tende a "Z".

Observação:

Suponha que se deseje estimar a variância populacional através da variância da amostra. A expressão não tendenciosa do estimador fica então:

$$S^2 = \frac{\sum(X - \overline{X})^2}{(n-1)}$$

A divisão por (n − 1) ao invés de n é devido ao fato de S^2 ter φ = n − 1 graus de liberdade, pois para obter a estimativa referida tem-se que adicionalmente obter a estimativa da média da amostra.

A figura abaixo ilustra comparativamente uma distribuição **t** e a distribuição normal padrão (Z):

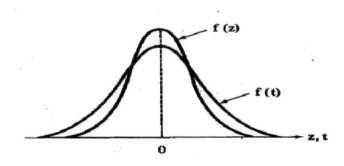

Capítulo 12 Noções de Inferência Estatística • **295**

Vemos que uma distribuição **t** genérica é mais achatada e alongada que a normal reduzida (Z). Quanto maior o valor de ϕ, mais elevada é a curva. A curva t é simétrica em relação à média μ.

Parâmetros Característicos da t-Student

$$E(t) = 0$$

$$V(t) = \frac{\phi}{\phi - 2}$$

Utilização da Distribuição t-Student

A distribuição **t**-Student é utilizada quando, dado um valor de probabilidade de interesse, pede-se obter junto à tabela o seu ponto crítico. Esse processo é importante na construção de intervalos de confiança e testes de significância em pesquisas com pequenas amostras.

Exemplos:

a) Qual o valor de **t** bicaudal para um grau de liberdade ϕ = 10 e nível de significância ϕ = 5%?

t = 2,228

b) Qual o valor de **t** monocaudal para uma amostra n = 26 e nível de significância ϕ = 10%?

ϕ = 26 –1 = 25
t = 1,316

Teorema Central do Limite

A aplicação mais surpreendente da distribuição normal é o **Teorema Central do Limite**. Este estabelece que não importa qual tipo de distribuição uma população possa ter, desde que o tamanho da amostra seja de pelo menos 30, a distribuição das médias das amostras será normal. Se a população, por ela mesma, for normal, a distribuição de médias das amostras será normal, não importando o tamanho da amostra.

Exemplo:

A população das taxas de erro de uma resposta de 4 programas computacionais é dada abaixo:

$$1, 3, 3, 5$$

Temos que:

$\mu = 3\%$
$\sigma^2 = 2$
$\sigma = \sqrt{2}\,\%$

As = 0, distribuição simétrica, valores populacionais normalmente distribuídos.

Onde:

μ = média populacional
σ^2 = variância populacional
σ = desvio-padrão populacional

Histograma das Taxas de Erro Populacionais

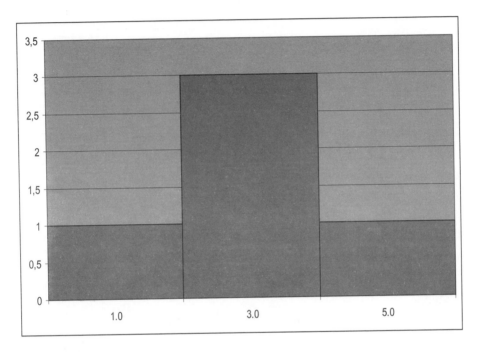

Conclusão:

As taxas de erro de uma resposta na população de programas computacionais são normalmente distribuídas com média 3% e desvio padrão √2%. Pelo **Teorema Central do Limite**, então, a distribuição de estimativas da média populacional também terá distribuição normal.

Vamos obter todas as amostras de tamanho 2, com reposição, desta população, calcular a média de cada amostra, calcular a média das médias e o desvio padrão das médias, verificar a relação regular que possa existir entre estas estatísticas e os parâmetros populacionais e, por fim, mostrar a validade do **Teorema Central do Limite**.

Todas as Amostras Possíveis:

(1,1)	(3,1)	(3,1)	(5,1)
(1,3)	(3,3)	(3,3)	(5,3)
(1,3)	(3,3)	(3,3)	(5,3)
(1,5)	(3,5)	(3,5)	(5,5)

Distribuição de Médias de Todas as Amostras Possíveis (Distribuição por Amostragem da Média):

1	2	2	3
2	3	3	4
2	3	3	4
3	4	4	5

Cálculo da Média e do Desvio Padrão da Distribuição por Amostragem da Média

Médias Amostrais ($\overline{X}$)	Frequências (F_i)	$\overline{X}_i F_i$	$\overline{X}_i^2 F_i$
1	1	1	1
2	4	8	16
3	6	18	54
4	4	16	64
5	1	5	25
Total	**16**	**48**	**160**

$$EX = \frac{48}{16} = 3\%$$

$$V\overline{(X)} = \frac{160 - \dfrac{(48)^2}{16}}{16} = 1$$

$$S\overline{(X)} = 1\%$$

Destes resultados, podemos tirar as seguintes regularidades:

$$E\overline{X} = \mu = 3\%$$

$$V\overline{(X)} = \frac{\sigma^2}{n} = \frac{2}{2} = 1$$

Logo :

$$S\overline{(X)} = \frac{\sigma^2}{\sqrt{n}} = \frac{\sqrt{2}}{\sqrt{2}} = 1\%$$

Esta estatística é denominada erro padrão da média e designada por $\sigma_{média}$, isto é, no geral, o valor da média populacional μ se diferirá das estimativas geradas (média amostrais) de mais ou menos o valor do erro padrão.

Histograma da Distribuição por Amostragem das Médias

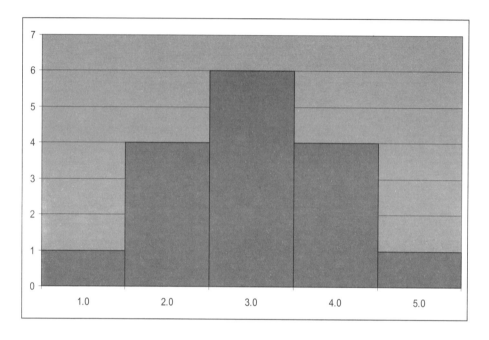

Conclusão:

Como previu o **Teorema Central do Limite**, a distribuição de estimativas da média populacional, distribuição por amostragem da média, segue a distribuição normal, uma vez que a população de valores em que foram geradas também tinha a forma gaussiana.

Portanto, da distribuição por amostragem da média podemos tirar a seguinte relação:

$$\overline{X} \sim N(\mu, \sigma^2 / n)$$

A distribuição por amostragem de estimativas é essencial para a teoria da inferência estatística. A relação acima, por exemplo, forma a base para a construção de intervalos de confiança e realização de testes de significâncias que serão expostos nas próximas seções deste capítulo.

Capítulo 12   Noções de Inferência Estatística   •   **301**

Intervalos de Confiança

Para se ter confiança de estimar o verdadeiro parâmetro populacional, gera-se um intervalo de possíveis valores para o parâmetro populacional a partir do valor de uma estimativa encontrado na amostra. Este conjunto de estimativas denomina-se **Intervalo de Confiança**.

Esse, ao contrário da estimativa pontual, estabelece um conjunto de estimativas para o parâmetro alvo ao invés de estimá-lo por uma única estatística.

Quanto maior a amplitude do intervalo, maior a confiança (probabilidade) de estimar corretamente o verdadeiro valor do parâmetro populacional.

Exemplo:

Na estimação da média populacional μ, quanto maior a amplitude do intervalo de confiança, maior a segurança que se terá na estimação através de um conjunto de estimativas de médias amostrais.

Características dos Intervalos de Confiança:

- A estimação pontual estabelece apenas uma estimativa para o parâmetro populacional. Já a estimação intervalar indica, para o valor do parâmetro populacional, um intervalo, isto é, um conjunto de estimativas.

- Este conjunto de estimativas estabelece várias alternativas para o valor alvo desconhecido e apresenta cada vez mais estimativa à medida que a confiança requerida aumenta. Cada estimativa incluída no intervalo de confiança é uma informação a mais sobre o valor do parâmetro.

- A confiança da estimação intervalar tem a ver com o número de estimativas que se quer disponibilizar para se conhecer ou se ter informação sobre o parâmetro. Quanto maior a confiança arbitrada, mais largo então será o intervalo de confiança, fornecendo assim um "leque" maior para valores aceitáveis, possíveis para o parâmetro, isto é, um conjunto maior de estimativas que informe o valor provável do parâmetro.

- Um intervalo de confiança com um erro padrão pequeno terá um conjunto de estimativas aceitáveis para o parâmetro menor do que um intervalo de confiança que envolva estimativas com um erro padrão maior, ambos com mesmo nível de confiança arbitrado.

- Uma estimação intervalar que envolva um erro padrão grande precisará de um número maior de estimativas para o parâmetro do que um estudo intervalar que envolva estimativas para o erro padrão menor.

Confiança e Nível de Significância

Um intervalo de confiança é construído a partir de uma estimativa pontual, de uma confiança desejada, do erro padrão da estimativa e na distribuição de probabilidades da distribuição por amostragem da estimativa.

Nível de Confiança e Nível de Significância

Conforme a amplitude do intervalo, existe uma probabilidade de que o parâmetro populacional esteja contido nele. Essa probabilidade $(1 - \alpha)$ é chamada de **Nível de Confiança** e designada por β.

Já a probabilidade do intervalo não conter o parâmetro populacional desconhecido é chamado **Nível de Significância** α, que é igual a **1 – β**.

As confianças mais utilizadas são **90%**, **95%** e **99%**. Consequentemente, os níveis de significância mais utilizados são **10%**, **5%** e **1%**.

Nos exemplos e exercícios propostos neste livro, quando não se indicar, o nível de significância a ser adotado é de **5%**.

Intervalo de Confiança para a Média μ quando σ é conhecido

A expressão de intervalo de confiança origina as leis das probabilidades que configuram as curvas das distribuições por amostragem das estimativas envolvidas na construção da estimação intervalar. Neste momento, é necessário assumir uma distribuição de probabilidade teórica para a distribuição de estimativas de parâmetros para inferência estatística.

Exemplo:

Na estimação da média populacional desconhecida temos que o modelo de probabilidades da distribuição amostral das médias segue, via de regra, a curva normal. É a segunda aplicação do uso do modelo normal em pesquisa: modelagem da distribuição de estimativas de parâmetros para inferência estatística.

Vejamos:

$$Z = \frac{\overline{X} - \mu}{\sigma_{média}}$$

$$\overline{X} - \mu = Z\sigma_{média}$$

Tirando o valor de $\overline{X}$, vem:

$$\overline{X} = \mu + Z\sigma_{média}$$

A distância $\mu + Z\sigma_{média}$ é simétrica à distância $\mu - Z\sigma_{média}$.

Na distribuição por amostragem da média existe a propriedade de que 95% destas estimativas caiam no intervalo de [$\mu - Z\sigma_{média}$ a $\mu + Z\sigma_{média}$], quando z=1,96. Recorrendo da teoria da distribuição por amostragem da média de que a média das estimativas é a média populacional μ e o desvio padrão das estimativas é $\sigma_{média} = (\sigma/\sqrt{n})$, temos:

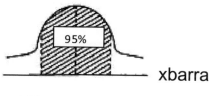

$\mu - 1,96\sigma_{média}$ $\quad \mu \quad$ $\mu + 1,96\sigma_{média}$

Temos que:

$$P\left[\mu - 1,96\sigma_{\text{média}} \leq \overline{X} \leq \mu + 1,96\sigma_{\text{média}}\right] = 95\%$$

Vem que:

1º)

$$\mu - 1,96\sigma_{\text{média}} \leq \overline{X} \leq \mu + 1,96\sigma_{\text{média}}$$

$$\mu - 1,96\sigma_{\text{média}} \leq \overline{X}, \text{tirando o valor de } \mu:$$

$$\mu \leq \overline{X} + 1,96\sigma_{\text{média}}$$

2º)

$$\mu - 1,96\sigma_{\text{média}} \leq \overline{X} \leq \mu + 1,96\sigma_{\text{média}}$$

$$\overline{X} \leq \mu + 1,96\sigma_{\text{média}}, \text{tirando o valor de } \mu:$$

$$\mu \geq \overline{X} - 1,96\sigma_{\text{média}}$$

Logo, a expressão do intervalo de confiança para a média populacional quando σ é conhecido com uma confiança de 95% fica:

$$\overline{X} - 1,96\sigma_{\text{média}} \leq \mu \leq \overline{X} + 1,96\sigma_{\text{média}}$$

$$\overline{X} - 1,96\left(\sigma/\sqrt{n}\right) \leq \mu \leq \overline{X} + 1,96\left(\sigma/\sqrt{n}\right)$$

$$\overline{X} \pm 1,96\left(\sigma/\sqrt{n}\right)$$

Para saber como se obtém o valor Z=1,96 para uma confiança de 95%, basta operar 0,95/2 = 0,475 e ir ao miolo da tabela da distribuição normal padrão e verificar o valor de Z para esta probabilidade. O valor será Z=1,96, que muitas das vezes é aproximado para Z=2.

Para outras confianças desejadas, procede-se raciocínio análogo. Para β = 99%, tem-se 0,99/2 = 0,495, indo ao miolo da tabela é fácil verificar que, para esta probabilidade, Z=2,58, muitas vezes o valor é aproximado para Z=3. Para β = 90%, tem-se 0,90/2=0,450, também no miolo da tabela verificar-se que, para esta probabilidade, Z= 1,65.

A expressão geral do intervalo de confiança para média quando σ é conhecido fica, então:

$$\overline{X} - Z\left(\sigma / \sqrt{n}\right) \leq \mu \leq \overline{X} + \left(\sigma / \sqrt{n}\right)$$

$$\overline{X} \pm Z\left(\sigma / \sqrt{n}\right)$$

Exemplo:

O desvio padrão populacional das taxas de erros de sintaxe de uma população de algoritmos computacionais de uma grande empresa é conhecido e igual a 2,04%. Selecionou-se uma amostra de 4 algoritmos e a média das taxas de erros de sintaxe estimada foi de 2%. Construa um intervalo de confiança de 95% para a média populacional.

Solução:

$$\overline{X} - Z\left(\sigma / \sqrt{n}\right) \leq \mu \leq \overline{X} + \left(\sigma / \sqrt{n}\right)$$

$$2 - 1,96\left(2,04 / \sqrt{4}\right) \leq \mu \leq 2 + 1,96\left(2,04 / \sqrt{4}\right)$$

$$2 - 2 \leq \mu \leq 2 + 2$$

$$0 \leq \mu \leq 4$$

Intervalo de Confiança para a Média μ, Quando σ é Desconhecido, mas o Tamanho da Amostra é Grande, n ≥ 30:

Quando o desvio padrão populacional for desconhecido não podemos garantir a utilização da normal reduzida, pois o que se tem disponível, associado à distribuição amostral da média, é o desvio padrão amostral S. Contudo, ainda neste caso, podemos aceitar a hipótese da normalidade da distribuição amostral da média pelo Teorema Central do Limite.

Assim:

$$\overline{X} - Z\left(S/\sqrt{n}\right) \leq \mu \leq \overline{X} + Z\left(S/\sqrt{n}\right)$$

$$\overline{X} \pm Z\left(S/\sqrt{n}\right)$$

Exemplo:

Na avaliação de desempenho dos programas computacionais de uma grande empresa de sistemas de informação, foi tirada ao acaso uma amostra de 100 progarmas criados e constatado que o tempo médio de execução de tarefas foi de 4 segundos com desvio padrão 4 segundos. Construa um intervalo de confiança de 99% para a média populacional do tempo de execução da tarefas dos programas da empresa.

Solução:

$$\overline{X} - Z\left(S/\sqrt{n}\right) \leq \mu \leq \overline{X} + Z\left(S/\sqrt{n}\right)$$

$$4 - 2{,}58\left(4\sqrt{100}\right) \leq \mu \leq 4 + 2{,}58\left(4\sqrt{100}\right)$$

$$4 - 1{,}032 \leq \mu \leq 4 + 1{,}032$$

$$3 \leq \mu \leq 5$$

Intervalo de Confiança para a Média μ, Quando σ é Desconhecido, mas o Tamanho da Amostra é Pequeno, n < 30:

Quando o desvio padrão populacional for desconhecido não podemos garantir a utilização da normal padrão, pois o que se tem disponível é o desvio padrão amostral S. Como podemos constatar, a distribuição neste caso é a **t**-Student.

Assim:

$$\overline{X} - t\left(S/\sqrt{n}\right) \le \mu \le \overline{X} + t\left(S/\sqrt{n}\right)$$

$$\overline{X} \pm t\left(S/\sqrt{n}\right)$$

Exemplo:

Na avaliação de desempenho dos programas computacionais de uma grande empresa de sistemas de informação, foi selecionada ao acaso uma amostra de 16 programas e constatado que o tempo médio de execução de tarefas foi de 4 segundos, com desvio padrão 4 segundos. Construa um intervalo de confiança de 99% para a média populacional do tempo de execução da tarefas dos programas da empresa.

Solução:

$\alpha = 1 - 0,99 = 0,01$ e $\phi = 16 - 1 = 15$, indo na tabela da tabela **t**-Student, temos **t = 2,947**.

$$\overline{X} - t\left(S/\sqrt{n}\right) \le \mu \le \overline{X} + t\left(S/\sqrt{n}\right)$$

$$4 - 2,947\left(4\sqrt{16}\right) \le \mu \le 4 + 2,947\left(4\sqrt{16}\right)$$

$$4 - 1,053 \le \mu \le 4 + 1,053$$

$$3 \le \mu \le 5$$

Intervalo de Confiança para a Proporção π

Neste caso, a distribuição amostral original de p não é normal e, sim, binomial. Para garantir a normalidade desta distribuição amostral é necessário que utilizemos amostras aleatórias grandes, $n \geq 30$, invocando o Teorema Central do Limite.

O intervalo de confiança para a proporção vem do processo matemático análogo ao da média e sua expressão resulta em:

$$p - Z\left(\sqrt{pq / n}\right) < \pi < p + Z\left(\sqrt{pq / n}\right)$$

$$p \pm Z\left(\sqrt{pq / n}\right)$$

Exemplo:

Uma amostra aleatória de 256 programas computacionais de uma empresa de sistemas de informação de dimensões internacionais resultou em uma proporção de acerto de uma resposta em 80%. Construa um intervalo de confiança de 95% para a proporção de acerto da resposta da população de programas computacionais produzidos pela organização.

Solução:

$0,80 - 1,96\sqrt{(0,80.0,20)/256} < \pi < 0,80 + 1,96\sqrt{(0,80.0,20)/256}$

$0,80 - 1,96 \times 0,025 < \pi < 0,80 + 1,96 \times 0,025$

$0,80 - 0,049 < \pi < 0,80 + 0,049$

$0,75 < \pi < 0,85$

Intervalo de Confiança para Diferença de Médias Quando as Variâncias Populacionais são Conhecidas

Neste caso, para uma população normal, a expressão da semi-amplitude do intervalo de confiança para a diferença de médias é:

Sendo,

$$e_0 = z.\sqrt{\frac{\sigma_1^2}{n_1} + \frac{\sigma_1^2}{n_1}}$$

Então, o intervalo de confiança fica:

$$\left(\overline{X_1} - \overline{X_2}\right) - e_0 \leq \mu_1 - \mu_2 \leq \left(\overline{X_1} - \overline{X_2}\right) + e_0$$

Onde:

$\overline{X_1} - \overline{X_2}$ = estimativa da diferença de médias;

e_0 = semi-amplitude do intervalo de confiança da diferença de médias;

$\mu_1 - \mu_2$ = parâmetro que está sendo estimado.

Exemplo:

Um pesquisador de ciência da computação está fazendo um estudo de desempenho de antivírus disponíveis na *internet*. Para tanto, selecionou de *sites* de informática uma amostra de 10 antivírus gratuitos e outra de 10 antivírus gratuitos para teste. Um dos indicadores utilizados para avaliação destes *softwares* foi o tempo de cada programa para realizar a varredura dos computadores. Na amostra dos gratuitos, a média foi de 2,5 minutos e, na dos gratuitos para teste, foi de 1,5 minutos. De pesquisas anteriores, sabe-se que as variâncias dos tempos de varredura dos computadores são de 2 e 0,5 para gratuitos e gratuitos para teste, respectivamente. Com base no intervalo de confiança de 95%, qual é o valor da diferença dos tempos médios de varredura de computadores entre antivírus gratuitos e gratuitos para teste? Com base nesta estimação, o que se pode dizer do desempenho dos dois tipos de antivírus?

Solução:

$Z=1,96$

$$e_0 = Z.\sqrt{\frac{\sigma_1^2}{n_1} + \frac{\sigma_2^2}{n_2}}$$

$$e_0 = 1,96.\sqrt{\frac{2}{10} + \frac{0,5}{10}}$$

$$e_0 = 1,96.\sqrt{2 + 0,5}$$

$$e_0 = 1,96.\sqrt{0,25}$$

$$e_0 = 1,96 \times 0,5 = 0,98$$

Então, o intervalo de confiança fica:

$$\left(\overline{X_1} - \overline{X_2}\right) - e_0 \le \mu_1 - \mu_2 \le \left(\overline{X_1} - \overline{X_2}\right) + e_0$$

$$1,0 - 0,98 \le \mu_1 - \mu_2 \le 1,0 + 0,98$$

$$0,02 \le \mu_1 - \mu_2 \le 1,98$$

Interpretação:

O valor da diferença dos tempos médios de varredura de computadores entre antivírus gratuitos e gratuitos para teste varia de 0,02 a 1,98 minutos. Com base nesta estimação, podemos dizer que os antivírus gratuitos para teste têm desempenho superior.

Intervalo de Confiança para Diferença de Médias Quando as Variâncias Populacionais são Desconhecidas, mas Supostamente Iguais

Neste caso, para uma população normal, a expressão da semi-amplitude do intervalo de confiança para a diferença de médias é:

$$e_0 = t.\sqrt{\frac{S_c^2}{n_1} + \frac{S_c^2}{n_2}}$$

Tem-se que:

$$t \sim t - \text{Student}_{\phi=(n1+n2-2)}$$

$$S_c^2 = \frac{S_1^2(n_1-1) + S_2^2(n_2-1)}{(n_1+n_2-2)}$$

Onde:

S_c^2 = variância comum;
S_1^2 = variância da amostra 1;
S_2^2 = variância da amostra 2;
n_1 e n_2 tamanho das amostras 1 e 2, respectivamente.

Então, o intervalo de confiança fica:

$$\left(\overline{X_1} - \overline{X_2}\right) - e_0 \leq \mu_1 - \mu_2 \leq \left(\overline{X_1} - \overline{X_2}\right) + e_0$$

Onde:

$\overline{X_1} - \overline{X_2}$ = estimativa da diferença de médias;
e_0 = semi-amplitude do intervalo de confiança da diferença de médias;
$\mu_1 - \mu_2$ = parâmetro que está sendo estimado.

Observação:

Se o grau de liberdade da estatística t for suficientemente grande (igual ou maior do que 30), então poderemos aproximar a referida estatística pela normal padrão Z no cálculo da semi-amplitude do intervalo.

Exemplo:

Vamos supor que as variâncias fornecidas no exemplo anterior sejam amostrais e não populacionais, contudo as populacionais são desconhecidas e supostamente iguais. Com base no intervalo de confiança de 95%, qual é o valor da diferença dos tempos médios de varredura de computadores entre antivírus gratuitos e gratuitos para teste? Com base nesta estimação, o que se pode dizer do desempenho dos dois tipos de antivírus?

Solução:

$$S_c^2 = \frac{S_1^2(n_1 - 1) + S_2^2(n_2 - 1)}{(n_1 + n_2 - 2)}$$

$$S_c^2 = \frac{2(10 - 1) + 0,5(10 - 1)}{(10 + 10 - 2)} = 1,25$$

$\phi = 18$
$\alpha = 0,05$
$t = 2,10$

$$e_0 = t.\sqrt{\frac{S_c^2}{n_1} + \frac{S_c^2}{n_2}}$$

$$e_0 = 2,10.\sqrt{\frac{1,25}{10} + \frac{1,25}{10}}$$

$$e_0 = 2,10 \times 0,5 = 1,05$$

O Intervalo de confiança fica:

$$1 - 1,05 \leq \mu_1 - \mu_2 \leq 1 + 1,05$$

$$-0,05 \leq \mu_1 - \mu_2 \leq 2,05$$

Interpretação:

O valor da diferença dos tempos médios de varredura de computadores entre antivírus gratuitos e gratuitos para teste varia de -0,05 a 2,05 minutos. Com base nesta estimação, podemos dizer que é indefinido o grupo de antivírus de melhor desempenho, uma vez que o intervalo de confiança inclui estimativas de diferenças negativas e positivas.

Intervalo de Confiança para Diferença de Médias Quando as Variâncias Populacionais são Desconhecidas, mas Supostamente Desiguais

Neste caso, para uma população normal, a expressão da semi-amplitude do intervalo de confiança para a diferença de médias é:

$$e_0 = t.\sqrt{\frac{S_1^2}{n_1} + \frac{S_2^2}{n_2}}$$

$t \sim t\text{-Student}_\phi$

O método conhecido como de *Aspin-Welch* sugere tomar o t crítico com o número de graus de liberdade dado por:

$$\phi = \left(\frac{\left(V_1 + V_2 \right)^2}{\dfrac{V_1^2}{\left(n_1 + 1 \right)} + \dfrac{V_2^2}{\left(n_2 + 1 \right)}} \right) - 2$$

Onde:

ϕ = grau de liberdade da estatística t;
S_1^2 = variância da amostra 1;
S_2^2 = variância da amostra 2;
n_1 e n_2 tamanho das amostras 1 e 2, respectivamente;
$v_1 = (S_1^2)/n_1$;
$v_2 = (S_2^2)/n_2$.

Então, o intervalo de confiança fica:

$$\left(\overline{X_1} - \overline{X_2}\right) - e_0 \leq \mu_1 - \mu_2 \leq \left(\overline{X_1} - \overline{X_2}\right) + e_0$$

Onde:

$\overline{X_1} - \overline{X_2}$ = estimativa da diferença de médias;

e_0 = semi-amplitude do intervalo de confiança da diferença de médias;

$\mu_1 - \mu_2$ = parâmetro que está sendo estimado.

Observação:

Se o grau de liberdade da estatística t for suficientemente grande (igual ou maior do que 30), então poderemos aproximar a referida estatística pela normal padrão Z no cálculo da semi-amplitude do intervalo.

Exemplo:

Vamos supor que as variâncias fornecidas no exemplo do caso do intervalo de diferença de médias para variâncias populacionais conhecidas, sejam variâncias amostrais e não populacionais. Contudo, as variâncias populacionais são desconhecidas e supostamente desiguais. Com base no intervalo de confiança de 95%, qual é o valor da diferença dos tempos médios de varredura de computadores entre antivírus gratuitos e gratuitos para teste? Com base nesta estimação, o que se pode dizer do desempenho dos dois tipos de antivírus?

Solução:

$v_1 = (2)/(10) = 0,20$
$v_2 = (0,5)/(10) = 0,05$

$$\phi = \left(\dfrac{(V_1 + V_2)^2}{\dfrac{V_1^2}{(n_1 + 1)} + \dfrac{V_2^2}{(n_2 + 1)}} \right) - 2$$

$$\phi = \left(\dfrac{(0,2 + 0,05)^2}{\dfrac{(0,2)^2}{(10 + 1)} + \dfrac{(0,05)^2}{(10 + 1)}} \right) - 2$$

$$\begin{cases} \phi = 14 \\ \alpha = 0,05 \\ t = 2,14 \end{cases}$$

$$e_0 = t.\sqrt{\dfrac{S_1^2}{n_1} + \dfrac{S_2^2}{n_2}}$$

$$e_0 = 2,14.\sqrt{\dfrac{2}{10} + \dfrac{0,5}{10}}$$

$$e_0 = 2,14 \times 0,5 = 1,07$$

Então, o intervalo de confiança fica:

$$1,0 - 1,07 \leq \mu_1 - \mu_2 \leq 1,0 + 1,07$$

$$-0,07 \leq \mu_1 - \mu_2 \leq 2,07$$

Interpretação:

O valor da diferença dos tempos médios de varredura de computadores entre antivírus gratuitos e gratuitos para teste varia de -0,07 a 2,07 minutos. Com base nesta estimação, assim como no exemplo anterior, podemos dizer que é indefinido o grupo de antivírus de melhor desempenho, uma vez que o intervalo de confiança inclui estimativas de diferenças negativas e positivas.

Intervalo de Confiança para a Diferença de Proporções

Neste caso, para uma população normal, a expressão da semi-amplitude do intervalo de confiança para a diferença de médias é:

$$e_0 = Z.\sqrt{\frac{p_1 q_1}{n_1} + \frac{p_2 q_2}{n_2}}$$

Então, o intervalo de confiança fica:

$$(p_1 - p_2) - e_0 \leq \pi_1 - \pi_2 \leq (p_1 - p_2) + e_0$$

Onde:

$p_1 - p_2$ = estimativa da diferença de proporções;

e_0 = semi-amplitude do intervalo de confiança da diferença de proporções;

$\pi_1 - \pi_2$ = parâmetro que está sendo estimado.

Observação:

Os tamanhos das amostras dos grupos comparados devem ser necessariamente maiores ou iguais a 30 para aplicação deste teste de significância.

Capítulo 12 Noções de Inferência Estatística • **317**

Exemplo:

Um pesquisador de sistema de informação estudou a capacidade de resolver um problema (validação), de se chegar a uma solução, entre dois grupos de programas de matemática: *softwares* amigáveis e *softwares* programáveis. Da análise dos dados efetuados, constatou-se que, de uma amostra de 140 *softwares* amigáveis, 70% foram validados. Da amostra de 120 *softwares* programáveis, 90% têm validade. Construa um intervalo de confiança de 95% para a diferença das proporções e conclua sobre o resultado da comparação da validade dos dois grupos estudados.

Solução:

Considerando,

$\pi_1 = 0,90$
$\pi_2 = 0,70$

Temos que,

$Z = 1,96$

$$e_0 = Z.\sqrt{\frac{p_1 q_1}{n_1} + \frac{p_2 q_2}{n_2}}$$

$$e_0 = 1,96.\sqrt{\frac{0,9 \cdot 0,1}{120} + \frac{0,7 \cdot 0,3}{140}}$$

$$e_0 = 1,96.\sqrt{0,00075 + 0,0025}$$

$$e_0 = 1,96.\sqrt{0,0225}$$

$$e_0 = 1,96.0,05$$

$$e_0 = 0,10$$

Então, o intervalo de confiança fica:

$$(p_1 - p_2) - e_0 \leq \pi_1 - \pi_2 \leq (p_1 - p_2) + e_0$$

$$0,20 - 0,10 \leq \pi_1 - \pi_2 \leq 0,20 + 0,10$$

$$0,10 \leq \pi_1 - \pi_2 \leq 0,30$$

$$\mathbf{10\% \leq \pi_1 - \pi_2 \leq 30\%}$$

Interpretação:

A diferença de proporções entre resultados válidos de *softwares* matemáticos programáveis e amigáveis é de 10 a 30%. O estudo revelou, portanto, que a proporções de resultados válidos é maior estatisticamente entre os *softwares* *matemáticos* programáveis do que os *softwares* amigáveis, o que aponta para uma capacidade maior daqueles para solução de problemas.

Testes de Significância:

Teste de significância é uma prova estatística que testa se uma estatística amostral é uma estimativa de qualidade, isto é, significante, do parâmetro populacional de interesse, refletindo uma nova realidade para o valor descritivo populacional, contrariando uma hipótese para o mesmo, tradicional, formulado como hipótese básica.

Portanto, **Teste de Significância** é um processo inferencial em que se tem uma ideia acerca do valor do parâmetro populacional desconhecido e testa-se a aceitação ou a rejeição desta afirmação à luz da informação amostral e da teoria das probabilidades.

Problema de Teste de Significância

O dono de um *site* de rede social mundial desconfia que a satisfação média dos usuários de sua rede social não é mais 3,0, em uma escala de 0 a 5. Ele selecionou aleatoriamente do cadastro 10.000 usuários, fez uma pesquisa de satisfação *online*, na qual calculou a média de satisfação que resultou em 3,2, com desvio padrão 10. O pesquisador suspeita,

Capítulo 12 Noções de Inferência Estatística • **319**

então, que o nível médio de satisfação pode ter aumentado. Ele credita a uma nova estratégia m a i s a g r e s s i v a de *marketing* adotada, o possível aumento no nível médio de satisfação. Para confirmar suas suspeitas, ele realiza um teste de significância do resultado 3,2 de satisfação.

Formas de Apresentar as Hipóteses

Para se realizar um teste de significância de estimativas, o analista deve ter uma premissa a priori acerca do valor do parâmetro que possa ser confrontada com a estimativa calculada. Portanto, surgem duas hipóteses a serem testadas.

A hipótese nula é a premissa que se tem sobre o valor do parâmetro a priori. A hipótese alternativa é a premissa que se tem sobre o valor da estimativa, calculada em uma amostra particular.

Formalmente, as hipóteses de um teste de significância são formuladas da seguinte maneira:

H_0 : hipótese nula ou básica, que será aceita ou rejeitada;
H_1: hipótese alternativa, que será automaticamente aceita caso H_0 seja rejeitada.

Exemplo:

$H_0 : \theta = \theta_0$

$H_1 : \theta = \theta_0$

$\theta \rightarrow$ parâmetro populacional desconhecido (μ, σ, π)
$\theta_0 \rightarrow$ um valor atribuído a Ø por hipótese. Também é chamado simplesmente de hipótese nula.

Exemplo:

O valor de mercado do salário de um profissional de informática nos últimos dez anos era R\$ 2.500,00. Uma amostra de 500 empresas da área de informática no mercado atual revelou um salário médio de R\$ 3.500,00. O salário desta categorial profissional é maior hoje no mercado?

As hipóteses do problema, então, seriam:

H$_0$: μ = 2500

H$_1$: μ > 2500

O valor da hipótese nula é **R$ 2.500,00**. O valor da hipótese alternativa é de **R$ 3.500,00**.

Decisões Possíveis de um Teste de Significância

Na prática, a hipótese alternativa é formulada com base na evidência da estimativa obtida junto à amostra, ou seja, no geral, a informação amostral parece, inicialmente, apoiar a hipótese alternativa.

Em teste de significância, a decisão é sempre em relação à hipótese nula, pois é ela que será aceita ou rejeitada.

Caso a **hipótese nula seja aceita**, isto implica que o resultado encontrado na amostra em particular, a estimativa, é fruto de erro amostral, ou, em termos técnicos, é **não significante.**

Caso a **hipótese nula seja rejeitada**, isto implica na confirmação do apoio da informação amostral à hipótese alternativa e se diz que o resultado encontrado na amostra é **significante.**

Portanto, só tem sentido realizar testes de significância se o resultado amostral contrariar a hipótese nula. Os testes de significâncias são realizados para comprovar se a oposição à hipótese nula é fruto de erro amostral ou é uma nova realidade que se apresenta.

Tipos de Testes de Significância

1º) Teste Bilateral

$$H_0 : \theta = \theta_0$$

$$H_1 : \theta \neq \theta_0$$

Exemplo:

H_0 : $\mu = 1200$
H_1 : $\mu \neq 1200$

2º) Teste Unilateral à Direita

H_0 : $\theta = \theta_0$
H_1 : $\theta > \theta_0$

Exemplo:

H_0 : $\mu = 1200$
H_1 : $\mu > 1200$

3º) Teste Unilateral à Esquerda

H_0 : $\theta = \theta_0$
H_1 : $\theta < \theta_0$

Exemplo:

H_0 : $\mu = 1200$
H_1 : $\mu < 1200$

Técnicas de se Realizar Testes de Significância

Para testar significância existem as alternativas do intervalo confiança e do valor-p. Os testes de significância pelo intervalo de confiança e pelo valor-p são os mais usuais atualmente na área da pesquisa estatística.

Conceito de Valor-p

É o valor da probabilidade de ser possível uma estimativa pontual, obtida de uma amostra aleatória, ter sido selecionada de uma população com o valor da hipótese nula.

É o grau de confiança que a informação amostral dá a hipótese formulada. É uma medida de credibilidade de H_0.

Cálculo do Valor-p

Basta calcular a probabilidade de uma dada estimativa ter provindo de uma população com valor descritivo indicado na hipótese nula.

É a probabilidade da estimativa obtida junto à amostra ser tão grande ou tão pequena quanto o valor efetivamente observado, considerando o valor estipulado para a hipótese nula verdadeiro.

Exemplo:

Vamos testar as seguintes hipóteses pelo Valor – P:

$$H_0 : \mu = \mu_0$$
$$H_1 : \mu > \mu_0$$

Isto significa que queremos saber: Qual a probabilidade de uma estimativa igual à $x_{barrazero}$ ou maior que $x_{barrazero}$ ter provindo de uma população de média igual a μ_0?

Esta probabilidade toma, então, a forma abaixo:

$$Valor - p = P\left(\overline{X} \geq \overline{X}_0 \, / \, \mu_0\right) = P\left(Z \geq \frac{\overline{X} - \mu_0}{\sigma / \sqrt{n}}\right)$$

Logo, o valor-p toma a forma para teste de significância de μ:

$$P\left(Z \geq \frac{Estimativa - hipótese \ \ nula}{Erro - padrão \ \ da \ \ estiamativa}\right)$$

Exemplo:

Do exemplo anterior da satisfação de usuários de sua rede social:

Valor - p = P[Z > (3,2 – 3,0)/0,1)] = P[Z > 2,0] = 0,5 – 0,4772 = **0,0228** ou **2,28%**.

Estimativa Significante:

Em Estatística, um resultado é significante e, portanto, tem significância estatística, se for improvável que tenha ocorrido por acaso (que em estatística e probabilidade é tratado pelo conceito de chance), caso uma determinada hipótese nulaseja verdadeira, mas provável caso a hipótese base seja falsa. Portanto, estimativa significante implica que não é fruto de erro amostral. A estatística corresponde a uma estimativa de "qualidade" do parâmetro populacional. A expressão teste de significância foi cunhada por Ronald Fisher.

Mais concretamente, nos testes de hipóteses, a significância de um teste está relacionada ao nível de confiança ao rejeitar hipótese nula quado esta é verdadeira (uma decisão conhecida como erro do tipo I).

Nível de Significância:

O nível de significância de um resultado é também chamado de α e não deve ser confundido com o valor-p .

O nível de significância não deve ser confundido com probabilidade de significância, uma vez que não é uma probabilidade.

Exemplo 1:

Ao fazer um teste com uma média, se fosse possível repetir um número muito grande de amostras para calcular a média, em aproximadamente 5% dessas amostras, seria rejeitada a hipótese nula quando esta é verdadeira. Assim, como em um experimento real, somente é coletada uma amostra, espera-se que esta seja uma da 95% onde a hipótese nula é realmente falsa. Assim tem-se confiança no resultado obtido. Como outro exemplo, ao se calcular um intervalo de confiança 95%, equivalente a um erro Tipo I de 5%, tem-se confiança que o intervalo contêm o parâmetro estimado. No entanto, uma vez que reporta-se um intervalo numérico, o parâmetro populacional desconhecido ou está dentro do intervalo ou fora; não existe uma probabilidade desse intervalo conter o parâmetro.

Teste de Significância Utilizando o Intervalo de Confiança

- Calculando o intervalo de confiança, ele pode ser usado imediatamente, sem nenhum outro cálculo, para testar qualquer hipótese;
- O intervalo de confiança pode ser encarado como um conjunto de hipóteses aceitáveis;
- Qualquer hipótese H_0 que esteja fora do intervalo de confiança deve ser rejeitada. Por outro lado, qualquer hipótese que esteja dentro do intervalo de confiança deve ser aceita.

Exemplo:

O dono de um *site* de rede social mundial desconfia que a satisfação média dos usuários de sua rede social não é mais 3,0, em uma escala de 0 a 5. Ele selecionou aleatoriamente do cadastro 10.000 usuários, fez uma pesquisa de satisfação *online*, na qual calculou a média de satisfação que resultou em 3,2, com desvio padrão 10. O pesquisador suspeita, então, que o nível médio de satisfação pode ter aumentado. Ele credita a uma nova estratégia mais agressiva de *marketing* adotada, o possível aumento no nível médio de satisfação. Para confirmar suas suspeitas, realiza um teste de significância de resultado 3,2 de satisfação.

Formulação das Hipóteses:

$H_0 : \mu = 3,0$
$H_1 : \mu \neq 3,0$

Intervalo de Confiança:

$$3,2 - 1,96.\ 0,1 \leq \mu \leq 3,2 + 1,96.\ 0,1$$

$$3,2 - 0,196 \leq \mu \leq 3,2 + 0,196$$

$$\mathbf{3,004 \leq \mu \leq 3,396}$$

Decisão:

O valor 3,0 está fora do intervalo de confiança, portanto a hipótese nula deve ser rejeitada, isto é, a estratégia de *marketing* mais agressiva surtiu efeito, como indicava inicialmente a informação amostral. O nível médio de satisfação aumentou com uma probabilidade de 95%. A média de satisfação 3,2 é significante a 5% de significância (p<0,05).

Teste de Significância para Média da Amostra, Quando a Variância Populacional é Conhecida

O valor - p será calculado através da estatística:

$$Z = \frac{\overline{X} - \mu_0}{\sigma / \sqrt{n}}$$

$$\text{Valor} - p = \left(Z \geq \text{ ou } \leq \frac{\overline{X} - \mu_0}{\sigma / \sqrt{n}} \right)$$

Teste Unilateral à Esquerda

$$\text{Valor} - p = P\left(Z \leq \frac{\overline{X} - \mu_0}{\sigma / \sqrt{n}} \right)$$

Teste Unilateral à Direita

$$\text{Valor} - p = P\left(Z \geq \frac{\overline{X} - \mu_0}{\sigma / \sqrt{n}} \right)$$

Exemplo:

Um exemplo de valor-p unilateral à direita pode ser o da satisfação de usuários de sua rede social cujo valor foi de **2,28%**.

Teste Bilateral

O valor-p bilateral será duas vezes o valor-p unilateral.

Exemplo:

Do exemplo da satisfação de usuários da rede social:

O valor-p unilateral calculado foi de **2,28%**. O dobro deste valor é **0,0456** ou **4,56%**.

Critério de Decisão ou Regra de Significância Estatística

O nível de significância α pode ser tomado como valor máximo tolerável para considerar a hipótese nula como baixa. Se o valor-p for menor do que α, rejeita-se H_0 e o resultado é significante para a estimativa colhida na amostra.

$$\text{Valor - p} \leq \alpha, \text{ rejeita-se } H_0$$

Exemplo:

A decisão do exemplo de satisfação dos usuários do *site* pelo valor-p considerando o teste bilateral.

Decisão:

Como o valor-p (4,56%) é menor que 5,00%, rejeita-se a hipótese nula e toma-se a estimativa encontrada na amostra como significante.

Vejamos outros exemplos de testes de significância para a média populacional μ:

Exemplo:

Uma empresa de venda de *softwares* tem constatado um volume médio de vendas de seus pacotes computacionais na ordem de 200 mil reais mensais. Contudo, o pesquisador selecionou uma amostra de 16 empresas onde são comercializados os pacotes computacionais e constatou um volume médio de vendas de 198 mil reais mensais. O pesquisador suspeita, então, que o volume médio de vendas pode ter caído. Os fatores podem ser o aumento do dólar e a mudança política no país. O desvio padrão das vendas em todas as empresas em que são comercializados os pacotes computacionais da empresa é de 4 mil reais. Teste as suspeitas dos executivos da empresa de computação a um nível de significância de 1%.

Solução:

Formulação das Hipóteses:

$H_0 : \mu = 200$

$H_1 : \mu < 200$

Valor – p:

$$\text{Valor} - p = P\left(Z \le \frac{\overline{X} - \mu_0}{\sigma / \sqrt{n}} \right)$$

$$\text{Valor} - p = P\left(Z \le \frac{198 - 200}{4 / \sqrt{16}} \right)$$

$\text{Valor} - p = P\ (\ Z \le -2{,}0\ ) = 0{,}5 - 0{,}4772 = \mathbf{0{,}0228}$ ou $\mathbf{2{,}28\%}$.

Decisão:

2,28%>1%, H_0 não pode ser rejeitada a este nível de significância. A credibilidade de H_0 é alta. As suspeitas dos executivos são infundadas: o volume médio de vendas continua o mesmo, não há indícios suficientes de queda, apesar do contexto negativo. O volume médio de vendas de 198 mil reais mensais é não significante.

Teste de Significância para Média da Amostra, Quando a Variância Populacional é Desconhecida e o Tamanho da Amostra é Suficientemente Grande:

O valor –p continua sendo calculado pela curva normal, somente no lugar de σ usa-se S.

Exemplo:

Uma empresa de venda de *softwares* tem constatado um volume médio de vendas de seus pacotes computacionais na ordem de 200 mil reais mensais. Contudo, o pesquisador selecionou uma amostra de 36 empresas onde são comercializados seus pacotes computacionais e constatou um volume médio de vendas de 198 mil reais mensais com desvio padrão de 12 mil reais. O pesquisador suspeita, então, que o volume médio de vendas pode ter caído. Os fatores podem ser o aumento do dólar e a mudança política no país. Teste as suspeitas dos executivos da empresa a um nível de significância de 1%.

Solução:

Formulação das Hipóteses:

$H_0 : \mu = 200$

$H_1 : \mu < 200$

Valor – p:

$$\text{Valor} - p = P\left(Z \le \frac{\overline{X} - \mu_0}{S / \sqrt{n}} \right)$$

$$\text{Valor} - p = P\left(Z \le \frac{198 - 200}{12 / \sqrt{36}} \right)$$

$$\text{Valor} - p = P\,(\,Z \le -1,0\,) = 0,5 - 0,3413 = \mathbf{0,1587} \text{ ou } \mathbf{15,87\%}.$$

Decisão:

15,85% > 1%, H_0 não pode ser rejeitada a este nível de significância. A credibilidade de H_0 é alta. As suspeitas dos executivos são infundadas: o volume médio de vendas continua o mesmo, não há indícios suficientes de que houve queda, apesar do contexto negativo. O volume médio de vendas de 198 mil reais mensais é não significante.

Teste de Significância para Média da Amostra, Quando a Variância Populacional é Desconhecida e o Tamanho da Amostra Não é Suficientemente Grande:

Neste caso, a distribuição utilizada deve ser a **t**–Student.

O valor-p será calculado através da estatística:

$$t = \frac{\overline{X} - \mu_0}{S / \sqrt{n}}$$

$$\text{Valor} - p = P\left(t \ge \text{ou} \le \frac{\overline{X} - \mu_0}{S / \sqrt{n}} \right)$$

Teste Unilateral à Esquerda:

$$\text{Valor} - p = P\left(t \le \frac{\overline{X} - \mu_0}{S/\sqrt{n}} \right)$$

Teste Unilateral à Direita:

$$\text{Valor} - p = P\left(t \ge \frac{\overline{X} - \mu_0}{S/\sqrt{n}} \right)$$

Exemplo:

Uma empresa de venda de *softwares* tem constatado um volume médio de vendas de seus pacotes computacionais na ordem de 200 mil reais mensais. Contudo, o pesquisador selecionou uma amostra de 16 empresas onde são comercializados seus pacotes computacionais e constatou um volume médio de vendas de 198 mil reais mensais com desvio padrão de 4 mil reais. O pesquisador suspeita, então, que o volume médio de vendas pode ter caído. Os fatores podem ser o aumento do dólar e a mudança política no país. Teste as suspeitas dos executivos da empresa de computação a um nível de significância de 1%.

Solução:

Formulação das Hipóteses:

$H_0 : \mu = 200$

$H_1 : \mu < 200$

Valor-p:

Capítulo 12 Noções de Inferência Estatística • 331

$$\text{Valor} - p = P\left(t \le \frac{\overline{X} - \mu_0}{S/\sqrt{n}}\right)$$

$$\text{Valor} - p = P\left(t \le \frac{198 - 200}{4/\sqrt{16}}\right)$$

$$\begin{cases} \phi = 16 - 1 = 15 \\ \text{Valor} - p = P\left(t \le 2,0\right) \to \text{tabela } t \to 0,025 \text{ ou } 2,5\% \end{cases}$$

Decisão:

2,5% > 1%, H_0 não pode ser rejeitada a este nível de significância. A credibilidade de H_0 é alta. As suspeitas dos executivos são infundadas: o volume médio de vendas continua o mesmo, não há indícios suficientes de que houve queda, apesar do contexto negativo. O volume médio de vendas de 198 mil reais mensais é não significante.

Teste de Significância para a Proporção da Amostra:

O **valor - p** será obtido através da seguinte expressão:

$$\text{Valor} - p = P\left(Z > \text{ou} < \frac{p - \pi_0}{\sqrt{\left[\pi_0\left(1 - \pi_0\right)\right]/n}}\right)$$

Exemplo 1:

Big Data é o conjunto de soluções tecnológicas capaz de lidar com dados digitais em volume, variedade e velocidade inéditos até hoje. Na prática, a tecnologia permite analisar qualquer tipo de informação digital em tempo real, sendo fundamental para as tomadas de decisão. A grande novidade das soluções de *Big Data* é lidar também com os chamados dados não-estruturados, que até então só podiam ser compreendidos por pessoas. Com o *Big Data*, as máquinas aprenderam a lê-los. Essa é, nas palavras dos especialistas, a beleza do conceito. São *tweets*, *posts* no Facebook, vídeos, geolocalização e comportamentos de clientes que dependem de contexto para terem sentido. O uso da nova tecnologia, segundo os analistas de tecnologia da informação, tem uma taxa de compreensão correta de 50% de informações não-estruturadas. O que é considerado muito bom em se tratando da natureza dos dados. Contudo, uma amostra aleatória de 100 dados não estruturados foi decifrada pelo *Big Data* e foi constatada uma taxa de leitura eficaz de 45%. Teste pelo valor-p a eficácia anunciada à ferramenta, ao nível de 1%.

Solução:

Formulação das Hipóteses:

$H_0 : \pi = 0,50$
$H_1 : \pi < 0,50$

Valor-p:

$$\text{Valor-p} = P[\ Z \leq (p - \pi_0) / \sqrt{\pi_0 (1 - \pi_0)/n}\ ]$$

$$\text{Valor-p} = P[\ Z \leq (0,45 - 0,5) / \sqrt{(0,5 \times 0,5/100)}\ ]$$

$$\text{Valor-p} = P[\ Z \leq (-0,05)/(0,05)\ ]$$

$$\text{Valor-p} = P[\ Z \leq -1,0\ ] = 0,5 - 0,3413 = \mathbf{0,1587} \text{ ou } \mathbf{15,87\%}.$$

Decisão:

15,87%>1%, aceita-se H_0. A taxa de acerto do *Big Data* é, de fato, de 50%. Tudo indica que a taxa estimada de 45% seja fruto de erro amostral, não significante. A promessa é realmente de revolução em várias áreas, da economia a ciência, além de uma renovada discussão sobre privacidade.

Exemplo 2:

Para testar se um sistema computacional "inteligente" adquiriu algum conhecimento sobre determinado assunto, elaboraram-se 100 questões do tipo certo-errado. O sistema acertou 40. Qual a conclusão ao nível de significância de 5%?

Solução:

Formulação da Hipótese:

H_0: $\pi = 0,50$

H_1: $\pi < 0,50$

Valor-p:

$$Valor - p = P\left(Z \leq \frac{p - \pi_0}{\sqrt{\left[\pi_0 \left(1 - \pi_0 \right) \right] / n}} \right)$$

$$Valor - p = P\left(Z \leq \frac{0,40 - 0,50}{\sqrt{\left[\left(0,50 \times 0,50 \right) \right] / 100}} \right)$$

$$Valor - p = P\left[Z \leq -2,00 \right] = 0,5 - 0,477 = \mathbf{0,0228} \text{ ou } \mathbf{2,28\%}$$

Decisão:

2,28%<5%, não podemos aceitar a hipótese nula. A proporção de acertos na população deve ser de 40%. O que nos leva a concluir que o sistema computacional "inteligente" não adquiriu conhecimento suficiente sobre o assunto.

Teste de Significância para a Diferença de Médias das Amostras Quando as Variâncias Populacionais são Conhecidas

Para compararmos médias entre duas amostras independentes provindas de populações normais poderemos usar a seguinte expressão do valor-p:

Sendo,

$$Z_1 = \frac{\left(\overline{X_1} - \overline{X_2}\right) - \left(\mu_{01} - \mu_{02}\right)}{\sqrt{\dfrac{\sigma_1^2}{n_1} + \dfrac{\sigma_2^2}{n_2}}}$$

Onde:

n_1 e n_2 = tamanhos das amostras 1 e 2, respectivamente;

$\mu_{01} - \mu_{02}$ = diferença de médias da hipótese nula;

σ_1^2 e σ_2^2 = desvios padrão das populações 1 e 2, respectivamente.

Então,

$$Valor - p = P(\ Z < Z_1\ ) \text{ ou } P(\ Z > Z_1\ )$$

Observação:

O sinal da probabilidade de cálculo do valor-p depende da hipótese alternativa.

Exemplo:

Em um estudo que comparou o desempenho de computadores domésticos de funcionários de uma empresa com os computadores das corporações em que colaboram, sabe-se que os desvios padrão populacionais dos tempos de execução de computadores domésticos e corporativos são, respectivamente, 2s e 1s. Para a comparação do desempenho dos dois tipos de computadores, coletou-se uma amostra de 20 máquinas de cada tipo, obtendo-se média de

5 e 2,5s, respectivamente, para computadores domésticos e corporativos. Teste a significância da diferença de médias de desempenho entre os dois tipos de máquinas, com base em uma hipótese nula de que os desempenhos são iguais (diferença de tempos médios de execução igual a zero) pelo valor-p, ao nível de 1% de significância. Compare o desempenho dos dois tipos de computadores.

Solução:

Formulação das Hipóteses:

$H_0 : \mu_1 - \mu_2 = 0$

$H_1 : \mu_1 - \mu_2 > 0$

Cálculo do Valor-p:

$$Z_1 = \frac{\left(\overline{X_1} - \overline{X_2}\right) - \left(\mu_{01} - \mu_{02}\right)}{\sqrt{\dfrac{\sigma_1^2}{n_1} + \dfrac{\sigma_2^2}{n_2}}}$$

$$Z_1 = \frac{2,5 - 0}{\sqrt{\dfrac{4}{20} + \dfrac{1}{20}}}$$

$$Z_1 = \frac{2,5 - 0}{\sqrt{0,25}}$$

$$Z_1 = \frac{2,5}{0,5}$$

$$Z_1 = 5$$

Valor $-$ **p** $= P(\ Z > 5\ ) = 0,5 - 0,5 = 0,000$

Decisão:

Valor - p = 0,000 < 0,01, rejeita-se H_0. A diferença de médias é significante. Os computadores domésticos e corporativos não têm o mesmo desempenho. Os computadores corporativos são os que, em média, são mais eficientes no tempo de execução das tarefas.

Teste de Significância para a Diferença de Médias das Amostras Quando as Variâncias Populacionais são Desconhecidas, mas Supostamente Iguais

Quando as variâncias são desconhecidas, mas supostamente iguais, para compararmos médias entre duas amostras independentes provindas de populações normais poderemos usar a seguinte expressão do valor-p:

Sendo,

$$S_c^2 = \frac{S_1^2(n_1 - 1) + S_2^2(n_1 - 1)}{(n_1 + n_2 - 2)}$$

Onde:

S_C^2 = variância comum ou variância combinada;
S_1^2 = variância da amostra 1;
S_2^2 = variância da amostra 2;
n_1 e n_2 tamanho das amostras 1 e 2, respectivamente.

$$t_1 = \frac{(\overline{X_1} - \overline{X_2}) - (\mu_{01} - \mu_{02})}{\sqrt{\dfrac{S_c^2}{n_1} + \dfrac{S_c^2}{n_2}}}$$

$$t_1 \sim t - \text{Student}_{\phi=(n_1 + n_2 - 2)}$$

Então,

$$\text{Valor} - p = P(\, t < t_1 \,) \text{ ou } P(\, t > t_1 \,)$$

Observações:

- O sinal da probabilidade de cálculo do valor-p depende da hipótese alternativa;
- Se o grau de liberdade da estatística t for suficientemente grande (igual ou maior do que 30), então, poderemos aproximar a referida estatística pela normal padrão Z no cálculo do valor-p.

Exemplo:

Foram avaliadas duas amostras de computadores selecionadas de duas empresas (A e B) concorrentes, especializadas em serviços computacionais a terceiros. A empresa A apresentou, em uma amostra de 26 computadores, média de MIPS (milhões de instruções executadas por segundo) de 5.000, com desvio padrão 2.500, e a empresa B, em uma amostra de 16 computadores, apresentou MIPS de 4.000, com desvio padrão 2.400. Supondo que as variâncias populacionais são iguais, teste a significância da diferença de médias de desempenho dos computadores das empresas A e B, sob a hipótese nula de que os desempenhos são iguais.

Solução:

Formulação das Hipóteses:

$$H_0 : \mu_1 - \mu_2 = 0$$

$$H_1 : \mu_1 - \mu_2 > 0$$

Cálculo do Valor-p:

$$S_c^2 = \frac{S_1^2\left(n_1 - 1\right) + S_2^2\left(n_1 - 1\right)}{\left(n_1 + n_2 - 2\right)}$$

$$S_c^2 = \frac{2500^2\left(26 - 1\right) + 2400\left(16 - 1\right)}{\left(26 + 16 - 2\right)}$$

$$S_c^2 = 6066250$$

$$t_1 = \frac{1000 - 0}{\sqrt{\dfrac{6066250}{26} + \dfrac{6066250}{16}}}$$

$$\begin{cases} t_1 = 1,28 \\ \phi = 26 + 16 - 2 = 40 \\ \text{Valor} - p = P\left(t_1 > 1,28\right) = 0,10 \ \text{ou} \ 10\% \end{cases}$$

Decisão:

Valor – p = 0,10 > 0,05, aceita-se H_0. A diferença de médias de MIPS entre as empresas A e B é não significante. As duas empresas têm o mesmo desempenho quanto à eficiência dos seus computadores.

Teste de Significância para a Diferença de Médias das Amostras Quando as Variâncias Populacionais são Desconhecidas, mas Supostamente Desiguais

Quando as variâncias são desconhecidas, mas supostamente desiguais, para compararmos médias entre duas amostras independentes provindas de populações normais, deveremos recorrer a métodos aproximados, como o que se segue:

$$t_1 = \frac{\left(\overline{X_1} - \overline{X_2}\right) - \left(\mu_{01} - \mu_{02}\right)}{\sqrt{\dfrac{S_c^2}{n_1} + \dfrac{S_c^2}{n_2}}}$$

$$t_1 \sim t - \text{Student}_{\phi=(n_1+n_2-2)}$$

Neste caso, o método conhecido como de *Aspin-Welch* sugere tomar o t_1 crítico com o número de graus de liberdade dado por:

$$\phi = \left(\frac{\left(V_1 + V_2\right)^2}{\dfrac{V_1^2}{\left(n_1 + 1\right)} + \dfrac{V_2^2}{\left(n_2 + 1\right)}} \right) - 2$$

Onde:

ϕ = grau de liberdade da estatística t;
S_1^2 = variância da amostra 1;
S_2^2 = variância da amostra 2;
n_1 e n_2 tamanho das amostras 1 e 2, respectivamente;
$v_1 = (S_1^2)/n_1$;
$v_2 = (S_2^2)/n_2$.

Então,

$$\text{Valor} - p = P(\ t < t_1\ ) \text{ ou } P(\ t > t_1\ )$$

Observações:

* O sinal da probabilidade de cálculo do valor-p depende da hipótese alternativa;
* Se o grau de liberdade da estatística t for suficientemente grande (igual ou maior do que 30), então, poderemos aproximar a referida estatística pela normal padrão Z, no cálculo do valor-p.

Exemplo:

O Índice de Experiência do Windows mede a capacidade de configuração de *hardware* e *software* do computador e expressa essa medida como um número denominado **pontuação básica**. Uma pontuação básica mais alta significa, geralmente, que o computador terá um desempenho melhor e mais rápido do que outro com uma pontuação básica mais baixa ao executar tarefas mais avançadas e intensivas em recursos. Um analista de sistemas coletou a pontuação básica de 10 computadores do laboratório de Ciência da Computação da universidade A e 10 computadores do laboratório de Ciência da Computação da universidade B para um estudo comparativo de desempenho na escolha de desenvolvimento de um novo projeto tecnológico. Na amostra de computadores do laboratório A, a pontuação básica média foi de 4,5 com variância 2. Na amostra de computadores do laboratório B, a pontuação básica média foi de 3,5 com variância 0,5. Supondo que as variâncias populacionais sejam desiguais, teste a significância da estimativa da diferença, contra uma hipótese nula de igualdade de desempenho dos computadores dos dois laboratórios.

Solução:

Formulação das Hipóteses:

$$H_0 : \mu_1 - \mu_2 = 0$$

$$H_1 : \mu_1 - \mu_2 > 0$$

Cálculo do Valor–p:

$$t_1 = \frac{\left(\overline{X_1} - \overline{X_2}\right) - \left(\mu_{01} - \mu_{02}\right)}{\sqrt{\dfrac{S_1^2}{n_1} + \dfrac{S_2^2}{n_2}}}$$

$$t_1 = \frac{1 - 0}{\sqrt{\dfrac{2}{10} + \dfrac{0,5}{10}}}$$

$$t_1 = 2,0$$

$$V_1 = \left(S_1^2\right)/n_1 = (2)/10 = 0,20$$

$$V_2 = \left(S_2^2\right)/n_2 = (0,5)/10 = 0,05$$

$$\phi = \left(\frac{\left(0,20 + 0,05\right)^2}{\dfrac{\left(0,20\right)^2}{\left(10+1\right)} + \dfrac{\left(0,05\right)^2}{\left(10+1\right)}}\right) - 2$$

$$\begin{cases} t_1 = 2,0 \\ \phi \approx 14 \\ \text{Valor} - p = P(t > 2) = 0,025 \end{cases}$$

Decisão:

O **valor-p = 0,025 < 0,05**, rejeita-se H_0. A diferença das médias de pontuação básica entre os computadores dos laboratórios A e B é significante. Os laboratórios das duas universidades têm computadores com desempenhos diferentes. Os computadores do laboratório da universidade A terão um desempenho melhor e mais rápido do que os computadores do laboratório da universidade B, na produção da nova tecnologia.

Teste de Significância para a Diferença de Proporções das Amostras

Para compararmos proporções entre duas amostras independentes provindas de populações normais, poderemos usar a seguinte expressão do valor-p:

Sendo,

$$Z_1 = \frac{(p_1 - p_2) - (\pi_{01} - \pi_{02})}{\sqrt{\dfrac{p'(1-p')}{n_1} + \dfrac{p'(1-p')}{n_2}}}$$

Onde:

$p_1 - p_2$ = proporções da característica encontradas nas amostras 1 e 2;
n_1 e n_2 = tamanhos das amostras 1 e 2, respectivamente;
$\pi_{01} - \pi_{02}$ = diferença de proporções da hipótese nula;
$p' = (n_1 p_1 + n_2 p_2) / (n_1 + n_2)$.

Então,

Valor - p = P($Z < Z_1$) ou P($Z > Z_1$)

Observações:

- O sinal da probabilidade de cálculo do valor-p depende da hipótese alternativa;

- Os tamanhos das amostras dos grupos comparados devem ser necessariamente maiores ou iguais a 30 para aplicação deste teste de significância.

Exemplo:

Um analista de sistemas deseja comparar o desempenho de duas amostras de programas na solução de um problema. Na amostra 1, os programas foram feitos na linguagem de programação A, em 40 diferentes algoritmos. Na amostra 2, os programas foram feitos na linguagem de programação B, em 60 diferentes algoritmos. Na amostra 1, a proporção de acerto da resposta do problema foi de 65% e na B, 90%. Teste a significância da diferença de proporções de acerto da resposta entre as duas linguagens de programação, sob a hipótese nula de que a diferença das proporções de acertos é nula.

Solução:

Formulação das Hipóteses:

$$H_0 : \pi_1 - \pi_2 = 0$$

$$H_1 : \pi_1 - \pi_2 < 0$$

Cálculo do Valor - p:

$$p' = [(40 \times 0,65) + (60 \times 0,90)] / (40+60) = 0,80$$

$$Z_1 = \frac{-0,25 - 0}{\sqrt{\dfrac{0,80 \times 0,20}{40} + \dfrac{0,80 \times 0,20}{60}}}$$

$$Z_1 = -3,06$$

$$\text{Valor} - p = P(\ Z < -3,06\ ) = 0,5 - 0,4989 = \mathbf{0,0011}$$

Decisão:

O **valor-p = 0,0011 < 0,05**, rejeita-se H_0. A diferença de proporções de acerto da resposta entre as duas linguagens de programação é significante.

344 • Estatística Aplicada à Informática e às suas novas Tecnologias

Os programas realizados na linguagem de programação B têm melhor desempenho.

Erros do Tipo I, Tipo II e Potência do Teste:

- *Podemos descrever o desempenho de um teste em um nível fixo fornecendo as probabilidades dos dois tipos de erro: Tipo I e Tipo II;*
- *Um erro do Tipo I ocorre se rejeitarmos H_0, quando ela é verdadeira;*
- *A Potência de um teste é a probabilidade de rejeitar a hipótese nula quando ela é falsa e, por isso mesmo, deve ser rejeitada;*
- *Um erro do Tipo II ocorre se aceitarmos H_0 quando ela é falsa (é igual a "**1 – Potência**");*
- *Em um teste de significância de nível fixo, o nível de significância é a probabilidade de um erro do Tipo I;*
- *A potência contra uma alternativa específica é 1, menos a probabilidade de um erro do Tipo II, para aquela alternativa;*
- *Aumentar o tamanho da amostra (n) aumenta a potência (reduz a probabilidade de um erro do Tipo II) quando o nível de significância permanece fixo;*
- *Nos casos precedentes, nos preocupamos apenas com o controle do erro Tipo I. Os testes realizados com este objetivo são chamados de Testes de Significância;*
- *Quando nos preocupamos também com o erro do Tipo II e seu controle, os testes passam a se chamar Testes de Hipóteses.*

Atividades Propostas

1) Um analista de sistemas deseja estimar a renda média dos programadores da empresa em que trabalha. Para tanto, selecionou aleatoriamente uma amostra de 36 programadores, onde constatou uma renda média de R$ 8.000,00. O desvio padrão populacional é conhecido e igual a R$ 1.200,00. Construir um intervalo de confiança de 95% para a renda média populacional.

Solução:

$$\overline{X} - Z\left(\sigma / \sqrt{n}\right) \le \mu \le \overline{X} + Z\left(\sigma / \sqrt{n}\right)$$

Capítulo 12 Noções de Inferência Estatística • **345**

$$8000 - 1,96(1200/\sqrt{36}) \leq \mu \leq 8000 + 1,96(1200/\sqrt{36})$$
$$8000 - 392 \leq \mu \leq 8000 + 392$$

R\$ 7.608,00 $\leq \mu \leq$ R\$ 8.392,00

2) Um profissional de informática levantou o tempo que 100 programas amostrais levam para executar tarefas, em minutos. O tempo médio resultou em 10 dias com desvio padrão 5. Construir um intervalo de confiança de 99% para o tempo médio populacional.

Solução:

$$\overline{X} - Z\left(S/\sqrt{n}\right) \leq \mu \leq \overline{X} + Z\left(S/\sqrt{n}\right)$$

$$10 - 2,58(5/\sqrt{100}) \leq \mu \leq 10 + 2,58(5/\sqrt{100})$$

$$10 - 1,29 \leq \mu \leq 10 + 1,29$$

8,71 $\leq \mu \leq$ 11,29 dias

3) Em uma pesquisa sobre o perfil demográfico de uma amostra de 25 clientes registrados em um banco de dados de uma cidade, foi constatado uma idade média de 25 anos com desvio padrão 10. Qual o intervalo de confiança de 95% para a idade média populacional?

Solução:

$$\phi = 25 - 1 = 24 \rightarrow \alpha = 5\% \rightarrow t = 2,06$$

$$\overline{X} - t\left(S/\sqrt{n}\right) \leq \mu \leq \overline{X} + t\left(S/\sqrt{n}\right)$$

$$25 - 2,06(10/\sqrt{25}) \leq \mu \leq 25 + 2,06(10/\sqrt{25})$$

$$25 - 4,12 \leq \mu \leq 25 + 4,12$$

$20{,}88 \leq \mu \leq 29{,}12$ anos

4) Em uma amostra de 100 turistas, para uma "Parada *Gay*" em uma cidade, existe uma proporção de 20% de turistas estrangeiros. Qual o intervalo de confiança de 95% para a proporção de turistas estrangeiros populacional no evento mencionado?

Solução:

$$P - Z\left(\sqrt{pq/n}\right) \leq \pi \leq P + Z\left(\sqrt{pq/n}\right)$$

$$0{,}20 - 1{,}96\left(\sqrt{0{,}20 \times 0{,}80/100}\right) \leq \pi \leq 0{,}20 + 1{,}96\left(\sqrt{0{,}20 \times 0{,}80/100}\right)$$

$$0{,}20 - 0{,}08 \leq \pi \leq 0{,}20 + 0{,}08$$

$$0{,}12 \leq \pi \leq 0{,}28$$

12% $\leq \pi \leq$ 28%

5) Um programador desconfia que a satisfação média dos seus clientes, em uma escala de 0 a 10 pontos, se alterou. Esta não é mais de 8,0 pontos, ou seja, diminuiu, uma vez que, ao coletar uma amostra de seus 36 clientes, a satisfação média amostral resultou em 6,0 pontos. Sabendo que o desvio padrão populacional é conhecido e igual a 6,0 pontos, realize um teste de significância da satisfação média amostral, ao nível de 5% de significância, pelo valor-p.

Solução:

Formulação das Hipóteses:

$H_0 : \mu = 8{,}0$
$H_1 : \mu < 8{,}0$

Valor-p:

$$\text{Valor - p} = P\left[Z \le \left(\overline{X} - \mu_0\right)/\sigma/\sqrt{n}\right]$$

$$\text{Valor-p} = P[\, Z \le (\, 6{,}0 \, - 8{,}0 \,) \, / \, 6{,}0/\sqrt{36}\,]$$

$$\text{Valor-p} = P[\, Z \le (\, -2{,}0 \,) \, / \, 6{,}0/6{,}0\,]$$

$$\text{Valor-p} = P[\, Z \le -2{,}0 \,] = 0{,}50 - 0{,}4772 = \mathbf{0{,}0228 \text{ ou } 2{,}28\%}$$

Decisão:

Como **2,28% < 5%**, rejeita-se H_0. A credibilidade de H_0 é baixa. A média de satisfação amostral é significante. A desconfiança do programador tem sentido: a satisfação média de seus clientes diminuiu.

6) Em uma cidade, a média histórica de transeuntes assaltados na orla de uma praia é de 5 por dia. Em uma pesquisa recente com 100 pessoas, constatou-se uma média amostral de 8 assaltados por dia, com desvio padrão 30 dias. Será que o índice de violência ao transeunte aumentou na orla da praia desta cidade? Realize um teste de significância da média amostral de assaltos a transeuntes na orla da praia na cidade, ao nível de 10% de significância, pelo valor-p.

Solução:

Formulação das Hipóteses:

$$H_0 : \mu = 5{,}0$$
$$H_1 : \mu > 5{,}0$$

Valor-p:

$$\text{Valor} - p = P\left[Z \le \left(\overline{X} - \mu_0\right)/S/\sqrt{n}\right]$$

$$\text{Valor} - p = P[\ Z \geq (\ 8,0\ -\ 5,0\ )\ /\ 30/\sqrt{100}\ ]$$

$$\text{Valor} - p = P[\ Z \geq (\ 3,0\ )\ /\ 30/10\ ]$$

$$\text{Valor} - p = P[\ Z \geq (\ 3,0\ )\ /\ 3,0\ ]$$

$$\text{Valor-p} = P[\ Z \geq 1,0\ ] = 0,50 - 0,3413 = \mathbf{0,1587\ ou\ 15,87\%}$$

Decisão:

Como **15,87% > 10%,** aceita-se H_0. A credibilidade de H_0 é alta. A média amostral de assaltos a transeuntes na orla na praia da cidade é não significante. O índice de violência a transeuntes na orla da praia na cidade não aumentou.

7) Em uma amostra de 16 analistas, o tempo médio de conclusão de sistemas computacionais foi de 40 dias com desvio padrão 16. Em várias pesquisas anteriores, o resultado médio sempre se revelou de 30 dias. Realize o teste de significância tempo médio amostral de conclusão de sistemas computacionais, com 5% de significância pelo valor-p.

Solução:

Formulação das Hipóteses:

$$H_0 : \mu = 30$$
$$H_1 : \mu > 30$$

Valor-p:

$$\text{Valor} - p = P\left[\ t \geq \left(\overline{X} - \mu_0\right)/S\ /\ \sqrt{n}\ \right]$$

$$\text{Valor} - p = P[\ t \geq (\ 40 - 30\ )\ /\ 16/\sqrt{16}\ ]$$

$$\text{Valor} - p = P[\ t \geq (\ 10\ )\ /\ 16/4\ ]$$

Capítulo 12 Noções de Inferência Estatística • **349**

Valor $- p = P[\, t \geq (\, 10\,)\, /\, 4\,]$

Valor $- p = P[\, t \geq 2,5\,] \rightarrow \phi = 16 - 1 = 15 \rightarrow$ **Valor-p $\approx$ 0,02**

Decisão:

2% < 5%, rejeita-se H_0. A credibilidade de H_0 é baixa. O tempo médio amostral de conclusão de sistemas computacionais é significante. O tempo médio de conclusão de sistemas computacionais aumentou.

8) O percentual de computadores vítimas de *hackers* em uma cidade tinha o valor histórico de 4%. Contudo, foram contratados serviços de proteção ao sistema de informática para diminuir esse índice. Para verificar a eficácia das tomadas de decisão do poder público de segurança, uma amostra de 144 computadores foi coletada, onde foi constatado um percentual de 2% para computadores vítimas de *hackers* na cidade. Realize o teste de significância do percentual amostral de computadores vítimas de *hackers*, com 1% de significância, pelo valor-p.

Solução:

Formulação das Hipóteses:

$H_0 : \pi = 0,04$
$H_1 : \pi < 0,04$

Valor-p:

$$\text{Valor} - p = P\left[Z \leq (p - \pi_0) / \left(\sqrt{\pi_0 (1 - \pi_0) / n}\right)\right]$$

$$\text{Valor} - p = P\left[Z \leq (0,02 - 0,04) / \sqrt{(0,04 \times 0,96 / 144)}\right]$$

$$\text{Valor} - p = P\left[Z \leq (-0,02) / (0,02)\right]$$

$$\text{Valor} - p = P[Z \leq -1,0] = 0,5 - 0,3413 = \mathbf{0,1587}\ \text{ou}\ \mathbf{15,87\%}$$

Decisão:

15,87% > 1%, aceita-se H_0. A credibilidade da hipótese nula é alta. O percentual amostral de computadores vítimas de *hackers* na cidade é não significante. A realização das políticas públicas de segurança não foi eficaz.

9) Em uma pesquisa de fidelização feita junto a 49 clientes de uma loja de TV LCD da *internet*, foi constatado que o tamanho médio das TVs LCDs que os clientes compram é de 44 polegadas, com desvio padrão 5. Teste pelo intervalo de confiança e pelo valor-p a significância do tamanho médio amostral das TVs LCDs que os clientes compram, tendo como hipótese nula 46 polegadas e nível de significância de 5%.

Solução:

Formulação das Hipóteses:

$H_0 : \mu = 46$
$H_1 : \mu \neq 46$

Pelo Intervalo de Confiança:

$$\overline{X} - Z\left(S / \sqrt{n}\right) \leq \mu \leq \overline{X} + Z\left(S / \sqrt{n}\right)$$

$$44 - 1,96(5/\sqrt{49}) \leq \mu \leq 44 + 1,96(5/\sqrt{49})$$

$$44 - 1,40 \leq \mu \leq 44 + 1,40$$

42,6 $\leq \mu \leq$ 45,4

Decisão:

Como 46 está fora do intervalo de confiança, rejeita-se H_0. O tamanho médio amostral das TVs LCDs que os clientes compram é significante.

Capítulo 12 Noções de Inferência Estatística • **351**

Pelo Valor-p:

Valor-p Unilateral:

Valor-p = $P\left[Z \le \left(\overline{X} - \mu_0\right) / S / \sqrt{n}\right]$

Valor-p = P[Z ≤ (44 − 46)/5/√49]

Valor-p = P[Z ≤ (− 2)/5/7]

Valor-p = P[Z ≤ − 2,8] = 0,50 − 0,4974 = 0,0026

Valor-p $_{Bilateral}$:

Valor-p = 2 x 0,0026 = **0,0052** ou **0,52%**

Decisão:

0,52 < 5%, rejeita-se H_0. A credibilidade da hipótese nula é bem baixa. O tamanho médio amostral das TVs LCDs que os clientes compram é significante.

10) Em uma amostra de 160 cientistas da ciência da computação estrangeiros, 40 possuíam vistos de permanência no Brasil para investimentos em tecnologias. Na população, isto é, teoricamente, essa percentagem era de 40 para 200 indivíduos. Será que o percentual de cientistas na área de ciência da computação com vistos de permanência no país aumentou? Teste a significância da permanência amostral de cientistas da ciência da computação com vistos de permanência no país pelo intervalo de confiança e pelo valor-p com uma confiança de 95%.

Solução:

Formulação das Hipóteses:

$H_0 : \pi = 0,20$

$H_1 : \pi \neq 0,20$

Pelo Intervalo de Confiança:

$$P - Z\left[\sqrt{\pi_0\left(1-\pi_0\right)/n}\right] \leq \pi \leq P + Z\left[\sqrt{\pi_0\left(1-\pi_0\right)/n}\right]$$

$$0,25 - 1,96\left(\sqrt{0,20 \times 0,80/160}\right) \leq \pi \leq 0,25 + 1,96\left(\sqrt{0,20 \times 0,80/1060}\right)$$

$$0,25 - 0,06 \leq \pi \leq 0,25 + 0,06$$

$$0,19 \leq \pi \leq 0,31$$

19% $\leq \pi \leq$ 31%

Decisão:

Como a hipótese nula está dentro do intervalo de confiança, ela deve ser aceita. O percentual amostral de cientistas em ciência da computação com vistos de permanência no país **é não significante**.

Pelo Valor-p Unilateral:

$$\text{Valor} - p = P\left[Z \leq \left(p - \pi_0\right)/\left(\sqrt{\pi_0\left(1-\pi_0\right)/n}\right)\right]$$

$$\text{Valor} - p = \left[Z \geq \left(0,25 - 0,20\right)/\sqrt{\left(0,20 \times 0,80/160\right)}\right]$$

$$\text{Valor} - p = P[\,Z \geq (\,0,05)/(0,03)\,]$$

$$\text{Valor} - p = P[\,Z \geq 1,67\,] = 0,5 - 0,4525 = 0,0475$$

Valor-p Bilateral:

$$\text{Valor} - p = 2 \times 0,0475 = 0,095 \text{ ou } 9,5\%$$

Capítulo 12 Noções de Inferência Estatística • **353**

Decisão:

9,5% > 5%, aceita-se H_0. O percentual amostral de cientistas em ciência da computação com vistos de permanência no país **é não significante**.

11) Uma amostra aleatória de 600 pessoas revelou que 65% delas se comunicam por redes sociais, como MSN e Facebook, com familiares e namorados (as). Teste se a verdadeira proporção de pessoas que utilizam MSN e Facebook para comunicação com familiares e relacionamentos é de 60% pelo valor-p ao nível de 99% de confiança.

Solução:

Formulação das Hipóteses:

$H_0 : \pi = 0,60$
$H_1 : \pi > 0,60$

Valor-p:

$$\text{Valor} - p = P\left[Z \geq (p - \pi_0) / \left(\sqrt{\pi_0 (1 - \pi_0) / n} \right) \right]$$

$$\text{Valor} - p = P\left[Z \geq (0,65 - 0,60) / \sqrt{(0,60 \times 0,40 / 600)} \right]$$

$$\text{Valor} - p = P[Z \geq (0,05) / (0,02)]$$

$$\text{Valor} - p = P[Z \geq 2,5] = 0,5 - 0,4938 = 0,0062 \text{ ou } 0,62\%.$$

Decisão:

O valor –p de 0,62% é menor que 1%, portanto a hipótese nula de que a proporção de pessoas que se comunica com familiares e namorados (as) seja de 60% deve ser rejeitada em favor da hipótese alternativa de que ela seja de 65%.

12) Um sistema de vigilância está sendo testado. O objetivo é que ele seja capaz de identificar o rosto de uma pessoa através de uma imagem e localizá-la em um banco de dados. Qualquer imagem, seja ela capturada em celular ou de um vídeo, poderá servir como semente de busca no banco de dados de imagens. Em uma amostra aleatória teste de 3.600 rostos, o *software* foi capaz de localizar no banco de dados 99% destes, capturados em celulares e vídeos. Qual o intervalo de confiança para a precisão da ferramenta com um nível de significância de 5%? Teste a hipótese nula de que a precisão do sistema seja de 99,9%.

Solução:

Formulação das Hipóteses:

$H_0 : \pi = 0,999$
$H_1 : \pi \neq 0,999$

Pelo Intervalo de Confiança:

$$P - Z\left[\sqrt{\pi_0\left(1-\pi_0\right)/n}\right] \leq \pi \leq P + Z\left[\sqrt{\pi_0\left(1-\pi_0\right)/n}\right]$$

$$0,99 - 1,96\left(\sqrt{0,999 \times 0,001/3600}\right) \leq \pi \leq 0,99 + 1,96\left(\sqrt{0,999 \times 0,001/3600}\right)$$

$$0,99 - 0,001 \leq \pi \leq 0,99 + 0,001$$

$$0,989 \leq \pi \leq 0,991$$

98,9% $\leq \pi \leq$ 99,1%

Decisão:

A hipótese nula está fora do intervalo de confiança e deve ser rejeitada. A precisão amostral do *software* em 99% é significante ao nível de significância de 95%.

Capítulo 12 Noções de Inferência Estatística • **355**

13) Um analista de sistemas deseja estimar a velocidade de processamento de uma dada arquitetura, em um determinado sistema computacional. Para atingir seu objetivo, executou 100 séries de instruções e mediu os tempos de processamento, em milissegundos, com média de 3 e desvio padrão de 3. Construa um intervalo de confiança de 95% para o tempo real de processamento da arquitetura no sistema computacional em estudo e teste a significância da estimativa para uma hipótese nula de tempo real de 3,5 milissegundos.

Solução:

Formulação das Hipóteses:

$H_0 : \mu = 3,5$
$H_1 : \mu \neq 3,5$

$$\overline{X} - Z\left(S / \sqrt{n}\right) \leq \mu \leq \overline{X} + Z\left(S / \sqrt{n}\right)$$

$3 - 1,96(3/\sqrt{100}) \leq \mu \leq 3 + 1,96(3/\sqrt{100})$

$3 - 0,59 \leq \mu \leq 3 + 0,59$

2,41 $\leq \mu \leq$ 3,59 milissegundos

Decisão:

O tempo real de velocidade de processamento da arquitetura no sistema computacional em foco está no intervalo de **2,41 $\leq \mu \leq$ 3,59** milissegundos.

356 • Estatística Aplicada à Informática e às suas novas Tecnologias

14) Usuários têm reclamado com o administrador que o tempo de processamento do servidor da rede que gerencia o acesso às correspondências eletrônicas está muito lento. O administrador desconfia das queixas, uma vez que o sistema foi projetado para realizar o processamento pelo servidor com tempo médio de 5 segundos. Para testar as indagações dos usuários, ele coletou dados do servidor, registrando os tempos de acesso (em segundos) de 100 usuários, encontrando uma média de 10 segundos com desvio padrão de 40 segundos. Teste a significância da estimativa, com 95% de confiança pelo valor-p.

Solução:

Formulação das Hipóteses:

$H_0 : \mu = 5,0$
$H_1 : \mu > 5,0$

Valor-p:

$$\text{Valor-p} = P\left[Z \geq (\overline{X} - \mu_0)/S/\sqrt{n}\right]$$

$$\text{Valor-p} = P[\, Z \geq (\, 10,0 - 5,0\,)/40/\sqrt{100}\,]$$

$$\text{Valor-p} = P[\, Z \geq (\, 5,0\,)/40/10\,]$$

$$\text{Valor-p} = P[\, Z \geq (\, 5,0\,)/4,0\,]$$

$$\text{Valor-p} = P[\, Z \geq 1,25\,] = 0,50 - 0,3944 = \mathbf{0,1056} \text{ ou } \mathbf{10,56\%}$$

Capítulo 12 Noções de Inferência Estatística • **357**

Decisão:

Como **10,56%>5%**, aceita-se H_0. A credibilidade de H_0 é alta. As reclamações dos usuários são infundadas. O tempo de processamento do servidor da rede no que tange ao acesso às correspondências eletrônicas é, de fato, de apenas 5 segundos. O valor estimado é não significante.

15) Um sistema computacional de reconhecimento de fala, em teste, foi projetado para ter uma precisão de 90%. Uma amostra aleatória de 900 falas foram propostas ao sistema para reconhecimento e a taxa de acerto foi de 88%. Teste a hipótese nula de que a taxa de acerto é a especificada, contra a alternativa de ser menor que a especificada, pelo valor-p, com 95% de confiabilidade.

Solução:

Formulação das Hipóteses:

$H_0 : \pi = 0,90$
$H_1 : \pi < 0,90$

Valor-p:

$$\text{Valor} - p = P\left[Z \le (p - \pi_0) / \left(\sqrt{\pi_0(1 - \pi_0)/n}\right)\right]$$

$$\text{Valor} - p = P\left[Z \le (0,88 - 0,90) / \sqrt{(0,90 \times 0,10/900)}\right]$$

$$\text{Valor-p} = P[Z \le (-0,02)/(0,01)]$$

$$\text{Valor-p} = P[Z \le -2,0] = 0,5 - 0,4772 = \mathbf{0,0228 \text{ ou } 2,28\%}$$

Decisão:

2,28%<5%, rejeita-se H_0. A taxa de acerto do sistema de reconhecimento da fala não é de 90%. Tudo indica que seja menor, em torno de 88%.

16) *Big Data* é o conjunto de soluções tecnológicas capaz de lidar com dados digitais em volume, variedade e velocidade inéditos até hoje. Na prática, a tecnologia permite analisar qualquer tipo de informação digital em tempo real, sendo fundamental para as tomadas de decisão. A grande novidade das soluções de *Big Data* é lidar também com os chamados dados não-estruturados, que até então só podiam ser compreendidos por pessoas. Com o *Big Data*, as máquinas aprenderam a lê-los. Essa é, nas palavras dos especialistas, a beleza do conceito. São *tweets*, *posts* no Facebook, vídeos, geolocalização e comportamentos de clientes que dependem de contexto para terem sentido. O uso da nova tecnologia, segundo os analistas de tecnologia da informação, tem uma taxa de compreensão correta de 50% de informações não-estruturadas. O que é considerado muito bom em se tratando da natureza dos dados. Contudo, uma amostra aleatória de 100 dados não estruturados foi decifrada pelo *Big Data* e foi constatada uma taxa de leitura eficaz de 45%. Teste pelo valor-p a eficácia anunciada à ferramenta, ao nível de 1%.

Solução:

Formulação das Hipóteses:

$H_0 : \pi = 0,50$
$H_1 : \pi < 0,50$

Valor-p:

$$\text{Valor} - p = P\left[Z \leq \left(p - \pi_0 \right) / \left(\sqrt{\pi_0 \left(1 - \pi_0 \right) / n} \right) \right]$$

$$\text{Valor} - p = P\left[Z \leq \left(0,45 - 0,5 \right) / \sqrt{\left(0,5 \times 0,5 / 100 \right)} \right]$$

Valor-p $= P[Z \leq (- 0,05) / (0,05)]$

Valor-p $= P[Z \leq -1,0] = 0,5 - 0,3413 =$ **0,1587 ou 15,87%**

Capítulo 12 Noções de Inferência Estatística • **359**

Decisão:

15,87%>1%, aceita-se H_0. A taxa de acerto do *Big Data* é, de fato, de 50%. Tudo indica que a taxa estimada de 45% seja fruto de erro amostral, não significante. A promessa é realmente de revolução em várias áreas, da economia a ciência, além de uma renovada discussão sobre privacidade.

17) Uma pesquisa foi realizada por uma agência de *marketing* para crianças para saber se o uso prolongado de *tablet* pode prejudicar o aprendizado. Segundo os dados coletados no final de 2011, com 2.200 pais e crianças nos Estados Unidos e Reino Unido, 77% dos pais acreditam que a experiência dos filhos com o *tablet* os ajuda a aprender a resolver problemas, além de contribuir para desenvolver um pensamento criativo. Teste a significância da estimativa, contra a hipótese nula de que 75% dos pais na população acreditam que o uso prolongado de *tablet* não prejudica a aprendizagem de seus filhos, pelo contrário, estimula a sua inteligência, com 5% de significância.

Solução:

Formulação das Hipóteses:

$H_0 : \pi = 0,75$
$H_1 : \pi > 0,75$

Valor-p:

$$\text{Valor} - p = P\left[Z \le \left(p - \pi_0\right) / \left(\sqrt{\pi_0 \left(1 - \pi_0\right)/n} \right) \right]$$

$$\text{Valor} - p = P\left[Z \le \left(0,77 - 0,75\right) / \sqrt{\left(0,75 \times 0,25 / 2200\right)} \right]$$

Valor-p = P[Z ≤ (0,02) / (0,01)]

Valor-p = P[Z ≤ 2,0] = 0,5 − 0,4772 = **0,0228 ou 2,28%**

360 • Estatística Aplicada à Informática e às suas novas Tecnologias

Decisão:

2,28%<5%, rejeita-se H_0. A credibilidade de que 75% dos pais na população acreditam que o uso prolongado de *tablet* não prejudica a aprendizagem de seus filhos, pelo contrário, estimula a sua inteligência, é baixa. A referida proporção deve estar mesmo em torno de 77%.

18) Uma pesquisa com 2.500 professores mostra que 58% dos docentes jamais navegaram na *internet*. Teste a significância desta estimativa utilizando uma hipótese básica conservadora de 50%, pelo valor-p.

Solução:

Formulação das Hipóteses:

$H_0 : \pi = 0,50$
$H_1 : \pi > 0,50$

Valor-p:

$$\text{Valor} - p = P\left[Z \geq (p - \pi_0)/\left(\sqrt{\pi_0(1 - \pi_0)/n}\right)\right]$$

$$\text{Valor} - p = P\left[Z \geq (0,58 - 0,50)/\sqrt{(0,5 \times 0,5/2500)}\right]$$

Valor-p = P[Z $\geq$ (0,08) / (0,01)]

Valor-p = P[Z $\geq$ 8] = 0,5 − 0,5 = **0,000 ou 0%**

Decisão:

A credibilidade de H_0 é nula. A estimativa de que 58% dos docentes jamais navegaram na *internet,* evidenciada pela pesquisa, é significante.

Capítulo 12 Noções de Inferência Estatística • **361**

19) A *Rio+20*, conferência da ONU sobre desenvolvimento sustentável realizada em junho de 2012, já não encara o tráfico de drogas como seu inimigo número um, como era há duas décadas, durante a Rio 92. O medo agora é por crimes cibernéticos, como os recentes ataques de *hackers* a páginas eletrônicas do governo brasileiro e de bancos do país. A principal preocupação da conferência deve ser com a criptografia das informações que trafegam na rede. É preciso estimar o percentual de acessos à *internet* que se dá por meio de *HTTPS*, uma combinação de protocolos que criptografa qualquer comunicação da WEB*Web*. A pesquisa foi feita com uma amostra de 1.875 acessos a *sites* governamentais. A estimativa da percentagem investigada foi de 26,8%. Teste a significância da estimativa disponível, a uma hipótese básica mais preocupante de que o percentual na população de acessos seja de 25%, pelo valor-p.

Solução:

Formulação das Hipóteses:

$H_0 : \pi = 0,25$
$H_1 : \pi > 0,25$

Valor-p:

$$\text{Valor} - p = P\left[Z \ge (p - \pi_0) / \left(\sqrt{\pi_0 (1 - \pi_0) / n} \right) \right]$$

$$\text{Valor} - p = P\left[Z \ge (0,268 - 0,25) / \sqrt{(0,25 \times 0,75 / 1875)} \right]$$

$$\text{Valor-p} = P[Z \ge (0,018) / (0,01)]$$

$$\text{Valor-p} = P[Z \ge 1,8] = 0,5 - 0,4641 = \mathbf{0,0359 \text{ ou } 3,59\%}$$

Decisão:

3,59%<5%, rejeita-se H_0. A credibilidade da hipótese nula é baixa. O percentual de acessos à *internet* que se dá por meio de *HTTPS* em *sites* do governo deve estar mesmo em torno de 26,8%.

362 • Estatística Aplicada à Informática e às suas novas Tecnologias

20) A *Rio+20*, conferência da ONU sobre desenvolvimento sustentável realizada em junho de 2012, já não encara o tráfico de drogas como seu inimigo número um, como era há duas décadas, durante a Rio 92. O medo agora é por crimes cibernéticos, como os recentes ataques de *hackers* a páginas eletrônicas do governo brasileiro e de bancos do país. Preocupações importantes, na avaliação de analistas de sistemas do governo, são o fortalecimento dos servidores e um monitoramento impecável da rede. Aliadas, as duas medidas evitam os chamados ataques de navegação de serviço (*DOS*), que derrubam, há um ano, *sites* do governo federal e, mais recentemente, de bancos e políticos brasileiros. Essas invasões se caracterizam por uma enxurrada de acessos simultâneos à rede por computadores com vírus. No ano passado, em uma amostra de 400 computadores do governo e de bancos com vírus, um levantamento estatístico apontou um número médio por computador de 4 tentativas de ataques de grupos simultâneos, com desvio padrão de 20. Teste pelo intervalo de confiança se a média na população de computadores não é de 8 tentativas de ataques.

Formulação das Hipóteses:

$H_0 : \mu = 8$
$H_1 : \mu \neq 8$

Pelo Intervalo de Confiança:

$$\overline{X} - Z\left(S / \sqrt{n}\right) \leq \mu \leq \overline{X} + Z\left(S / \sqrt{n}\right)$$

$4 - 1,96(20/\sqrt{400}) \leq \mu \leq 4 + 1,96(20/\sqrt{400})$

$4 - 1,96 \leq \mu \leq 4 + 1,96$

$2 \leq \mu \leq 6$

Decisão:

Capítulo 12 Noções de Inferência Estatística • **363**

A hipótese nula está fora do intervalo de confiança e, por isso, deve ser rejeitada. A estimativa de 4 tentativas de grupos de ataques por computador do governo federal é a mais evidente.

21) No Brasil, onde foram entrevistadas 2.002 pessoas, quase a metade (47%) dos consumidores preferem adquirir um *tablet* da marca *Apple*. Teste a significância, pelo valor-p, desta estimativa para uma hipótese nula da maioria dos consumidores de *tablet* preferirem a *Apple* no Brasil, com um nível de significância de 1%.

Solução:

Formulação das Hipóteses:

H_0: $\pi = 0,51$
H_1: $\pi < 0,51$

Valor-p:

$$\text{Valor} - p = P\left[Z \leq (p - \pi_0) / \left(\sqrt{\pi_0 (1 - \pi_0) / n} \right) \right]$$

$$\text{Valor} - p = P\left[Z \leq (0,47 - 0,51) / \sqrt{(0,51 \times 0,49 / 2002)} \right]$$

$$\text{Valor-p} = P[Z \leq (- 0,04) / (0,01)]$$

$$\text{Valor-p} = P[Z \leq -4,0] = 0,5 - 0,5 = \textbf{0,000 ou 0\%}$$

Decisão:

Valor-p<0,01, rejeita-se a hipótese nula. Não existe a menor possibilidade dos consumidores de *tablet, em sua maioria*, preferirem a *Apple*.

22) As redes sociais começam a ajudar nas vendas das empresas brasileiras, mas o mercado corporativo ainda "engatinha" ao usar este recurso. É o que revelou uma pesquisa feita pelo Instituto Brasileiro de Inteligência de

Mercado (Ibramerc). Foram entrevistados cerca de 500 diretores e gerentes, em empresas dos mais variados setores. No segmento B2C (*business to consumer*, voltado para o mercado consumidor), o uso das redes gerou melhora expressiva em 9% deles. Teste a significância desta estimativa para uma hipótese nula de 8%, com uma confiança de 95%, pelo valor-p.

Solução:

Formulação das Hipóteses:

$H_0 : \pi = 0,08$
$H_1 : \pi > 0,08$

Valor-p:

$$\text{Valor} - p = P\left[Z \geq (p - \pi_0) / \left(\sqrt{\pi_0 (1 - \pi_0) / n} \right) \right]$$

$$\text{Valor} - p = P\left[Z \geq (0,09 - 0,08) / \sqrt{(0,08 \times 0,92 / 500)} \right]$$

$$\text{Valor-p} = P[Z \geq (0,01) / (0,01)]$$

$$\text{Valor-p} = P[Z \geq 1,0] = 0,5 - 0,3413 = \mathbf{0,1587 \text{ ou } 15,87\%}$$

Decisão:

15,87%>5%, aceita-se H_0. A credibilidade da hipótese nula é alta. O uso das redes sociais no segmento B2C é expressivo em somente 8%.

23) As redes sociais começam a ajudar nas vendas das empresas brasileiras, mas o mercado corporativo ainda "engatinha" ao usar este recurso. É o que revelou uma pesquisa feita pelo Instituto Brasileiro de Inteligência de Mercado (Ibramerc). Foram entrevistados cerca de 500 diretores e gerentes, em empresas dos mais variados setores, e constatou-se que o Facebook é a rede mais usada pelas empresas, com 24%. Teste a significância desta estimativa para uma hipótese nula de 30%, com uma confiança de 95%, pelo valor-p.

Capítulo 12   Noções de Inferência Estatística   •   **365**

Solução:

Formulação das Hipóteses:

H_0: $\pi = 0,30$
H_1: $\pi < 0,30$

Valor-p:

$$\text{Valor} - p = P\left[Z \le (p - \pi_0) / \left(\sqrt{\pi_0 (1 - \pi_0) / n} \right) \right]$$

$$\text{Valor} - p = P\left[Z \le (0,24 - 0,30) / \sqrt{(0,30 \times 0,70 / 500)} \right]$$

Valor-p = P[$Z \le (- 0,06) / (0,02)$]

Valor-p = P[$Z \le -3,0$] = $0,5 - 0,5 = 0,000$ ou 0%

Decisão:

Valor-p<0,05, rejeita-se a hipótese nula. A credibilidade da preferência pelo Facebook ser de 30% deve ser descartada, em favor da estimativa amostral de 24% de preferência pela referida rede social.

24) De acordo com a *comScore*, apesar da liderança do *Android*, o *iOS* continua gerando o maior tráfego mundial na *internet*. Até o início de 2012, os aparelhos *Apple* produziram 61% de um total de 600 tráfegos oriundos de dispositivos móveis (*smartphones* e *tablets*). Será que esta estimativa vale para todo tráfego geral oriundo de dispositivos móveis? Teste a significância da estatística divulgada para uma hipótese nula de 60%, pelo valor-p.

Solução:

Formulação das Hipóteses:

H_0 : $\pi = 60$
H_1 : $\pi > 60$

Valor-p:

$$\text{Valor} - p = P\left[Z \geq (p - \pi_0) / \left(\sqrt{\pi_0 (1 - \pi_0) / n} \right) \right]$$

$$\text{Valor} - p = P\left[Z \geq (0,61 - 0,60) / \sqrt{(0,6 \times 0,4 / 600)} \right]$$

Valor-p = P[Z ≥ (0,01) / (0,02)]

Valor-p = P[Z ≥0,5] = 0,5 − 0,1915 = **0,3085 ou 30,85%**

Decisão:

Valor-p>5%, aceita-se a hipótese nula. A estimativa não vale para todo tráfego geral oriundo de dispositivos móveis. Para todo tráfego, o valor do parâmetro deve ser menor que a estimativa, em torno de 60%.

25) Devido à grande quantidade de vírus existentes e novos que surgem diariamente, é muito importante que tenhamos um antivírus instalado no computador. A maioria dos usuários opta pelas versões gratuitas dos *softwares* de segurança. Para ver se esses antivírus funcionam mesmo, a Proteste Associação de Consumidores testou uma amostra de 11 programas antivírus gratuitos para teste de *Internet Security*. Os resultados da avaliação constam abaixo.

Pacotes	Avaliação Final
Avira	66
G Data	65
Kaspersky	63
Eset	63
Bitdefender	59
Avast! *Software*	58
AVG *Technologies*	56
Trend Micro	52
Panda	36
Norton	36
McAfee	32

Teste a significância da média das avaliações contra uma hipótese nula de 50 pontos, pelo valor-p.

Solução:

Efetuando os cálculos, obtivemos:

$\overline{X} = 53$ pontos

$S = 13$ pontos

Formulação das Hipóteses:

$H_0 : \mu = 50$
$H_1 : \mu > 50$

$\phi = n-1 = 11-1 = 10$

Valor-p:

$\text{Valor-p} = P\left[t \geq \left(\overline{X} - \mu_0 \right) / S / \sqrt{n} \right]$

$\text{Valor-p} = P[t \geq (53 - 50) / 13/\sqrt{11}]$

$\text{Valor-p} = P[t \geq (3,0) / 3,91]$

$\text{Valor-p} = P(t \geq 0,77) \rightarrow \phi = 10 \rightarrow \textbf{Valor-p} \approx \textbf{0,25}$

Decisão:

Valor-p>5%, aceita-se H_0. A avaliação média de uma população muito maior de *softwares* de segurança do que os investigados pode ser ainda menor.

26) Em menos de um mês, já passou de 50 mil o total de candidatos a uma vaga na próxima edição do *Big Brother Brasil*. As inscrições foram abertas pela *internet* logo após a exibição do último episódio, que terminou com a saída do participante vencedor. Em 4 dias, a média foi de 1.900 inscritos

por dia com desvio padrão 800 inscritos por dia. Esta média se manterá durante todo o período de inscrições do *reality show*? Teste a significância desta estimativa que envolve uma amostra de apenas 4 dias de inscrições abertas, com uma hipótese nula de 2.500 inscritos por dia durante todo o período de inscrições.

Solução:

Formulação das Hipóteses:

$H_0 : \mu = 2500$
$H_1 : \mu < 2500$

$\phi = n - 1 = 4 - 1 = 3$

Valor-p:

$$\text{Valor-p} = P\left[t \le \left(\overline{X} - \mu_0\right) / S / \sqrt{n} \right]$$

$\text{Valor-p} = P[\ t \le (1900\ - 2500)\ /800/\sqrt{4}\ ]$

$\text{Valor-p} = P[\ t \le -600\ /\ 400\ ]$

$\text{Valor-p} = P[\ t \le -1{,}5\ ] \to \phi = 3 \to \text{Valor-p} \approx 0{,}10$

Decisão:

Valor-p>5%, aceita-se H_0. A estimativa de média 1.900 inscritos por dia não deverá se manter até o final do período de inscrição. Até o final da inscrição a média de inscritos deve ser bem maior, em torno de 2.500 inscritos diariamente.

27) Em janeiro de 2009, uma campanha publicitária do *Burger King,* intitulada de *"Sacrifício Whopper",* recompensou usuários do Facebook com um lanche *"Whopper"* se eles publicamente excluíssem 10 amigos,

Capítulo 12 Noções de Inferência Estatística • **369**

que recebiam uma mensagem informando que estavam sendo excluídos em troca de um hambúrguer grátis. A campanha usou o *slogan* "A amizade é forte, mas o Whopper é mais". Até o momento, a aplicação havia sido baixada em torno de 55.000 vezes e 25.000 usuários sacrificaram amigos por um lanche. Teste a significância desta estimativa obtida até então pelo intervalo de confiança de 99%, para uma hipótese nula de 51%.

Solução:

Formulação das Hipóteses:

$H_0 : \pi = 0,51$
$H_1 : \pi \neq 0,51$

Pelo Intervalo de Confiança:

$$P - Z\left[\sqrt{\pi_0(1-\pi_0)/n}\right] \leq \pi \leq P + Z\left[\sqrt{\pi_0(1-\pi_0)/n}\right]$$

$$0,45 - 2,58\left(\sqrt{0,51 \times 0,49/55000}\right) \leq \pi \leq 0,45 + 2,58\left(\sqrt{0,51 \times 0,49/55000}\right)$$

$$0,45 - 0,00213 \leq \pi \leq 0,45 + 0,00213$$

$$\mathbf{0,44787 \leq \pi \leq 0,45213}$$

Decisão:

A hipótese nula está fora do intervalo de confiança, o que sugere que deve ser rejeitada em favor da hipótese alternativa. A estimativa de 45% de usuários que aderiram à campanha é significante.

28) Uma pesquisa realizada com uma amostra de 5.300 consumidores de 40 países pela *Consumers International,* em 2012, revelou que 16% usam a *internet* para acessar seu *e-mail*. Construir um intervalo de confiança de 95% para a proporção mundial dos que usam a *internet* para acesso ao *e-mail*.

Solução:

$$P - Z\left(\sqrt{pq/n}\right) \le \pi \le P + Z\left(\sqrt{pq/n}\right)$$

$$0,16 - 1,96\left(\sqrt{0,16 \times 0,84/5300}\right) \le \pi \le 0,16 + 1,96\left(\sqrt{0,16 \times 0,84/5300}\right)$$

$$0,16 - 0,01 \le \pi \le 0,16 + 0,01$$

$$0,15 \le \pi \le 0,17$$

15% ≤ π ≤17%

29) Uma pesquisa realizada com uma amostra de 5.300 consumidores de 40 países pela *Consumers International,* em 2012, revelou que 10% usam a *internet* para *download* de vídeos, músicas e *softwares*. Construir um intervalo de confiança de 95% para a proporção mundial dos que usam a *internet* para *download* de vídeos, músicas e *softwares*.

Solução:

$$P - Z\left(\sqrt{pq/n}\right) \le \pi \le P + Z\left(\sqrt{pq/n}\right)$$

$$0,10 - 1,96\left(\sqrt{0,10 \times 0,90/5300}\right) \le \pi \le 0,10 + 1,96\left(\sqrt{0,10 \times 0,90/5300}\right)$$

$$0,10 - 0,01 \le \pi \le 0,10 + 0,01$$

$$0,09 \le \pi \le 0,11$$

9% ≤ π ≤11%

30) Uma pesquisa realizada com uma amostra de 5.300 consumidores de 40 países pela *Consumers International,* em 2012, revelou que 44% dos clientes brasileiros entrevistados da Oi Velox reclamam que a velocidade de conexão fica abaixo das expectativas. Teste a significância da estimativa gerada pelo intervalo de confiança de 99%, com uma hipótese nula de 51%.

Solução:

Formulação das Hipóteses:

$H_0 : \pi = 0,51$
$H_1 : \pi \neq 0,51$

Intervalo de Confiança:

$$P - Z\left[\sqrt{\pi_0(1-\pi_0)/n}\right] \leq \pi \leq P + Z\left[\sqrt{\pi_0(1-\pi_0)/n}\right]$$

$$0,44 - 2,58\left(\sqrt{0,51 \times 0,49 / 5300}\right) \leq \pi \leq 0,44 + 2,58\left(\sqrt{0,51 \times 0,49 / 5300}\right)$$

$$0,44-0,02 \leq \pi \leq 0,44+0,02$$

$$0,42 \leq \pi \leq 0,46$$

42% $\leq \pi \leq$ 46%

Decisão:

Como a hipótese nula está fora do intervalo de confiança, ela deve ser rejeitada. O percentual de 44% de reclamação da velocidade de conexão revelada pela pesquisa é significante.

31) O desvio padrão populacional do número médio de anos de vida útil de computadores corporativos de uma empresa de sistemas de informação é de 5 anos. Uma amostra aleatória de 25 computadores revelou uma estimativa de média de vida de 10 anos para os PCs. Teste pelo valor-p a significância desta estimativa, utilizando as hipóteses abaixo:

$H_0 : \mu = 8$ anos
$H_1 : \mu > 8$ anos

Solução:

Formulação das Hipóteses:

$H_0 : \mu = 8,0$
$H_1 : \mu > 8,0$

Valor-p:

$$\text{Valor-p} = P\left[Z \geq \left(\overline{X} - \mu_0 \right) / \sigma / \sqrt{n} \right]$$

$\text{Valor-p} = P[\, Z \geq (\, 10 - 8\,) / 5/\sqrt{25}\,]$

$\text{Valor-p} = P[\, Z \geq (\, 2\,) / (5/5)\,]$

$\text{Valor-p} = P[\, Z \geq (\, 2\,) / 1\,]$

$\text{Valor-p} = P[\, Z \geq 2,0\,] = 0,50 - 0,4772 = \mathbf{0,0228\ ou\ 2,28\%}$

Decisão:

Como **2,28% < 5%**, rejeita-se H_0. A credibilidade de H_0 é baixa. A estimativa do número médio de anos de vida de computadores é de 10 anos.

32) Um pesquisador de ciência da computação fez um estudo comparativo do custo do desenvolvimento de *softwares* de controle de vendas em duas linguagens de programação (A e B). Para realizar a análise, ele coletou duas amostras. A amostra **A** constituiu-se de 25 *softwares* de controle de vendas na linguagem de programação **A**. A amostra **B** constituiu-se de 25 *softwares* de controle de vendas na linguagem de programação **B**. Na primeira amostra, o custo médio do desenvolvimento dos *softwares* na linguagem de programação **A** foi de 25.000 mil reais. Na segunda amostra, o custo médio do desenvolvimento dos *softwares* na linguagem de programação **B** foi de 20.000 mil reais. As variâncias populacionais nos dois grupos são conhecidas e iguais 50 reais. Construir um intervalo de confiança de 99% para a diferença dos custos médios do desenvolvimento de *softwares* entre as duas linguagens de programação.

$$e_0 = Z. \sqrt{\frac{\sigma_1^2}{n_1} + \frac{\sigma_2^2}{n_2}}$$

$$e_0 = 2,58. \sqrt{\frac{50}{25} + \frac{50}{25}}$$

$$e_0 = 2,58. \sqrt{2+2}$$

$$e_0 = 2,58. \sqrt{4}$$

$$e_0 = 2,58 \times 2 = \mathbf{5,16}$$

Então, o intervalo de confiança fica:

$$\left(\overline{X_1} - \overline{X_2}\right) - e_0 \leq \mu_1 - \mu_2 \leq \left(\overline{X_1} - \overline{X_2}\right) + e_0$$

$$5000 - 5,16 \leq \mu_1 - \mu_2 \leq 5000 + 5,16$$

$$\mathbf{4994,84 \leq \mu_1 - \mu_2 \leq 5005,16}$$

Interpretação:

O valor da diferença dos custos médios do desenvolvimento dos *softwares* nas linguagens de programação A e B varia de 4.994,84 a 5.005,16 reais. Com base nesta estimação, podemos dizer que os custos de desenvolvimento dos sistemas não são iguais, com superioridade dos feitos na linguagem de programação A.

33) Um profissional de sistema de informação foi encarregado de realizar um estudo analítico estatístico da complexidade assintótica de uma população de algoritmos em duas infraestruturas computacionais em que rodam, A e B. Da população de algoritmos rodados na infraestrutura A, foram selecionados 16 algoritmos. Da população de algoritmos rodados

na infraestrutura B, foram selecionados 11. De cada algoritmo analisado, o profissional de sistema de informação deu uma nota de 0 a 10 à sua complexidade assintótica. Na amostra A, a média de complexidades dos algoritmos foi de 8,0 com variância 2. Na amostra B, a média de complexidade dos algoritmos foi de 6,0 com variância 3. Supondo as variâncias populacionais iguais, com base em um intervalo de confiança de 95%, compare a complexidade assintótica da população de algoritmos alvos, rodados nas infraestruturas computacionais A e B.

Solução:

$$S_c^2 = \frac{S_1^2(n_1 - 1) + S_2^2(n_2 - 1)}{(n_1 + n_2 - 2)}$$

$$S_c^2 = \frac{2(16 - 1) + 3(11 - 1)}{(16 + 11 - 2)} = 2,4$$

$\phi = 25$

$\alpha = 0,05$

$t = 2,06$

$$e_0 = t.\sqrt{\frac{S_c^2}{n_1} + \frac{S_c^2}{n_2}}$$

$$e_0 = 2,06.\sqrt{\frac{2,4}{16} + \frac{2,4}{11}}$$

$e_0 = 2,06 \times 0,61 = 1,26$

O Intervalo de confiança fica,

$2 - 1,26 \leq \mu_1 - \mu_2 \leq 2 + 1,26$

$\mathbf{0,74 \leq \mu_1 - \mu_2 \leq 3,26}$

Decisão:

Existe diferença de complexidade entre os algoritmos em função das infraestruturas computacionais em que são rodados. Observando o intervalo de confiança, os algoritmos rodados na infraestrutura A parecem ter uma complexidade maior que os da infraestrutura B, mas esta diferença pode ser bem pequena.

34) Um cientista da computação estuda comparativamente os tempos de execução de uma tarefa em computadores que funcionam com dois tipos de memória RAM: RAM - Dinâmica e RAM - Estática. Em um grupo de 10 computadores que funcionam com RAM - Dinâmica, o tempo médio de execução das tarefas foi de 10 s, com variância 1,0. Em um grupo de 10 computadores que funcionam com RAM - Estática, o tempo médio de execução das tarefas foi de 1 s, com variância 0,1. Supondo as variâncias populacionais desiguais, com base no intervalo de confiança de 95%, poderemos dizer que os computadores com memória RAM - Estática são significativamente mais rápidos?

Solução:

$v_1 = (1,0)/(10) = 0,10$
$v_2 = (0,1)/(10) = 0,01$

$$\phi = \left(\frac{\left(V_1 + V_2\right)^2}{\dfrac{V_1^2}{\left(n_1 + 1\right)} + \dfrac{V_1^2}{\left(n_2 + 1\right)}} \right) - 2$$

$$\phi = \left(\frac{\left(0,1 + 0,01\right)^2}{\dfrac{\left(0,1\right)^2}{\left(10 + 1\right)} + \dfrac{\left(0,01\right)^2}{\left(10 + 1\right)}} \right) - 2$$

$$\begin{cases} \phi = 11 \\ \alpha = 0,05 \\ t = 2,20 \end{cases}$$

$$e_0 = t.\sqrt{\frac{S_1^2}{n_1} + \frac{S_2^2}{n_2}}$$

$$e_0 = 2,20\sqrt{\frac{0,1}{10} + \frac{0,01}{10}}$$

$$e_0 = 2,20 \times 0,10$$

$$e_0 = 0,22$$

Então, o intervalo de confiança fica,

$$9,0 - 0,22 \le \mu_1 - \mu_2 \le 9,0 + 0,22$$

$$8,78 \le \mu_1 - \mu_2 \le 9,22$$

Decisão:

Com base no intervalo de confiança, há evidências de que a diferença dos tempos médios de execução da tarefa varia de 8,78 a 9,22 segundos, dependendo da memória RAM utilizada no computador. Tudo indica que as tarefas executadas em computadores com memória RAM – Estática são significativamente mais rápidas.

35) Em uma amostra de 100 empresas de engenharia de *softwares* públicas, a porcentagem de projetos cujo custo de manutenção de sistemas computacionais consomem até 40% do custo total foi de 50%. Já uma amostra de 100 empresas de engenharia de *softwares* privadas revelou que a porcentagem de projetos cujo custo de manutenção de sistemas computacionais consome até 40% do custo total foi de 40%. Existe diferença significante entre os percentuais de projetos cujo custo de manutenção de

Capítulo 12 Noções de Inferência Estatística • **377**

sistemas computacionais consome até 40% do custo total entre empresas de engenharia de *softwares* públicas e privadas?

Solução:

Considerando,

$\pi_1 = 0,50$
$\pi_2 = 0,40$

Temos que,

$Z = 1,96$

$$e_0 = Z.\sqrt{\frac{p_1 q_1}{n_1} + \frac{p_2 q_2}{n_2}}$$

$$e_0 = 1,96\sqrt{\frac{0,5 \cdot 0,5}{100} + \frac{0,4 \cdot 0,6}{100}}$$

$$e_0 = 1,96\sqrt{0,0025 + 0,0024}$$

$$e_0 = 1,96\sqrt{0,0049}$$

$$e_0 = 1,96 \cdot 0,07$$

$$e_0 = 0,14$$

Então, o intervalo de confiança fica:

$$(p_1 - p_2) - e_0 \le \pi_1 - \pi_2 \le (p_1 - p_2) + e_0$$

$$0,10 - 0,14 \le \pi_1 - \pi_2 \le 0,10 + 0,14$$

$$-0,04 \le \pi_1 - \pi_2 \le 0,24$$

$-4\% \leq \pi_1 - \pi_2 \leq 24\%$

Decisão:

O zero faz parte do intervalo de confiança. Então, há evidências estatísticas que a proporção de projetos cujo custo de manutenção consome até 40% é igual entre empresas de *softwares* públicas e privadas. Portanto, a diferença estimada da referida proporção entre os tipos de empresas é não significante.

36) Foi realizado um estudo sobre a resistência na adoção de um novo *software* por parte de usuários domésticos e corporativos. Uma amostra de 200 destes usuários adultos foi selecionada aleatoriamente e constatou-se um percentual de 80% de resistentes na adoção do novo *software*. Já entre os 200 jovens entrevistados, o referido percentual foi de 20%. Com base no intervalo de confiança de 90%, existe diferença significante entre o percentual de resistência na adoção do novo programa entre adultos e jovens?

Solução:

Considerando,

$\pi_1 = 0,80$
$\pi_2 = 0,20$

Temos que,

$Z = 1,65$

$$e_0 = Z.\sqrt{\frac{p_1 q_1}{n_1} + \frac{p_2 q_2}{n_2}}$$

$$e_0 = 1,65\sqrt{\frac{0,8 \cdot 0,2}{200} + \frac{0,2 \cdot 0,8}{200}}$$

$$e_0 = 1,65\sqrt{0,0008 + 0,0008}$$

$$e_0 = 1,65\sqrt{0,0016}$$

$$e_0 = 1,65 \cdot 0,04$$

$$e_0 = 0,07$$

Então, o intervalo de confiança fica:

$$(p_1 - p_2) - e_0 \leq \pi_1 - \pi_2 \leq (p_1 - p_2) + e_0$$

$$0,60-0,07 \leq \pi_1 - \pi_2 \leq 0,60+0,07$$

$$0,53 \leq \pi_1 - \pi_2 \leq 0,67$$

$$\mathbf{53\% \leq \pi_1 - \pi_2 \leq 67\%}$$

Decisão:

Há evidências estatísticas que a proporção de resistentes na adoção do novo *software* é diferente entre adultos e jovens. Portanto, a diferença estimada da referida proporção entre adultos e jovens é significante. O percentual de adultos resistentes na adoção do novo programa parece ser maior do que o de jovens.

37) A longevidade média de um grupo de 126 sistemas computacionais é de 10 anos com variância 30. Outro grupo de mesmo tamanho de sistemas computacionais apresentou média de 8 anos de longevidade, com variância 30. Supondo as variâncias populacionais iguais, conclua, com base no intervalo de confiança de 99%, se existe realmente diferença entre as médias de longevidade nos dois grupos analisados.

Solução:

$$S_c^2 = \frac{S_1^2(n_1 - 1) + S_2^2(n_2 - 1)}{(n_1 + n_2 - 2)}$$

$$S_c^2 = \frac{30(126 - 1) + 30(126 - 1)}{(126 + 126 - 2)}$$

$$S_c^2 = \frac{30(125) + 30(125)}{250}$$

$$S_c^2 = \frac{7500}{250} = 30$$

Como o grau de liberdade é suficientemente grande, pelo Teorema Central do Limite poderemos utilizar a distribuição normal padrão como aproximação da **t**-Student na construção do intervalo de confiança:

$\alpha = 0,01$
$Z = 2,58$

$$e_0 = Z.\sqrt{\frac{S_c^2}{n_1} + \frac{S_c^2}{n_2}}$$

$$e_0 = 2,58.\sqrt{\frac{30}{126} + \frac{30}{126}}$$

$$e_0 = 2,58 \times 0,69 = 1,78$$

O Intervalo de confiança fica,

$$2 - 1,78 \leq \mu_1 - \mu_2 \leq 2 + 1,78$$

$$0,22 \leq \mu_1 - \mu_2 \leq 3,78$$

Capítulo 12 Noções de Inferência Estatística • **381**

Decisão:

A diferença de médias de longevidade dos sistemas computacionais entre os dois grupos varia de 0,22 a 3,78 anos, portanto maior do que zero. Há evidências científicas de que as médias de longevidade entre os dois grupos é significante estatisticamente, com uma certeza de 99%.

38) Um pesquisador da ciência da computação fez um estudo comparativo do custo do desenvolvimento de *softwares* de controle de vendas em duas linguagens de programação (A e B). Para realizar a análise, ele coletou duas amostras. A amostra **A** constituiu-se de 25 *softwares* de controle de vendas na linguagem de programação **A**. A amostra **B** constituiu-se de 25 *softwares* de controle de vendas na linguagem de programação **B**. Na primeira amostra, o custo médio do desenvolvimento dos *softwares* na linguagem de programação **A** foi de 25.000 reais. Na segunda amostra, o custo médio do desenvolvimento dos *softwares* na linguagem de programação **B** foi de 20.000 reais. As variâncias populacionais nos dois grupos são conhecidas e iguais 50 reais. Teste pelo valor-p, com confiança de 90%, a significância da diferença dos custos médios do desenvolvimento de *softwares* entre as duas linguagens de programação, com uma hipótese nula de que ela é de 4997 reais.

Solução:

Formulação das Hipóteses:

$H_0 : \mu_1 - \mu_2 = 4997$

$H_1 : \mu_1 - \mu_2 > 4997$

Cálculo do Valor-p:

$$Z_1 = \frac{\left(\overline{X_1} - \overline{X_2}\right) - \left(\mu_{01} - \mu_{02}\right)}{\sqrt{\dfrac{\sigma_1^2}{n_1} + \dfrac{\sigma_2^2}{n_2}}}$$

$$Z_1 = \frac{5000 - 4997}{\sqrt{\dfrac{50}{25} + \dfrac{50}{25}}}$$

$$Z_1 = \frac{3}{\sqrt{4}}$$

$$Z_1 = \frac{3}{2}$$

$$Z_1 = 1,5$$

Valor – p = P(Z > 1,5)= 0,5 - 0,4332 = **0,0668** ou **6,68%**

Decisão:

Valor-p= 6,68% < 10%, rejeita-se H_0. A diferença de médias é significante. Há significância da diferença dos custos médios do desenvolvimento de *softwares* entre as duas linguagens de programação.

39) Um profissional de sistema de informação foi encarregado de realizar um estudo analítico estatístico da complexidade assintótica de uma população de algoritmos em duas infraestruturas computacionais em que rodam, A e B. Da população de algoritmos rodados na infraestrutura A, foram selecionados 16 algoritmos. Da população de algoritmos rodados na infraestrutura B, foram selecionados 11 algoritmos. De cada algoritmo analisado, o profissional de sistema de informação deu uma nota de 0 a 10 à sua complexidade assintótica. Na amostra A, a média de complexidades dos algoritmos foi de 8,0 com variância 2. Na amostra B, a média de complexidade dos algoritmos foi de 6,0 com variância 3. Supondo as variâncias populacionais iguais, compare pelo valor-p, com confiança de 95%, a complexidade assintótica da população de algoritmos alvos, rodados nas infraestruturas computacionais A e B.

Solução:

Formulação das Hipóteses:

$H_0 : \mu_1 - \mu_2 = 0$
$H_1 : \mu_1 - \mu_2 > 0$

Cálculo do Valor-p:

$$S_c^2 = \frac{S_1^2 (n_1 - 1) + S_2^2 (n_2 - 1)}{(n_1 + n_2 - 2)}$$

$$S_c^2 = \frac{2(16-1) + 3(11-1)}{(16+11-2)}$$

$$S_c^2 = 2,4$$

$$t_1 = \frac{1000 - 0}{\sqrt{\dfrac{2,4}{16} + \dfrac{2,4}{11}}}$$

$$t_1 = \frac{1000}{\sqrt{0,37}}$$

$$t_1 = \frac{1000}{0,61} = 1639$$

$$\begin{cases} t_1 = 1639 \\ \phi = 16 + 11 - 2 = 25 \\ \text{Valor} - p = P(t_1 > 1639) \approx 0,005 \end{cases}$$

Decisão:

Valor-p= 0,005 < 0,05, rejeita-se H_0. A diferença de médias da complexidade assintótica dos algoritmos nas infraestruturas computacionais A e B é significante. Portanto, a complexidade assintótica dos algoritmos é maior na infraestrutura A.

40) Um cientista da computação estuda comparativamente os tempos de execução de uma tarefa em computadores que funcionam com dois tipos de memória RAM: RAM - Dinâmica e RAM - Estática. Em um grupo de 10 computadores que funcionam com RAM - Dinâmica, o tempo médio de execução das tarefas foi de 10 s, com variância 1,0. Em um grupo de 10 computadores que funcionam com RAM - Estática, o tempo médio de execução das tarefas foi de 1 s, com variância 0,1. Supondo as variâncias populacionais desiguais, com base no valor-p, com uma confiança de 95%, poderemos dizer que os computadores com memória RAM - Estática são significativamente mais rápidos?

Solução:

Formulação das Hipóteses:

$$H_0 : \mu_1 - \mu_2 = 0$$
$$H_1 : \mu_1 - \mu_2 > 0$$

Cálculo do Valor-p:

$$t_1 = \frac{\left(\overline{X_1} - \overline{X_2}\right) - \left(\mu_{01} - \mu_{02}\right)}{\sqrt{\dfrac{S_1^2}{n_1} + \dfrac{S_2^2}{n_2}}}$$

$$t_1 = \frac{9 - 0}{\sqrt{\dfrac{1}{10} + \dfrac{0,1}{10}}}$$

$$t_1 = 27$$

$$V_1 = \left(S_1^2\right)/n_1 = (1)/10 = 0,10$$

$$V_2 = \left(S_2^2\right)/n_2 = (0,1)/10 = 0,01$$

$$\phi = \left(\frac{(0,10+0,01)^2}{\dfrac{(0,10)^2}{(10+1)} + \dfrac{(0,01)^2}{(10+1)}} \right) - 2 = 11$$

$$\begin{cases} t_1 = 27 \\ \phi = 11 \\ \text{Valor} - p = P(t > 27) \approx 0,005 \end{cases}$$

Decisão:

O **valor-p = 0,005 < 0,05**, rejeita-se H_0. A diferença dos tempos médios de execução das tarefas nos computadores que funcionam com as memórias RAM - Dinâmica e RAM - Estática é significante. Portanto, podemos dizer que os computadores com memória RAM - Estática são significativamente mais rápidos.

41) Em uma amostra de 100 empresas de engenharia de *softwares* públicas, a porcentagem de projetos cujo custo de manutenção de sistemas computacionais consome até 40% do custo total foi de 50%. Já uma amostra de 100 empresas de engenharia de *softwares* privadas revelou que a porcentagem de projetos cujo custo de manutenção de sistemas computacionais consome até 40% do custo total foi de 40%. Existe diferença significante entre os percentuais de projetos cujo custo de manutenção de sistemas computacionais consome até 40% do custo total entre empresas de engenharia de *softwares* públicas e privadas? Teste pelo **valor-p bilateral** com uma confiança de 95%.

Solução:
Formulação das Hipóteses:

$H_0 : \pi_1 - \pi_2 = 0$
$H_1 : \pi_1 - \pi_2 \neq 0$

Cálculo do Valor–p:

$p' = [(100 \times 0,5) + (100 \times 0,40)] / (100 + 100) = 0,45$

$$Z_1 = \frac{0,10 - 0}{\sqrt{\dfrac{0,45 \times 0,55}{100} + \dfrac{0,45 \times 0,55}{100}}}$$

$$Z_1 = \frac{0,10}{\sqrt{0,005}}$$

$$Z_1 = 1,41$$

Valor–p Unilateral:

Valor–p = P(Z > 1,41) = 0,5 – 0,4207 = **0,0793**

Valor–p Bilateral:

Valor–p $_{bilateral}$ = 2 x 0,0793 = **0,1586**

Decisão:

O **valor–p** $_{bilateral}$ = **0,1586 > 0,05**, aceita-se H_0. A diferença entre os percentuais de projetos cujo custo de manutenção de sistemas computacionais consome até 40% do custo total entre empresas de engenharia de *softwares* públicas e privadas é significante. Portanto, os percentuais de projetos cujo custo de manutenção de sistemas computacionais consome até 40% do custo total entre empresas de engenharia de *softwares* públicas e privadas são iguais na população.

Capítulo 12 Noções de Inferência Estatística • **387**

42) Foi realizado um estudo sobre a resistência na adoção de um novo *software* por parte de usuários domésticos e corporativos. Uma amostra de 200 destes usuários adultos foi selecionada aleatoriamente e constatou-se um percentual de 80% de resistentes na adoção do novo *software*. Já entre os 200 jovens entrevistados, o referido percentual foi de 20%. Com base no valor-p, com confiança de 90%, existe diferença significante entre o percentual de resistência na adoção do novo programa entre adultos e jovens?

Solução:

Formulação das Hipóteses:

$$H_0 : \pi_1 - \pi_2 = 0$$
$$H_1 : \pi_1 - \pi_2 > 0$$

Cálculo do Valor-p:

$$p´ = [(200 \times 0,80) + (200 \times 0,20)] / (200 + 200) = 0,50$$

$$Z_1 = \frac{0,60 - 0}{\sqrt{\dfrac{0,50 \times 0,50}{200} + \dfrac{0,50 \times 0,50}{200}}}$$

$$Z_1 = \frac{0,6}{0,05} = 12$$

Valor-p = P(Z > 12) = 0,5 - 0,5 = **0,000**

Decisão:

O **valor-p = 0,000 < 0,10**, rejeita-se H_0. Existe diferença significante entre o percentual de resistência na adoção do novo programa entre adultos e jovens. Os adultos parecem resistir mais à adoção do novo *software* do que os jovens.

43) A longevidade média de um grupo de 126 sistemas computacionais é de 10 anos com variância 30. Outro grupo de mesmo tamanho de sistemas computacionais apresentou média de 8 anos de longevidade, com variância 30. Supondo as variâncias populacionais iguais, conclua, com base no valor-p com confiança de 99%, se existe realmente diferença entre as médias de longevidade nos dois grupos analisados.

Solução:

Formulação das Hipóteses:

$H_0 : \mu_1 - \mu_2 = 0$
$H_1 : \mu_1 - \mu_2 > 0$

Cálculo do Valor-p:

$$S_c^2 = \frac{S_1^2 (n_1 - 1) + S_2^2 (n_2 - 1)}{(n_1 + n_2 - 2)} =$$

$$S_c^2 = \frac{30(126 - 1) + 30(126 - 1)}{(126 + 126 - 2)} =$$

$$S_c^2 = 30$$

Como o grau de liberdade é suficientemente grande, pelo Teorema Central do Limite poderemos utilizar a distribuição normal padrão como aproximação da **t**-Student no cálculo do valor-p:

$$Z_1 = \frac{2-0}{\sqrt{\dfrac{30}{126} + \dfrac{30}{126}}}$$

$$Z_1 = \frac{2}{\sqrt{0,48}} =$$

$$Z_1 = \frac{2}{0,69} = 2,89$$

Valor-p = P(Z > 2,89) = 0,5 - 0,4981 = **0,0019**

Decisão:

O **valor-p < 0,01**, rejeita-se H_0. A diferença entre as médias de longevidade dos sistemas computacionais nos dois grupos analisados é significante. A longevidade do primeiro grupo de sistemas computacionais parece ser maior do que a do segundo.

44) Em tempos de *internet* 4G, o consumidor de telefone móvel quer mesmo é falar ao celular. A voz vem ganhando fôlego com a criação de um número cada vez maior de planos, com chamadas ilimitadas. A tabela abaixo apresenta a distribuição dos percentuais das receitas com voz de duas amostras de operadoras: nos planos pré-pagos e pós-pagos. As variâncias são desconhecidas, mas supostamente iguais. Teste a significância da diferença de médias de percentuais de receitas com voz entre os planos pré-pagos e pós-pagos pelo intervalo de confiança de 95%.

Planos	TIM	CLARO	VIVO	OI
Pré-pagos	0,70	0,71	0,70	0,75
Pós-pagos	0,60	0,60	0,55	0,50

Solução:

Dos cálculos das estimativas de médias e variâncias das amostras, temos:

Pré-pagos:

$$\overline{X_1} = 0,715$$
$$S_1^2 = 0,001$$

Pós-pagos:

$$\overline{X_2} = 0,563$$
$$S_2^2 = 0,002$$

Formulação das Hipóteses:

$$H_0 : \mu_1 - \mu_2 = 0$$
$$H_1 : \mu_1 - \mu_2 > 0$$

$$S_c^2 = \frac{0,001(4-1) + 0,002(4-1)}{(4+4-2)} = \mathbf{0,0015}$$

$$\phi = 6$$
$$\alpha = 0,05$$
$$t = 2,447$$

Logo,

$$e_0 = 2,447 \sqrt{\frac{0,0015}{4} + \frac{0,0015}{4}}$$

$$e_0 = 2,447 \sqrt{0,00075}$$

$$e_0 = 2,447 \times 0,027 = 0,066$$

Capítulo 12 Noções de Inferência Estatística • **391**

O Intervalo de confiança fica, então:

$0,152 - 0,066 \leq \mu_1 - \mu_2 \leq 0,152 + 0,066$

$0,086 \leq \mu_1 - \mu_2 \leq 0,218$

Decisão:

O zero está fora do intervalo de confiança, portanto a hipótese da igualdade de médias de percentuais de receitas com voz entre os planos pré-pagos e pós-pagos deve ser rejeitada. A diferença de médias de percentuais de receitas com voz entre os planos é significante. Nos planos pré-pagos, o percentual médio de receitas com voz é maior.

45) Em 2013, os bairros Botafogo e Centro concentravam as empresas de tecnologia de informação do Rio. Das 127 companhias listadas no mapa digital disponibilizado na época *on-line* pela Rio Negócios, 31 ficavam em Botafogo e 35 no Centro. Das 31 companhias de TI de Botafogo, 23 são empresas digitais, 4 são aceleradoras, 3 investidoras e 1 é espaço de *co-working*. Das 35 do Centro, 23 são empresas digitais, 1 aceleradora, 1 café com *wi-fi*, 2 *co-workings*, 5 incubadoras e 3 investidoras. Existem evidências estatísticas que o percentual de empresas digitais entre os dois bairros seja diferente? Teste pelo valor-p ao nível de 1% de significância.

Solução:

$$p_1 = \frac{23}{31} = 0,74$$

$$p_2 = \frac{23}{35} = 0,66$$

Cálculo do Valor-p:

$p' = [(31x0,74) + (35x0,66)] / (31+35) = 0,70$

$$Z_1 = \frac{0,08 - 0}{\sqrt{\dfrac{0,70 \times 0,30}{31} + \dfrac{0,70 \times 0,30}{35}}}$$

$$Z_1 = \frac{0,08 - 0}{\sqrt{0,014}}$$

$$Z_1 = 0,67$$

Valor $-$ p $=$ P(Z $>$ 0,67) $=$ 0,5 $-$ 0,2486 $=$ **0,2514**

Decisão:

O **valor-p > 0,01**, aceita-se H_0. Não foi encontrada diferença significante entre o percentual de empresas digitais nos bairros de Botafogo e Centro em 2013.

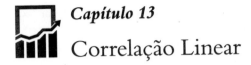

Capítulo 13
Correlação Linear

Conceito de Correlação

A correlação é uma medida padronizada da relação entre duas variáveis, bem como a força dessa relação.

A correlação nunca pode ser maior do que 1 ou menor do que menos 1. Uma correlação próxima a zero indica que as duas variáveis não estão relacionadas. Já uma correlação positiva indica que as duas variáveis se movem juntas e a relação é mais forte quanto mais à correlação se aproxima de um.

Uma correlação negativa indica que as duas variáveis movem-se em direções opostas e que a relação também fica mais forte quanto mais próxima de menos 1 a correlação ficar.

Duas variáveis que estão perfeitamente correlacionadas positivamente movem-se essencialmente em perfeita proporção na mesma direção, enquanto dois conjuntos que estão perfeitamente correlacionados negativamente movem-se em perfeita proporção em direções opostas.

Correlação Linear

É o grau de relação **linear** existente entre duas variáveis contínuas e normalmente distribuídas. Indica o grau de aderência ou a qualidade do ajuste dos pares X e Y a uma equação linear: a uma reta.

Coeficiente de Correlação Linear de *Pearson (r)*

O grau de relação entre duas variáveis contínuas na população pode ser medido através do coeficiente de correlação de *Pearson*: o ρ.

Na população, ρ mede a aderência ou a qualidade do ajuste à verdadeira reta, na qual pretendemos relacionar X e Y.

Mas, por questões operacionais de custo e tempo, nem sempre podemos dispor de uma população de pares X e Y e o que se tem disponível é uma amostra de n pares ordenados X e Y.

O coeficiente de correlação de *Pearson* calculado na amostra chama–se r.

O r é, portanto, uma estimativa do parâmetro ρ:

$$\hat{\rho} = r$$

Expressão do Coeficiente de Correlação de *Pearson (r)*

$$r = \frac{\left(n\sum XY\right)-\left(\sum X\right)\left(\sum Y\right)}{\sqrt{\left[n\sum X^2 -\left(\sum X\right)^2\right]\cdot\left[n\sum X^2 -\left(\sum X\right)^2\right]}}$$

Onde **n** é o número de observações.

Intervalo de Variação de r

O coeficiente de correlação r é uma medida cujo valor se situa no intervalo compreendido pelos valores [-1, 1]:

$$-1 \leq r \leq 1$$

Assim temos:

r=**1**, correlação linear perfeita positiva;
r=**-1**, correlação linear perfeita negativa;
r=**0**, não há relação linear entre as variáveis X e Y.

Empiricamente, mostrou–se que a intensidade de r pode ser consultada no quadro abaixo:

Valor Absoluto de r	Intensidade da Relação de X e Y
0	Nula
(0; 0,3]	Fraca
(0,3 ; 0,6]	Média
(0,6 ; 0,9]	Forte
(0,9 ; 0,99]	Fortíssima
1,00	Perfeita

Para podermos tirar algumas conclusões significativas sobre o comportamento simultâneo das variáveis analisadas, é necessário que:

$$0,6 \leq r \leq 1,0$$

Observação:

Contudo, se r for igual a zero não significa necessariamente que exista ausência de relação entre X e Y, mas apenas ausência de relação linear. Uma relação linear perfeita entre X e Y poderia resultar igualmente em r= 0.

Representando, em um sistema coordenado cartesiano ortogonal, os pares (X; Y) obtemos uma nuvem de pontos que denominamos **diagrama de dispersão**. Esse diagrama fornece uma ideia grosseira, porém útil, da correlação existente.

Exemplo:

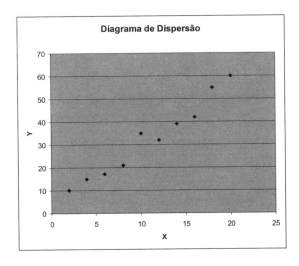

Os pontos obtidos, vistos em conjunto, formam uma *elipse* em diagonal. Podemos imaginar que, quanto mais fina for a *elipse*, mais ela se aproxima de uma reta. Dizemos, então, que a correlação de forma elíptica que tem como "*imagem*" uma reta forma a **correlação linear**.

O gráfico abaixo mostra a "*imagem*" da elipse dos pontos do gráfico acima.

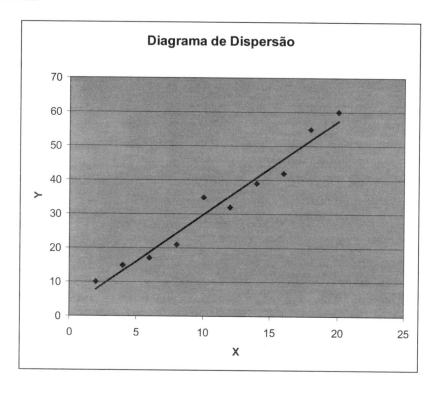

É possível verificar que a cada correlação está associada como "*imagem*" uma relação funcional. Por esse motivo, os modelos lineares são chamados de relações perfeitas porque constituem "*imagens*" de elipses surgidas no diagrama de dispersão.

Como a correlação do diagrama acima tem como imagem uma reta ascendente, ela é chamada de **correlação linear positiva**.

Diagramas de Dispersão de X e Y com Casos Possíveis de r:

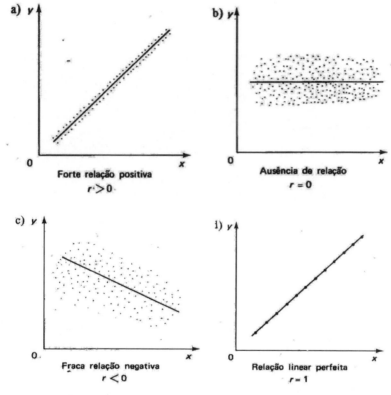

Exemplos:

1) A tabela abaixo relaciona a velocidade de impressão (em p.p.m.) e o preço de venda (R$) de impressoras vendidas em um *site* de vendas pela *internet*. Calcule o coeficiente de correlação e indique o grau de correlação.

Velocidade de Impressão (p.p.m.)	Preço de Venda (R$)
12	300,00
15	350,00
16	480,00
18	900,00
32	1.200,00
38	2.000,00
40	3.200,00

Solução:

Diagrama de Dispersão:

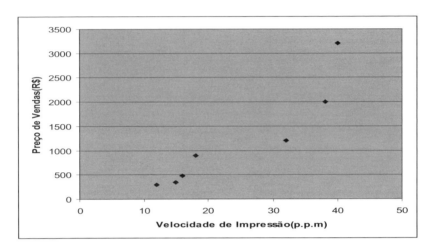

Interpretação:

Existe uma relativa tendência linear detectada no diagrama de dispersão e que pode ser confirmada pelo cálculo do coeficiente de correlação.

Vamos calcular o coeficiente de correlação:

Solução:

Quadro de Cálculo:

Velocidade de Impressão (p.p.m.) (X)	Preço de Venda (R$) (Y)	X^2	Y^2	XY
12	300,00	144	90000	3600
15	350,00	225	122500	5250
16	480,00	256	230400	7680

18	900,00	324	810000	16200
32	1.200,00	1024	1440000	38400
38	2.000,00	1444	4000000	76000
40	3.200,00	1600	10240000	128000
171	**8430**	**5017**	**16932900**	**275130**

$$r = \frac{\left(n\sum XY\right) - \left(\sum X\right)\left(\sum Y\right)}{\sqrt{\left[n\sum X^2 - \left(\sum X\right)^2\right] \cdot \left[n\sum X^2 - \left(\sum X\right)^2\right]}}$$

$$r = \frac{(7.275130) - (171)(8430)}{\sqrt{\left[7.5017 - (171)^2\right] \cdot \left[7.16932900 - (8430)^2\right]}}$$

$$r = \frac{484380}{528206} = \mathbf{0,92}$$

Grau de correlação: fortíssima correlação positiva

2) Abaixo relacionamos a quantidade de memória RAM (GB) segundo o tempo de resposta do sistema (em segundos):

Memória RAM do Computador (GB)	Tempo de Resposta do Sistema (segundos)
1	60
2	30
4	10
6	4
8	1

Solução:

Diagrama de Dispersão:

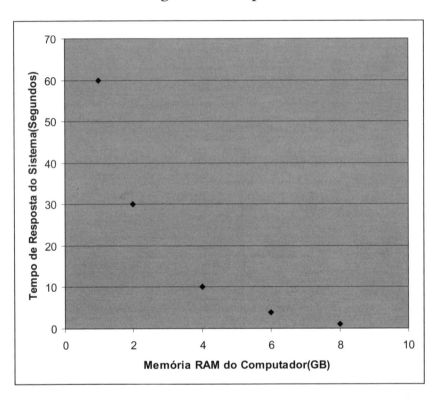

Interpretação:

A imagem da elipse projetada no diagrama de dispersão pode ser considerada como uma reta.

Capítulo 13 Correlação Linear • **401**

Cálculo do coeficiente de correlação:

Quadro de Cálculo:

Memória RAM do Computador (GB)	Tempo de Resposta do Sistema (segundos)	X^2	Y^2	XY
1	60	1	3600	60
2	30	4	900	60
4	10	16	100	40
6	4	36	16	24
8	1	64	1	8
21	**105**	**121**	**4617**	**192**

$$r = \frac{\left(n\sum XY\right) - \left(\sum X\right)\left(\sum Y\right)}{\sqrt{\left[n\sum X^2 - \left(\sum X\right)^2\right] \cdot \left[n\sum X^2 - \left(\sum X\right)^2\right]}}$$

$$r = \frac{(5.192) - (21)(105)}{\sqrt{\left[5.121 - (21)^2\right] \cdot \left[5.4617 - (105)^2\right]}}$$

$$r = \frac{-1245}{1406} = \mathbf{0,89}$$

Grau de correlação: forte correlação negativa

3) A câmara dos deputados aprovou mudança no aviso prévio dos trabalhadores brasileiros. A ampliação do benefício em função do tempo de serviço está descrita na tabela abaixo. Comprove a correlação entre as variáveis pelo coeficiente de correlação linear.

Tempo de Aviso Prévio em função do Tempo de Trabalho

Tempo de Trabalho (em anos)	Tempo de Aviso Prévio (em dias)
1	33
2	36
3	39
4	42
5	45
6	48
7	51
8	54
9	57
10	60
11	63
12	66
13	69
14	72
15	75
16	78
17	81
18	84
19	87
20	90

Fonte: Jornal O GLOBO 23/09/2011.

Solução:

Diagrama de Dispersão:

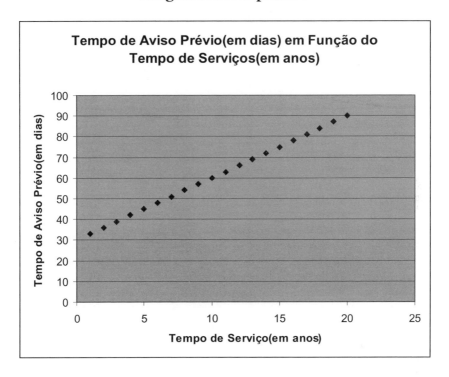

Interpretação:

Percebe-se nitidamente perfeita correlação linear positiva.

Tempo de Trabalho (em anos)	Tempo de Aviso Prévio (em dias)	XY	X^2	Y^2
1	33	33	1	1089
2	36	72	4	1296
3	39	117	9	1521
4	42	168	16	1764
5	45	225	25	2025
6	48	288	36	2304
7	51	357	49	2601
8	54	432	64	2916
9	57	513	81	3249
10	60	600	100	3600
11	63	693	121	3969
12	66	792	144	4356
13	69	897	169	4761
14	72	1008	196	5184
15	75	1125	225	5625
16	78	1248	256	6084
17	81	1377	289	6561
18	84	1512	324	7056
19	87	1653	361	7569
20	90	1800	400	8100

$$r = \frac{\left(n\sum XY\right) - \left(\sum X\right)\left(\sum Y\right)}{\sqrt{\left[n\sum X^2 - \left(\sum X\right)^2\right] \cdot \left[n\sum X^2 - \left(\sum X\right)^2\right]}}$$

$$r = \frac{\left(20.14910\right) - \left(210\right)\left(1230\right)}{\sqrt{\left[20.2870 - \left(210\right)^2\right] \cdot \left[20.81630 - \left(1230\right)^2\right]}}$$

r= (39900)/(39900) = 1,00; **perfeita correlação linear positiva.**

Capítulo 13 Correlação Linear • **405**

4) Um grupo de analistas em informática fez uma avaliação do peso aparente de alguns *laptops* típicos de uma região visitada. Com o peso real e a média dos pesos aparentes, dados pelo grupo, obteve-se a tabela abaixo. Vamos buscar a força da relação linear existente entre as variáveis.

Peso Real	Peso
18	10
30	23
42	33
62	60
73	91
97	98
120	159

É necessário construir a tabela de cálculo a seguir:

Tabela: Cálculo do coeficiente de correlação linear

Peso Real (x_i)	Peso Aparente (y_i)	$x_i y_i$	x_i^2	y_i^2
18	10	180	324	100
30	23	690	900	529
42	33	1386	1764	1089
62	60	3720	3844	3600
73	91	6643	5329	8281
97	98	9506	9409	9604
120	159	19080	14400	25281
$\Sigma = 442$	$\Sigma = 474$	$\Sigma = 41205$	$\Sigma = 35970$	$\Sigma = 48484$

Logo:

$$r = \frac{7 \times 41.402 - 442 \times 474}{\sqrt{\left[7 \times 35.970(442)^2\right] \times \left[7 \times 48.484 - (474)^2\right]}}$$

$$r = \frac{289.814 - 209.508}{\sqrt{56.426 \times 114.712}}$$

$$r = \frac{80.306}{80.453}$$

$r \approx \mathbf{1,00}$

Grau de correlação: fortíssima correlação positiva

5) Abaixo relacionamos a tabela do número de parcelas (X) em função do valor da parcelas (Y) na compra de um tipo de memória RAM de uma certa marca em um *site* de compra na seção de artigos de informática. Calcule o coeficiente de correlação linear das variáveis e indique o grau desta relação.

Parcelas	Valor da Parcela (R$)
1	70,0
2	36,05
3	24,27
4	18,38
5	14,85
6	12,49
7	10,81
8	9,55
9	8,57
10	7,79
11	7,15
12	6,62
13	6,16
14	5,78
15	5,44
16	5,15

Solução:

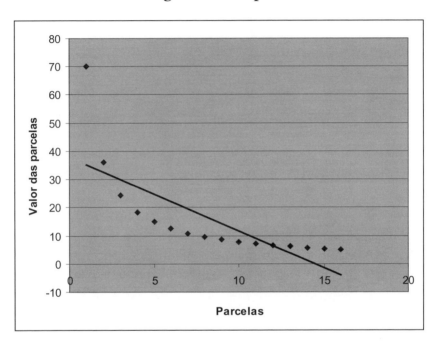

Diagrama de Dispersão

Interpretação:

A imagem que se tem da relação é mais de uma exponencial do que de uma relação linear.

Quadro de Cálculo:

X	Y	X²	Y²	XY
1	70	1	4900	70
2	36.05	4	1299.603	72.1
3	24.27	9	589.0329	72.81
4	18.38	16	337.8244	73.52
5	14.85	25	220.5225	74.25
6	12.49	36	156.0001	74.94
7	10.81	49	116.8561	75.67

8	9.55	64	91.2025	76.4
9	8.57	81	73.4449	77.13
10	7.79	100	60.6841	77.9
11	7.15	121	51.1225	78.65
12	6.62	144	43.8244	79.44
13	6.16	169	37.9456	80.08
14	5.78	196	33.4084	80.92
15	5.44	225	29.5936	81.6
16	5.15	256	26.5225	82.4
136	**249.06**	**1496**	**8067.59**	**1227.81**

O cálculo do coeficiente de correlação **r** será:

$$r = \frac{\left(n\sum XY\right) - \left(\sum X\right)\left(\sum Y\right)}{\sqrt{\left[n\sum X^2 - \left(\sum X\right)^2\right] \cdot \left[n\sum Y^2 - \left(\sum Y\right)^2\right]}}$$

$$r = \frac{\left(16.1227,81\right) - \left(136\right)\left(249,06\right)}{\sqrt{\left[16.1496 - \left(136\right)^2\right] \cdot \left[16.8067,59 - \left(249,06\right)^2\right]}}$$

$$r = \left(-14227,02\right)/\left(19098,56\right) = \mathbf{-0,74}$$

Grau de correlação: **forte correlação linear negativa**.

Teste de Significância de r:

Quando calculamos a estatística r, calculamos uma estimativa de um parâmetro populacional ρ. Toda estatística pode estar sujeita a um erro amostral grande. Para saber se o valor do coeficiente de correlação obtido junto à amostra é significante ou fruto de erro amostral, é fortemente recomendado testar a significância de r.

Para avaliarmos a significância de r, testaremos as seguintes hipóteses:

$\mathbf{H_0}$; $\rho = 0$
$\mathbf{H_1}$: $\rho \neq 0$

Para realizar o referido teste de significância, poderemos calcular o valor-p bilateral junto à distribuição *t-Student* com ϕ = n-2:

$$t = \frac{r}{\left(\sqrt{1-r^2}\right)/\sqrt{n-2}}$$

O valor-p é obtido junto a tabela t-Student. Na linha do grau de liberdade ϕ, procura-se o valor mais próximo do valor absoluto de t. O valor -p é a probabilidade α na linha **bilateral** do cabeçalho da tabela associada a este valor mais próximo de t.

Exemplo 1:

Teste de Significância de r:

$$t = \frac{0,92}{\left(\sqrt{1-0,92}\right)/\sqrt{7-2}} \approx 5,25$$

ϕ = 7-2 = 5 $\rightarrow$ Valor - p $\rightarrow$ 0,01

Valor - p $\approx$ **0,01** ou **1%**

Decisão:

1% < 5%, rejeita-se H_0. O coeficiente de correlação é diferente de zero. Existe correlação de X e Y. r = 0,92 é significante ao nível de 5%.

Exemplo 2:

Teste de Significância de r:

$$t = \frac{-0,89}{\left(\sqrt{1-(-0,89)^2}\right)/\sqrt{5-2}} \approx 3,38$$

ϕ = 5-2 = 3 $\rightarrow$ Valor - p $\rightarrow$ 0,05

Valor-p $\approx$ **0,05** ou **5%**

Decisão:

5% = 5%, rejeita-se H_0. O coeficiente de correlação é diferente de zero. Existe correlação de X e Y. r= – 0,89 é significante ao nível de 5%.

Exemplo 3:

Como o valor de r = 1,00, a sua significância pode ser considerada com alta probabilidade de ser garantida.

Exemplo 4:

Como o valor de r $\approx$ 1,00, a sua significância pode ser considerada também com alta probabilidade de ser garantida.

Exemplo 5:

Teste de Significância de r:

$$t = \frac{-0,79}{\left(\sqrt{1-(-0,79)^2}\right)/\sqrt{16-2}} \approx -4,52$$

ϕ = 16 – 2 = 14 $\rightarrow$ Valor-p $\rightarrow$ 0,01

Valor-p $\approx$ **0,01** ou **1%**

Decisão:

1% < 5%, rejeita-se H_0. O coeficiente de correlação é diferente de zero. Existe correlação de X e Y. r= – 0,79 é significante ao nível de 5%.

Observação:

Os gráficos dos exemplos e dos exercícios propostos foram feitos na planilha *Excel*.

Atividades Propostas

1) Pretendendo-se estudar a relação entre as variáveis "consumo de energia elétrica de impressoras (X)" e "volume de serviços de informática nas empresas (Y)", fez-se uma amostragem que inclui vinte empresas, computando-se os seguintes valores: $\Sigma X = 11,34$, $\Sigma Y = 20,72$, $\Sigma X^2 = 12,16$, $\Sigma Y = 84,96$, $\Sigma XY = 22,13$.

Calcule o coeficiente de correlação e indique o grau de correlação entre as variáveis.

Solução:

Podemos aplicar a fórmula do coeficiente de correlação de *Pearson* diretamente:

$$r = \frac{20 \times 22,13 - 11,34 \times 20,72}{\sqrt{\left[20 \times 12,16 - (11,34)^2\right] \times \left[20 \times 84,96 - (20,72)^2\right]}}$$

$$r = \frac{442,60 - 234,96}{\sqrt{114,60 \times 1269,88}}$$

$$r = \frac{207,64}{381,48}$$

$$r = \mathbf{0,54}$$

Grau de correlação: média correlação positiva

2) A tabela abaixo informa a quantidade de empréstimos averbados no contracheque de uma amostra de servidores públicos federais (X) em função da quantidade de refinanciamentos dos mesmos (Y). Construa o diagrama de dispersão, calcule o coeficiente de correlação de *Pearson* e teste a sua significância. Interprete os resultados.

X	Y
1	2
2	4
3	6
4	7
5	12
6	12
7	13
8	16
9	17
10	18
11	22
12	23
13	25
14	26
15	28
16	30
17	30
18	31
19	37
20	38

Solução:

Diagrama de Dispersão:

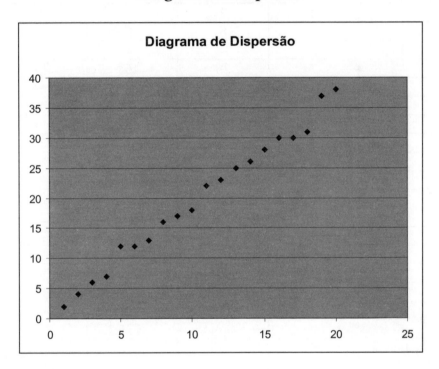

Pela análise do diagrama de dispersão, constatamos que a relação da quantidade de empréstimos averbados no contracheque de uma amostra de servidores públicos federais (X) em função da quantidade de refinanciamentos dos mesmos (Y) segue uma tendência linear.

Quadro de Cálculo de r:

(X)	(Y)	XY	X²	Y²
1	2	2	1	4
2	4	8	4	16
3	6	18	9	36
4	7	28	16	49
5	12	60	25	144
6	12	72	36	144
7	13	91	49	169
8	16	128	64	256
9	17	153	81	289
10	18	180	100	324
11	22	242	121	484
12	23	276	144	529
13	25	325	169	625
14	26	364	196	676
15	28	420	225	784
16	30	480	256	900
17	30	510	289	900
18	31	558	324	961
19	37	703	361	1369
20	38	760	400	1444
210	**397**	**5378**	**2870**	**10103**

$$r = \frac{(20.5378) - (210)(397)}{\sqrt{\left[20.2870 - (210)^2\right] \times \left[20.10103 - (397)^2\right]}}$$

r= **0,97, fortíssima correlação linear positiva**.

Teste de Significância de r:

$$t = \frac{0,99}{\left(\sqrt{1 - 0,99^2}\right) / \sqrt{20 - 2}} = 41,75$$

$\phi = 20-2 = 18 \rightarrow$ Valor-p $\rightarrow 0,01$

Valor - p ≈ **0,01** ou **1%**

Decisão:

1% < 5%, rejeita-se H_0. O coeficiente de correlação é diferente de zero. Existe correlação de X e Y. r=0,99 é significante ao nível de 5%.

3) Abaixo se relaciona cabos de monitores (em metros) e seu preço de venda (em reais). Calcule o coeficiente de correlação, o seu grau de correlação e teste sua significância.

Cabo de Monitores (em metros)	Preço de venda (em reais)
1,5	30,00
1,8	40,00
2,0	60,00
3,0	80,00
5,0	120,00

Solução:

Diagrama de Dispersão:

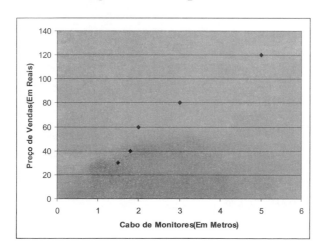

Interpretação:

Pela observação gráfica, constata-se uma tendência linear entre as variáveis.

Cálculo do Coeficiente de Correlação:

Quadro de Cálculo

Cabo de Monitores (em metros)	Preço de venda (em reais)	X^2	Y^2	XY
1,5	30,00	2.25	900	45
1,8	40,00	3.24	1600	72
2,0	60,00	4	3600	120
3,0	80,00	9	6400	240
5,0	120,00	25	14400	600
13.3	**330**	**43.49**	**26900**	**1077**

$$t = \frac{(5.1077)-(13,3)(330)}{\sqrt{\left[5.43,49-(13,3)^2\right]\cdot\left[5.26900-(330)^2\right]}}$$

r= 0,98, **fortíssima correlação linear positiva.**

Teste de Significância de r:

$$t = \frac{0,98}{\left(\sqrt{1-0,98^2}\right)/\sqrt{5-2}} = 8,53$$

$\phi = 5\text{-}2 = 3 \rightarrow$ Valor-p $\rightarrow 0,01$

Valor-p $\approx$ **0,01 ou 1%**

Decisão:

1% < 5%, rejeita-se H_0. O coeficiente de correlação é diferente de zero. Existe correlação de X e Y. r=0,98 é significante ao nível de 5%.

4) Abaixo se relaciona cartão de memória para microcomputadores e seus preços de venda (em reais) disponíveis na *internet*. Calcule o coeficiente de correlação, o seu grau de correlação e teste sua significância.

Cartão de Memória (GB)	Preço de Venda (R$)
2	15,00
4	18,00
8	40,00
16	120,00
32	130,00

Solução:

Diagrama de Dispersão:

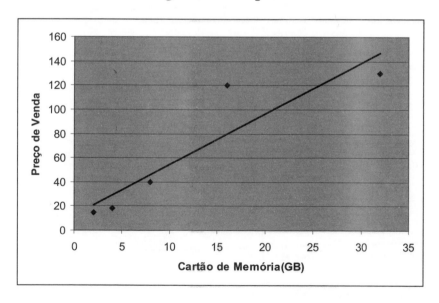

Interpretação:

Pela observação gráfica, constata-se uma tendência linear entre as variáveis.

Cálculo do Coeficiente de Correlação:

Quadro de Cálculo

Cartão de Memória (GB)	Preço de venda (em reais)	X^2	Y^2	XY
2	15,00	4	225	30
4	18,00	16	324	72
8	40,00	64	1600	320
16	120,00	256	14400	1920
32	130,00	1024	16900	4160
62	**323**	**1364**	**33449**	**6502**

$$r = \frac{(5.6502)-(62)(323)}{\sqrt{\left[5.1364-(62)^2\right]\cdot\left[5.33449-(323)^2\right]}}$$

$r = 0,91$, **fortíssima correlação linear positiva**.

Teste de Significância de r:

$$r = \frac{0,91}{\left(\sqrt{1-0,91^2}\right)/\sqrt{5-2}} = 3,80$$

$\phi = 5\text{-}2 = 3 \rightarrow$ Valor-p $\rightarrow 0,05$

Valor-p $\approx$ **0,05** ou **5%**

Decisão:

5% = 5%, rejeita-se H_0. O coeficiente de correlação é diferente de zero. Existe correlação de X e Y. r=0,91 é significante ao nível de 5%.

5) Abaixo se relaciona telas para microcomputadores (em polegadas) e quantidade ofertada disponível para venda na *internet*. Calcule o coeficiente de correlação, o seu grau de correlação e teste a sua significância.

Telas de Computadores (em Polegadas)	Quantidade Ofertada na *Internet*
15	50
17	20
18	15
19	12
20	10
24	8
22	5
23	4

Solução:

Diagrama de Dispersão:

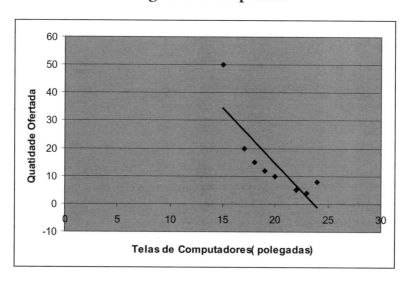

Interpretação:

Pela observação gráfica, constata-se uma tendência linear razoável entre as variáveis.

Cálculo do Coeficiente de Correlação:

Quadro de Cálculo

Telas de Computadores (em Polegadas)	Quantidade Ofertada na *Internet*	X^2	Y^2	XY
15	50	225	2500	750
17	20	289	400	340
18	15	324	225	270
19	12	361	144	228
20	10	400	100	200
24	8	576	64	192
22	5	484	25	110
23	4	529	16	92
158	**124**	**3188**	**3474**	**2182**

$$r = \frac{(8.2182) - (158)(124)}{\sqrt{\left[8.3188 - (158)^2\right] \cdot \left[8.3474 - (124)^2\right]}}$$

r= -0,82, **forte correlação linear negativa**.

Teste de Significância de r:

$$t = \frac{-0,82}{\left(\sqrt{1 - (-0,82)^2}\right) / \sqrt{8 - 2}} = -3,51$$

$\phi = 8 - 2 = 6 \rightarrow$ Valor-p $\rightarrow 0,01$

Valor-p $\approx$ **0,01** ou **1%**

Decisão:

1% < 5%, rejeita-se H_0. O coeficiente de correlação é diferente de zero. Existe correlação de X e Y. r = – 0,82 é significante ao nível de 5%.

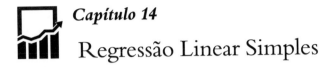

Capítulo 14
Regressão Linear Simples

Conceito de Regressão Linear

É o estabelecimento de uma relação, traduzida por uma equação, que permite estimar e explicar o valor de uma variável em função de outras variáveis.

A análise de regressão linear é, então, um conjunto de métodos e técnicas para o estabelecimento de uma reta empírica que interprete a relação funcional entre variáveis com boa aproximação.

Conceito de Regressão Linear Simples

É o estabelecimento de uma relação, traduzida por uma equação linear, que permite estimar e explicar o valor de uma variável em função de uma **única** outra variável. A análise da regressão linear simples tem como resultado uma equação matemática que descreve o relacionamento entre duas variáveis. É chamada de regressão linear simples, portanto, porque só envolve uma única variável explicativa em um modelo linear.

Finalidades da Análise de Regressão Linear Simples

- Estimar o valor de uma variável com base no valor conhecido de outra;
- Explicar o valor de uma variável em termos de outra;
- Predizer o valor futuro de uma variável.

Variável Independente (X)

É a variável explicativa do modelo. É com ela que se procura explicar ou predizer a outra variável. Também é chamada de variável preditora, explicativa ou exógena.

Variável Dependente (Y)

É a variável explicada do modelo, que se procura explicação através da variável explicativa. A regressão linear tenta reproduzir em uma equação matemática o modo como o comportamento da variável dependente é explicado pela variável independente. Também é chamada de variável desfecho, resposta, explicada ou endógena.

Exemplos:

1. {Memórias RAM (X); tempo de resposta do sistema (Y)}
2. {velocidade de impressoras (X); preço de venda (Y)}
3. {quantidade de programadores (X); quantidade de programas criados (Y)}
4. {cartão de memória (X); preço de venda (Y)}
5. {largura do computador (X); peso do computador(Y)}

Equação de Regressão Linear Simples

É impraticável conhecer e utilizar todas as variáveis que influenciam Y: pelo desconhecimento da natureza e/ou valores de algumas ou pela dificuldade de observá-las ou medi-las. Portanto, é operacionalmente viável utilizarmos um número menor de variáveis para explicar Y e chamar de e_i todas as variáveis que não conseguimos colocar no modelo, isto é, controlar. Esta variável é chamada de erro e sua estimativa é denominada de resíduo.

Na análise de regressão linear simples, a explicação da variável resposta pode ser escrita na forma de um modelo:

$$Resposta = valor\ médio\ de\ Y + erro$$

O modelo indica que a resposta de uma variável explicada é dada pelo valor médio de Y acrescida de uma quantidade, que os estatísticos chamam de erro.

A análise de regressão linear simples de um conjunto de dados exige que sejam feitas algumas pressuposições sobre os erros, sem as quais os resultados das análises não são válidos. As pressuposições são:

- Ausência de pontos discrepantes;
- Erros independentes;
- Variância constante;
- Distribuição dos erros normalmente distribuídos.

O modelo linear simples é o que contém uma única variável independente. Logo, podemos escrever o modelo de regressão linear simples da seguinte maneira:

Resposta = valor médio de Y + erro
Resposta = reta de regressão + erro

$Y = \alpha + \beta X + erro$
$\mathbf{Y = \alpha + \beta X + e}$

Onde α e β são os coeficientes do modelo, isto é, os parâmetros a serem estimados.

Coeficiente de Regressão (β)

O valor de β, coeficiente angular da reta, é chamado de **coeficiente de regressão** e indica, em termos absolutos, a importância ou o peso que a variável explicativa X tem como preditora de Y: cada incremento de uma unidade em X provoca um aumento ou diminuição igual ao coeficiente de regressão em Y.

Exemplo:

Vamos supor que um modelo que explique Y seja:

$$Y = 2 + 2X$$

$X=1 \rightarrow Y = 4$
$X=2 \rightarrow Y = 6$
$X=3 \rightarrow Y = 8$
$X=4 \rightarrow Y = 10$
E assim por diante...

Fases da Regressão Linear Simples

1ª) Sempre iniciar com um gráfico de dispersão para observar a possível relação entre X e Y, calcular o coeficiente de correlação de Pearson para confirmar a inspeção gráfica e realizar o seu teste de significância;

2ª) Estimar os valores dos coeficientes da linha de regressão, se a correlação linear for aceitável;

3ª) Calcular o coeficiente de explicação do modelo;

4ª) Realizar os testes de existência de regressão linear;

5ª) Verificar a violação dos pressupostos básicos e, caso haja algum, tomar as providências cabíveis;

6ª) Se a avaliação feita nos item acima não indicar violação nos pressupostos, então podem-se considerar os aspectos de inferência da análise de regressão e explicar a variável dependente pela variável independente e fazer previsões.

Estimação dos Parâmetros do Modelo de Regressão Linear Simples

A estimação consiste em estimar os valores dos parâmetros α e β através do método dos mínimos quadrados.

Exemplo:

O modelo linear é da forma:
$$Y = \alpha + \beta X + e$$

Para estimar α utilizaremos o estimador **a** e para estimar β o estimador **b**. Será necessário estimar as estatísticas a e b a partir de n pares de observações (X; Y). Dessa forma, utilizaremos como estimativa da linha de regressão:

$$\hat{Y} = a + bX$$

Onde, $\hat{Y}$ (lê-se Y chapéu) será o estimador de Y.

Visualização do Erro no Diagrama de Dispersão

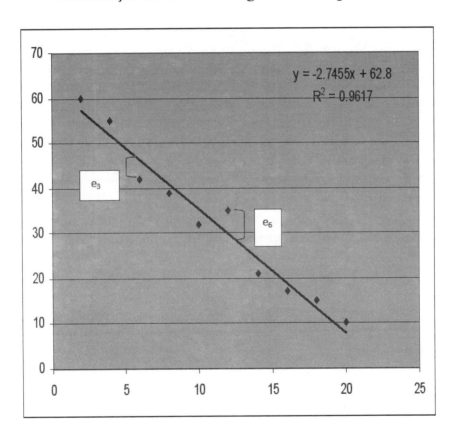

Para determinação dos estimadores do modelo de regressão existem vários métodos, dos quais se sobressai o **Método dos Mínimos Quadrados**. Ele tem por objetivo obter a e b de modo que a soma da diferença ao quadrado entre o valor real de Y e o estimado, $\hat{Y}$, seja mínimo:

$$\textbf{Min } \Sigma(\textbf{Y} - \hat{\textbf{Y}})^2 = \textbf{Min } \Sigma(\textbf{e})^2$$

Substituindo $\hat{Y} = a + bX$ na expressão acima e chamando-a de S:

$$\textbf{S= Min } \Sigma(\textbf{Y} - \textbf{a} - \textbf{bX})^2$$

Como o método dos mínimos quadrados consiste em determinar valores de a e b de modo que a soma dos quadrados dos erros seja mínima, deveremos ter as derivadas parciais de S em relação aos estimadores a e b iguais a zero:

$$\frac{\varphi S}{\varphi a} = -2\sum(Y - a - bX) = 0$$

$$\frac{\varphi S}{\varphi b} = -2\sum(Y - a - bX) = 0$$

Dessa forma, obtemos o seguinte sistema de equações:

$$\Sigma Y = na + b\,\Sigma X$$
$$\Sigma XY = a\Sigma X + b\,\Sigma X^2$$

Resolvendo o sistema de equações acima, encontramos as expressões dos estimadores a e b:

Capítulo 14 Regressão Linear Simples • **429**

$$b = \frac{\sum XY - \dfrac{\sum X \sum Y}{n}}{\sum X^2 - \dfrac{(\sum X)^2}{n}}$$

$$a = \overline{Y} - b \cdot \overline{X}$$

Onde:

$$\overline{X} = (\sum X)/n$$
$$\overline{Y} = (\sum Y)/n$$

Observações:

- A previsão da variável dependente resultará sempre em um valor médio. Em analogia à média aritmética, a linha de regressão é uma "média" dos valores de Y para cada valor de X. A relação entre X e Y é média;
- Quando fazemos previsão não obteremos para um dado valor de Y, necessariamente, um valor exato e, sim, um valor médio quando a variável independente assume um dado valor X;
- Para fazermos previsão acerca da variável dependente Y, não devemos utilizar valores da variável independente X que extrapolem o intervalo de valores utilizados no modelo de regressão porque a linha de regressão só vale para o domínio de X utilizado.

Exemplos:

1) A tabela abaixo relaciona a velocidade de impressão (em p.p.m.) e o preço de venda (R$) de impressoras vendidas em um *site* de vendas por *internet*. Obtenha a reta de regressão.

Velocidade de Impressão (p.p.m.)	Preço de Venda (R$)
12	300,00
15	350,00
16	480,00
18	900,00
32	1200,00
38	2000,00
40	3200,00

Solução:

Quadro de Cálculo:

Velocidade de Impressão (p.p.m.) (X)	Preço de Venda (R$) (Y)	X^2	Y^2	XY
12	300,00	144	90000	3600
15	350,00	225	122500	5250
16	480,00	256	230400	7680
18	900,00	324	810000	16200
32	1200,00	1024	1440000	38400
38	2000,00	1444	4000000	76000
40	3200,00	1600	10240000	128000
171	**8430**	**5017**	**16932900**	**275130**

Capítulo 14 Regressão Linear Simples • **431**

$$b = \frac{\sum XY - \dfrac{\sum X \sum Y}{n}}{\sum X^2 - \dfrac{(\sum X)^2}{n}}$$

$$b = \frac{275130 - \dfrac{171 \times 8430}{7}}{5017 - \dfrac{(171)^2}{7}}$$

Em seguida,

$$\overline{X} = (\sum X)/n = 171/7 = 24,43$$
$$\overline{Y} = (\sum Y)/n = 8430/7 = 1204,29$$

Logo, a equação da reta será:

$$\hat{Y} = -808,99 + 82,41X$$

2) Abaixo relacionamos a quantidade de memória RAM (GB) segundo o tempo de resposta do sistema (em segundos). Obtenha a reta de regressão.

Memória RAM do Computador (GB)	Tempo de Resposta do Sistema (segundos)
1	60
2	30
4	10
6	4
8	1

432 • Estatística Aplicada à Informática e às suas novas Tecnologias

Solução:

Quadro de Cálculo:

Memória RAM do Computador (GB)	Tempo de Resposta do Sistema (segundos)	X^2	Y^2	XY
1	60	1	3600	60
2	30	4	900	60
4	10	16	100	40
6	4	36	16	24
8	1	64	1	8
21	**105**	**121**	**4617**	**192**

$$b = \frac{192 - \dfrac{21 \times 105}{5}}{121 - \dfrac{(21)^2}{5}}$$

Em seguida,

$$\overline{X} = \left(\sum X\right)/n = 21/5 = 4,2$$
$$\overline{Y} = \left(\sum Y\right)/n = 105/5 = 21$$

$$a = \overline{Y} - b \cdot \overline{X} = 21 + 7,59 \times 4,2 = 52,28$$

Logo, a equação da reta será:

$$\hat{Y} = 52,88 - 7,59X$$

3) A câmara dos deputados aprovou mudança no aviso prévio dos trabalhadores brasileiros. A ampliação do benefício em função do tempo de serviço está descrita na tabela abaixo. Obtenha a reta de regressão.

Tempo de Aviso Prévio em função do Tempo de Trabalho

Tempo de Trabalho (em anos)	Tempo de Aviso Prévio (em dias)
1	33
2	36
3	39
4	42
5	45
6	48
7	51
8	54
9	57
10	60
11	63
12	66
13	69
14	72
15	75
16	78
17	81
18	84
19	87
20	90

Fonte: Jornal O GLOBO 23/09/2011.

Solução:

Quadro de Cálculo

Tempo de Trabalho (em anos)	Tempo de Aviso Prévio (em dias)	XY	X^2	Y^2
1	33	33	1	1089
2	36	72	4	1296
3	39	117	9	1521
4	42	168	16	1764
5	45	225	25	2025
6	48	288	36	2304
7	51	357	49	2601
8	54	432	64	2916
9	57	513	81	3249
10	60	600	100	3600
11	63	693	121	3969
12	66	792	144	4356
13	69	897	169	4761
14	72	1008	196	5184
15	75	1125	225	5625
16	78	1248	256	6084
17	81	1377	289	6561
18	84	1512	324	7056
19	87	1653	361	7569
20	90	1800	400	8100
210	**1230**	**14910**	**2870**	**81630**

Capítulo 14 Regressão Linear Simples • **435**

$$b = \frac{\sum XY - \dfrac{\sum X \sum Y}{n}}{\sum X^2 - \dfrac{(\sum X)^2}{n}}$$

$$a = \overline{Y} - b \cdot \overline{X}$$

$$b = \frac{14910 - \dfrac{210 \times 1230}{20}}{2870 - \dfrac{(210)^2}{20}}$$

Em seguida,

$$\overline{X} = (\sum X)/n = 210/20 = 10,5$$
$$\overline{Y} = (\sum Y)/n = 1230/20 = 61,5$$

$$a = \overline{Y} - b \cdot \overline{X} = 61,5 - 3 \times 10,5 = 30$$

Logo, a equação da reta será:

$$\hat{Y} = 30 + 3X$$

4) Um grupo de analistas em informática fez uma avaliação do peso aparente de alguns *laptops* típicos de uma região visitada. Com o peso real e a média dos pesos aparentes, dados pelo grupo, obteve-se a tabela abaixo. Obtenha a reta de regressão.

Peso Real	Peso
18	10
30	23
42	33
62	60
73	91
97	98
120	159

Quadro de Cálculo

Peso Real (X)	Peso Aparente (Y)	XY	X^2	Y^2
18	10	180	324	100
30	23	690	900	529
42	33	1386	1764	1089
62	60	3720	3844	3600
73	91	6643	5329	8281
97	98	9506	9409	9604
120	159	19080	14400	25281
442	**474**	**41205**	**35970**	**48484**

$$b = \frac{41205 - \dfrac{442 \times 474}{7}}{35970 - \dfrac{(442)^2}{7}}$$

Em seguida,

$$\overline{X} = (\Sigma X)/n = 442/7 = 63,14$$
$$\overline{Y} = (\Sigma Y)/n = 474/7 = 67,71$$

$$a = \overline{Y} - b \cdot \overline{X} = 67,71 - 1,40 \times 63,14 = 20,69$$

Logo, a equação da reta será:

$$\hat{Y} = 20,69 + 1,40X$$

5) Abaixo relacionamos a tabela do número de parcelas (X) em função do valor da parcelas (Y) na compra de um tipo de memória RAM de certa marca em um *site* de compra na seção de artigos de informática. Obtenha a reta de regressão.

Capítulo 14 Regressão Linear Simples • 437

Parcelas	Valor da Parcela(R$)
1	70,0
2	36,05
3	24,27
4	18,38
5	14,85
6	12,49
7	10,81
8	9,55
9	8,57
10	7,79
11	7,15
12	6,62
13	6,16
14	5,78
15	5,44
16	5,15

Solução:

Quadro de Cálculo:

X	Y	X^2	Y^2	XY
1	70	1	4900	70
2	36.05	4	1299.603	72.1
3	24.27	9	589.0329	72.81
4	18.38	16	337.8244	73.52
5	14.85	25	220.5225	74.25
6	12.49	36	156.0001	74.94
7	10.81	49	116.8561	75.67
8	9.55	64	91.2025	76.4
9	8.57	81	73.4449	77.13
10	7.79	100	60.6841	77.9
11	7.15	121	51.1225	78.65
12	6.62	144	43.8244	79.44
13	6.16	169	37.9456	80.08
14	5.78	196	33.4084	80.92
15	5.44	225	29.5936	81.6
16	5.15	256	26.5225	82.4
136	249,06	1496	8067,59	1227,81

Solução:

$$b = \frac{1227,81 - \dfrac{136 \times 249,06}{16}}{1496 - \dfrac{(136)^2}{16}} = -2,62$$

Em seguida,

$$\overline{X} = (\Sigma X)/n = 136/16 = 8,5$$
$$\overline{Y} = (\Sigma Y)/n = 249,06/16 = 15,57$$

$$a = \overline{Y} - b \cdot \overline{X} = 15,57 - 2,62 \times 8,5 = 37,84$$

Logo, a equação da reta será:

$$\hat{Y} = 37,84 - 2,62X$$

Coeficiente de Explicação ou de Determinação (R^2)

É uma medida estatística que tem o objetivo de informar, em termos percentuais, o quanto a variável independente X, incluída no modelo, contribui para o comportamento da variável dependente Y. Se a variável independente X tem uma taxa de explicação satisfatória, isso significa que o modelo que se criou para explicar X é adequado. Portanto, o coeficiente de determinação é um indicador utilizado para verificar se o modelo adotado para explicar Y é bom.

Tal coeficiente é definido por:

$$R^2 = \frac{\text{VariaçãoExplicada}}{\text{VariaçãoTotal}} = \frac{VE}{VT} =$$

$$R^2 = \frac{b \cdot SXY}{SYY} \cdot 100$$

Onde:

$$Sxy = \sum XY - \frac{\sum X \sum Y}{n}$$

$$Syy = \sum Y^2 - \frac{(\sum Y)^2}{n}$$

O intervalo de variação do R^2 é:

$$0 \leq R^2 \leq 1$$

Observe que:

a) Se $R^2 = \mathbf{0} \rightarrow$ o modelo adotado não explica em nada a realidade;

b) Se $R^2 = \mathbf{1} \rightarrow$ o modelo adotado explica a realidade com perfeição.

Portanto, quanto mais VE se aproxima de VT, mais nos aproximamos da realidade. Assim, quanto maior o coeficiente de explicação, melhor o modelo adotado.

Observação:

Pode-se provar que o valor da raiz quadrada do coeficiente de explicação é o Coeficiente de Correlação de *Pearson*. Logo, o coeficiente de explicação é o quadrado do Coeficiente de Correlação de *Pearson*.

Interpretação:

O coeficiente de explicação indica em porcentagem o quanto X explica Y, isto é, a porcentagem do poder de explicação das variações de Y pelo modelo adotado.

Vamos calcular o coeficiente de explicação dos exemplos anteriores e interpretar seus resultados.

Exemplo 1:

$R^2 = (0,92)^2 = \mathbf{0,85}$

Interpretação: 85% das variações de Y são explicadas pelas variações de X e **15%** por outras variáveis que não foram incluídas no modelo.

Exemplo 2:

$R^2 = (-0,89)^2 = \mathbf{0,79}$

Interpretação: 79% das variações de Y são explicadas pelas variações de X e **21%** por outras variáveis que não foram incluídas no modelo.

Exemplo 3:

$R^2 = 1,00$

Interpretação: 100% das variações de Y são explicadas pelas variações de X.

Exemplo 4:

$R^2 = 1,00$

Interpretação: 100% das variações de Y são explicadas pelas variações de X.

Exemplo 5:

$R^2 = (-0,74)^2 = 0,55$

Interpretação: 55% das variações de Y são explicadas pelas variações de X e **45%** por outras variáveis que não foram incluídas no modelo.

Distribuição F-Snedecor

Define-se a variável F com ϕ_1 graus de liberdade no numerador e ϕ_2 graus de liberdade no denominador ou $F(\phi_1, \phi_2)$ por:

$$F = \frac{\dfrac{\chi^2 \phi_1}{\phi_1}}{\dfrac{\chi^2 \phi_2}{\phi_2}}$$

A variável F com ϕ_1 graus de liberdade no numerador e ϕ_2 graus de liberdade no denominador tem a seguinte função densidade de probabilidades:

$$F\left(\phi_1; \phi_2\right) = \frac{\phi_2 \phi_{2/2} \cdot \phi_1 \phi_{1/2} X^{(\phi 1/2)-1}}{\left(\phi_2 + \phi_1 X\right)^{(\phi 1 + \phi 2)/2} \cdot \beta\left(1/2\phi_2; 1/2\phi_2\right)}$$

Onde $\beta(1/2\,\phi_1\,;\,1/2\,\phi_2)$ é a função beta:

$$\beta\left(1/2\phi_1; 1/2\phi_2\right) = \frac{\left(1/2\phi_1 - 1\right)! \cdot \left(1/2\phi_2 - 1\right)!}{\left(1/2\phi_1 + 1/2\phi_2 - 1\right)!}$$

Observação: A variável aleatória F é sempre positiva.

Parâmetros Característicos

$$E\left(F\right) = \frac{\phi_2}{\phi_2 - 2} \phi_2 > 2$$

$$V\left(F\right) = \frac{2\phi_2^2\left(\phi_1 + \phi_2 - 2\right)}{\phi_1\left(\phi_2 - 2\right)^2\left(\phi_2 - 4\right)} \phi_2 > 4$$

Essa definição engloba, na verdade, uma família de distribuições de probabilidades para cada par de valores (ϕ_1, ϕ_2).

A distribuição encontra-se tabelada. Como ela depende de dois parâmetros (ϕ_1, ϕ_2), são construídas várias tabelas, cada uma delas correspondente a uma dada probabilidade α (10%, 5%, 1% etc), situada na cauda direita da curva, como mostra a figura abaixo:

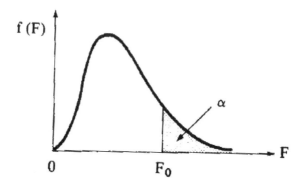

A tabela fornece o valor de F_0, tal que $P[\, F_\alpha(\phi_1, \phi_2) \geq F_0 \,] = \alpha$

Exemplo:

Calcular o valor de F_0, com $\phi_1 = 10$ e $\phi_2 = 15$ graus de liberdade, que é superado com probabilidade de 5%.

Solução:

Tabela F para 0,05 : $\begin{cases} \phi_1 = 10 \\ \phi_2 = 15 \end{cases}$

Logo, $P[\, F_{0,05}(10, 15) \geq \mathbf{2{,}54}] = \mathbf{0{,}05}$

Capítulo 14 Regressão Linear Simples • **443**

Análise da Variância

A análise de variância é um teste estatístico amplamente difundido entre os analistas, e visa fundamentalmente verificar se existe uma diferença significante entre médias e se os fatores considerados na análise exercem influência nesta diferença.

Os fatores propostos podem ser de origem qualitativa ou quantitativa, mas a variável dependente necessariamente deverá ser variável quantitativa contínua.

Em inglês, análise da variância é *analysis of variance*. Então, em inglês e muitas vezes em português, se usa a sigla ANOVA (**AN** da *analysis*, **O** de *of* e **VA** de variance) para significar análise da variância.

É um teste de diferença de médias envolvendo variâncias. O teste informa se existe diferença de médias significante, que não é fruto de erro amostral, quando comparadas duas a duas, entre as possíveis combinações de um conjunto de médias. Contudo, a prova não informa onde está, entre as combinações duas a duas, a diferença significante estatisticamente. Então, teremos que realizar um teste de comparação múltipla para verificar em que par (ou pares) de médias está(ão) a(s) diferença(s) significante(s).

Se o teste indicar que as médias são iguais, isto implica que qualquer diferença entre suas estimativas é fruto de erro amostral e não pode ser associado ao fator em estudo.

A principal atração da ANOVA é a comparação de médias oriundas de grupos diferentes, podendo atribuir essa diferença a uma causa específica, que é justamente o fator: médias de vendas de vendedores on-line, médias históricas de questões de desempenho de programas computacionais, programas de sistemas de informação que operam simultaneamente com diferentes algoritmos, entre muitas outras aplicações.

Modelo de Classificação Única

É a análise da variância que serve para testar a diferença entre médias levando em conta somente um fator (neste livro estudaremos só a análise da variância de classificação única), que se supõe influenciar a variável dependente ou resposta, e os seus níveis, chamados tratamentos, inseridos nas colunas.

Existe uma hipótese alternativa de que a diferença de médias comparadas duas a duas pode ser predominantemente influência do fator. As hipóteses da ANOVA, portanto, são:

H_0: estatisticamente, as várias médias são iguais;
H_1: existe, pelo menos, uma média com efeito diferente das outras.

Em um caso geral, a pergunta a que a ANOVA responde é:

"Será que o tratamento influencia a variável resposta?"

A ANOVA diz:

"Sim, estatisticamente, há diferença entre diferentes médias devido aos tratamentos" ou *"Não, estatisticamente, não há diferenças significativas entre as médias devido aos tratamentos".*

Na análise da variância de um fator, os dados obtidos, ou seja, as respostas das unidades aos tratamentos, podem se escritos na forma de um modelo:

$$resposta = média\ do\ tratamento + erro$$

O modelo indica que a resposta de uma observação ao tratamento é dada pela média verdadeira do tratamento acrescida de uma quantidade, que os estatísticos chamam de **erro**.

É o **erro**, que também chamamos de resíduo, que dá caráter aleatório à "resposta" e que impede ver a olho nu se há diferença entre as médias.

A análise da variância de um conjunto de dados exige que sejam feitas algumas pressuposições sobre os erros, sem as quais os resultados da análise não são válidos. Estas são:

- Ausência de dados discrepantes;
- Erros são independentes (**sem autocorrelação**);
- Variância é constante (**Homocedasticidade**);
- Distribuição dos erros é normal.

Vamos falar dos pressupostos básicos com mais detalhes na sessão **Validação das Pressuposições Básicas** da Análise da Regressão, que tem conceituação análoga na Análise da Variância.

Segundo a filosofia da ANOVA, a dispersão das observações pode acontecer por duas razões: o resíduo e o tratamento. A ANOVA tenta ver se, por detrás da dispersão causada pelos erros, se consegue reconhecer um padrão de diferença entre os tratamentos.

A ANOVA testa se é estatisticamente plausível que a variância total das observações possa vir apenas pelos erros, ou se, por outro lado, há sinais claros que a variância total não pode ser completamente explicada sem uma contribuição adicional do fator e seus tratamentos.

A variabilidade total dos dados pode ser escrita como a soma de dois termos, um devido ao erro (**QMR**) e o outro devido ao tratamento (**QMTr**).

A análise da variância é feita, então, decompondo a variância total das observações em duas componentes: variância dos tratamentos (QMTr) e a variância do resíduo (QMR) ou do erro .

Se a variância calculada usando o tratamento (QMTr) for maior do que a calculada usando o fator acaso (QMR), isso pode indicar que existe uma diferença significativa entre as médias e pode ser devido ao tratamento em estudo.

A comparação de QMTr e QMR é feita através da razão das duas componentes(QMTR/QMR) e, quanto maior for este índice, maiores as chances de termos diferenças de médias significantes.

Como a estimativa que envolve a diferença de duas variâncias a nível geral segue um modelo F-*Snedecor*, então usamos a distribuição F para modelar o teste da ANOVA e, comumente, este teste também é chamado de ***Teste F***.

Para análise da variância comparar a variação em consequência dos tratamentos com a variação devido ao resíduo é preciso proceder a uma série de cálculos. Mas a aplicação das fórmulas exige conhecimento da notação. Veja a tabela abaixo.

Nessa tabela está apresentada uma análise com **k** tratamentos: cada tratamento tem **r** repetições. A soma dos resultados das **r** repetições de um mesmo tratamento constitui o total repetições desse tratamento.

446 • Estatística Aplicada à Informática e às suas novas Tecnologias

As médias dos tratamentos foram indicadas por

$$\overline{y}_1, \overline{y}_2, \overline{y}_3 \cdots \overline{y}_n$$

O total geral é dado pela soma dos totais de tratamentos.

Uma ANOVA com um Fator

	Tratamento					
	1	2	3	...	K	
	y_{11}	y_{21}	y_{31}	...	y_{k1}	
	y_{12}	y_{22}	y_{32}	...	y_{k2}	
	...	...	...	...	...	
	y_{1r1}	y_{2r2}	Y_{3r3}	...	y_{krk}	
Total	T_1	T_2	T_3	...	T_k	$\Sigma T = \Sigma y$
Número de repetições	r	r	r	...	r	$n = kr$
Média	$\overline{y}_1$	$\overline{y}_2$	$\overline{y}_3$	...	$\overline{y}_k$	

Para fazer a análise da variância de um fator é preciso calcular as quantidades abaixo. Estas estatísticas resultam do processo matemático, demonstrável, da decomposição da variação total das observações, representadas pelo seu comportamento médio.

a) Os graus de liberdade:

de tratamentos: $k - 1$
do resíduo: $n - k$
do total: $(k - 1) + (n - k) = \mathbf{n - 1}$

b) O valor de C, dado pelo total geral elevado ao quadrado e dividido pelo número de observações. O valor de C é conhecido como correção:

$$C = \frac{(\Sigma y)^2}{n}$$

c) A soma do quadrado total:

$$\textbf{SQT} = \Sigma y^2 - C$$

d) A soma dos quadrados de tratamentos:

$$\textbf{SQTr} = \frac{\Sigma T^2}{r} - C$$

e) A soma dos quadrados de resíduos:

$$\textbf{SQR} = SQT - SQTr$$

f) O quadrado médio de tratamentos:

$$\textbf{QMTr} = \frac{SQTr}{k-1}$$

g) O quadrado médio de resíduos:

$$\textbf{QMTr} = \frac{SQR}{n-k}$$

h) O valor F:

$$\textbf{F} = \frac{QMTr}{QMR}$$

Onde:

- SQT= SQTr + SQR (mede a variação geral de todas as observações);
- SQT é a soma dos quadrados totais, decomposta em SQTr e SQR;
- SQTr é a soma dos quadrados dos grupos (tratamentos), associada exclusivamente a um efeito dos grupos;

448 • Estatística Aplicada à Informática e às suas novas Tecnologias

- SQR é a soma dos quadrados dos resíduos, devidos exclusivamente ao erro aleatório, medida dentro dos grupos;
- QMTr = Média quadrada dos grupos;
- QMR = Média quadrada dos resíduos (entre os grupos);
- SQTr e QMTr medem a variação total entre as médias;
- SQR e QMR medem a variação das observações dentro de cada grupo.

Todas as quantidades calculadas são resumidas em uma tabela de análise da variância, chamada **Quadro da ANOVA**, apresentado a seguir.

Quadro da ANOVA de um Fator

Fonte de Variação	SQ	ϕ	QM	F
Tratamentos	SQTr	k - 1	QMTr	QMTr/ QMR
Resíduo	SQR	n − k	QMR	
Total	SQT	n - 1		

Decisão da ANOVA:

Calcular o Valor-p com base na Tabela 3-Valor-p por valores de F, que está anexa, e se o **valor-p$\leq \alpha$, rejeitar H$_0$.**

Exemplo:

Um estudo se propôs a testar a competência de três profissionais de sistemas de informação. A cada um foi atribuída a missão de criar três programas alternativos para uma tarefa e verificar o tempo de execução da tarefa em segundos. Existem diferenças significantes entre as médias dos programadores? Será que os programadores influenciam os tempos de execução das tarefas pelos programas, originando médias diferenciadas de desempenho entre eles?

Programador A	Programador B	Programador C
10	30	40
5	25	35
15	20	45
30	**75**	**120**

Solução:

$C = (30+75+120)^2/9 = 5625$

$\sum \sum X^2 = [350+1925+4850] = 7125$

$SQT = 7125 - 5625 = \mathbf{1500}$

$SQTr = [\ 30^2/3+75^2/3+120^2/3] - 5625 = \mathbf{1350}$

$SQR = 1500 - 1350 = \mathbf{150}$

$$QMTr = \frac{1350}{2} = 675$$

$$QMR = \frac{150}{6} = 25$$

$$F = \frac{675}{25} = 27$$

Quadro da ANOVA

Fonte de Variação	SQ	ϕ	QM	F
Tratamentos	1350	2	675	F=(675)/(25)= **27**
Resíduo	150	6	25	
Total	1500	8		

Cálculo do valor-p:

Consultando a tabela com ϕ_1=2 no numerador e ϕ_2=6 no denominador, o valor $-p$ = 0,001

Decisão:

0,001< 0,05; rejeita-se H_0. A credibilidade da hipótese nula é baixa. As diferenças de médias são significantes. Os programadores influenciam os tempos de execução das tarefas pelos programas, originando médias diferenciadas de desempenho entre eles.

Teste de Comparação Múltipla

A análise da variância serve para verificar se existe diferença significante entre colunas (tratamentos). Se houver diferença significante não sabemos através da análise da variância quais colunas diferem entre si. Para tanto, são usados os **Testes de Comparação Múltipla**.

Diferença Mínima Significante (d.m.s)

A d.m.s, diferença mínima significante, será o instrumento de medida. Toda vez que o **valor absoluto** da diferença entre duas médias for igual ou maior do que a diferença mínima significante, as médias são consideradas estatisticamente diferentes ao nível de significância estabelecido.

Matematicamente,

Se $/\overline{X_B} - \overline{X_C}/ \geq$ d.m.s, então a diferença entre $\overline{X_B}$ e $\overline{X_C}$ é significante estatisticamente.

Só tem sentido realizar um teste de comparação múltipla se a ANOVA for significante.

Teste de Tukey

Para obter o valor da diferença mínima significante (d.m.s) pelo **Teste de Tukey** basta calcular:

$$d.m.s = q\sqrt{\frac{QMR}{r}}$$

Onde:

- q = valor dado nas Tabelas 4-Teste de Tukey (α= 1%), na Tabela 4-Teste de Tukey (α = 5%), na Tabela 4-Teste de Tukey (α = 10%) em função do número de colunas (k) e números graus de liberdade dos resíduos, presentes no anexo;
- QMR = quadrado médio dos resíduos obtido pelo cálculo da ANOVA;
- r = número médio de repetições dos tratamentos.

Exemplo:

Do exemplo da avaliação dos programadores, vamos realizar o **Teste de Tukey**.

Tabela de Médias dos Tratamentos

Tratamentos	Médias
A	10
B	25
C	40

Cálculo da d.m.s:

Vamos calcular a d.m.s de Tukey ao nível de 5%.

$$d.m.s = q\sqrt{\frac{QMR}{r}}$$

$$d.m.s = 4,34\sqrt{\frac{25}{3}}$$

$$d.m.s = 12,53$$

Comparação das Médias dos Tratamentos e Teste de Tukey

Comparação das Médias	Valor Absoluto da Diferença	Teste de Tukey
$\overline{X_A} - \overline{X_B}$	15	Significante($\star$)
$\overline{X_A} - \overline{X_C}$	30	Significante($\star$)
$\overline{X_B} - \overline{X_C}$	15	Significante($\star$)

Nota: todos os valores absolutos da diferença resultaram em um valor maior que a d.m.s de Tukey.

Testes de Significância da Existência de Regressão Linear Simples ou Teste da Significância do Coeficiente de Explicação (R^2)

Ajustar uma reta a valores observados de duas variáveis é sempre possível, por pior que seja a dependência linear entre essas variáveis. Entretanto, a priori, não podemos garantir que existe de fato regressão linear entre as variáveis na população. Estamos com uma amostra de pares de valores e a dependência revelada na amostra pode ser fruto de erro-amostral.

Capítulo 14 Regressão Linear Simples • **453**

Para testar a existência de regressão linear na população das variáveis X e Y através da amostra dos pares (X; Y), podemos utilizar o Teste F através da Análise da Variância, adaptada ao caso de análise de regressão linear.

Sabemos que o modelo de regressão linear é dado por:

$$Y = \alpha + \beta X + e$$

Pode-se decompor o modelo de regressão linear em duas partes:

1ª Parte: $\alpha + \beta X \rightarrow$ variação explicada (VE)
2ª Parte: e $\qquad \rightarrow$ variação residual (VR) ou erro

A variação total de Y é dada pelo próprio modelo $Y = \alpha + \beta X + e$ ou pela soma das duas componentes:

$$VT = VE + VR$$

A variação residual ou erro pode ser, então, obtida pela relação matemática:

$$e = Y - \hat{Y}$$

A estimativa do erro obtida junto a uma amostra de pares ordenado (X , Y) recebe o nome de resíduo.

Se VE foi significativamente maior do que VR existe regressão linear entre as variáveis X e Y. Caso contrário, não existe regressão linear entre as variáveis.

A distribuição F modela bem estimativas que resultam do quociente entre duas variações ou variâncias.

Para se verificar se VE é significativamente maior do que VR pode-se utilizar a relação:

$$\frac{VE}{VR}$$

Como a estatística acima é, na verdade, o quociente entre duas variâncias, pode ser associada a ela um escore da Distribuição F, logo:

$$F = \frac{VE}{VR}$$

A magnitude estatística da referida estatística pode ser estimada através de um teste de comparação de médias, utilizando variâncias, denominado Análise da Variância ou simplesmente ANOVA, que é adaptada para o caso da Análise de Regressão Simples, cuja metodologia segue em parágrafos abaixo.

Para testar a significância da regressão linear, é necessário testar a significância da estimativa **b** e para isso testamos as seguintes hipóteses:

$H_0 : \beta = 0$
$H_1 ; \beta \neq 0$

Portanto, se a relação entre as variáveis do modelo de regressão é significativa, é possível predizer os valores da variável dependente, com base nos valores da variável independente.

O quadro da ANOVA adaptada ao teste de significância da linha de regressão fica:

Fonte de Variação	Soma dos Quadrados	Graus de Liberdade	Quadrado Médio	Teste F
Explicada	**SQTr** = b . SXY	1	**QMTr** = b.SXY	
Residual	**SQR** =SYY- bSXY	n-2	**QMR** = (SQR)/ (n-2)	**F=QMTr/ QMR**
Total	**SQT** = SYY	n-1	——————	

Lembrando,

$$S_{XY} = \sum XY - \frac{\sum X \sum Y}{n}$$

$$S_{YY} = \sum Y^2 - \frac{(\sum Y)^2}{n}$$

Decisão da ANOVA:

Calcular o Valor - p com base na Tabela Valor-p Teste de Existência de Regressão - Valor - p por valores de F, que está anexa.

> Decisão: se o valor - p $\leq \alpha$, rejeitar H_0.

Vamos agora testar a significância da reta de regressão e do seu coeficiente de explicação através da Análise da Variância para os exemplos anteriores 1, 2 , 4 e 5.

Exemplo 1:

b= 82,41

S_{XY} = 69197

S_{YY} = 6781

Quadro da ANOVA

Fonte de Variação	Soma dos Quadrados	Graus de Liberdade	Quadrado Médio	Teste F
Explicada	**SQTr** = 82,41 . 69197= 5703	1	**QMTr** = 5703	
Residual	**SQR** =6781- 5703=1078	7-2=5	**QMR = 215,6**	**F=26,45**
Total	**SQT** = 6781	7-1=6	———————	

$\phi_1 = 1$ e $\phi_2 = 5 \rightarrow$ Valor-p = **0,01**

Decisão:

Valor - $p < 0,05$, rejeita-se H_0. A reta de regressão e o coeficiente de explicação são significantes.

Exemplo 2:

b= -7,59

S_{XY} = -249

S_{YY} = 2412

Capítulo 14 Regressão Linear Simples • 457

Quadro da ANOVA

Fonte de Variação	Soma dos Quadrados	Graus de Liberdade	Quadrado Médio	Teste F
Explicada	**SQTr** = (-7,59) .(-249) = 1890	1	**QMTr** = 1890	
Residual	**SQR** =2412- 1890=522	5-2=3	**QMR** = 174	**F=10,87**
Total	**SQT** = 2412	5-1=4	————	

$\phi_1 = 1$ e $\phi_2 = 3 \rightarrow$ Valor - p = **0,05**

Decisão:

Valor-p = 0,05, rejeita-se H_0. A reta de regressão e o coeficiente de explicação são significantes.

Exemplo 3:

b= 1,40

$S_{XY} = 11275$

$S_{YY} = 16387$

Quadro da ANOVA

Fonte de Variação	Soma dos Quadrados	Graus de Liberdade	Quadrado Médio	Teste F
Explicada	**SQTr** = 1,40 . 11275=15785	1	**QMTr** = 15785	
Residual	**SQR** =16387- 15785= 602	7-2=5	**QMR** = 120,4	**F=131,10**
Total	**SQT** = 16387	7-1=6	——————	

$\phi_1 = 1$ e $\phi_2 = 5 \rightarrow$ Valor-p = **0,001**

Decisão:

Valor - p < 0,05, rejeita-se H_0. A reta de regressão e o coeficiente de explicação são significantes.

Exemplo 4:

b= - 2,62

S_{XY} = - 889

S_{YY} = 4191

Capítulo 14 Regressão Linear Simples • 459

Quadro da ANOVA

Fonte de Variação	Soma dos Quadrados	Graus de Liberdade	Quadrado Médio	Teste F
Explicada	**SQTr** = (-2,62) . (-889) = 2329,18	1	**QMTr** = 2329,18	
Residual	**SQR** =4191- 2329,18= 1861,82	16-2=14	**QMR = 132,99**	**F=17,51**
Total	**SQT** = 4191	16-1= 15	————	

$\phi_1 = 1$ e $\phi_2 = 14 \rightarrow$ Valor-p = **0,001**

Decisão:

Valor - p < 0,05, rejeita-se H_0. A reta de regressão e o coeficiente de explicação são significantes.

Validação das Pressuposições Básicas

A análise da regressão linear simples exige que algumas pressuposições sobre os erros sejam satisfeitas, sem as quais os resultados dos testes de significância não são confiáveis.

Os pressupostos básicos da análise da regressão são:

- Ausência de pontos discrepantes;
- Erros independentes;
- Variância constante;
- Distribuição dos erros normalmente distribuídos.

Análise dos Resíduos

O ajuste de modelos a um conjunto de dados é muito útil para analisar, interpretar e fazer previsões sobre questões de interesse de pesquisadores.

O desenvolvimento desses modelos exige uma série de pressupostos para o fenômeno e uma boa modelagem não estaria completa sem uma adequada investigação da veracidade da mesma.

Já sabemos que, para que todos os testes estatísticos vistos anteriormente tenham plena validade, é preciso que o modelo de regressão sob análise siga os pressupostos básicos referentes à regressão.

A existência e consequente detectação da transgressão de algumas das suposições permite evitar o emprego de modelo pobres, de pouca utilidade e que acarretam baixa confiabilidade nos seus resultados.

Uma das maneiras de investigar o problema é estudando o comportamento do modelo no conjunto de dados observados, principalmente as discrepâncias entre os valores observados e os valores ajustados, ou seja, pela **Análise dos Resíduos**.

Tecnicamente, para cada observação temos associado o resíduo **e**, a diferença entre o valor observado Y e o estimado de $\hat{Y}$, isto é:

$$\mathbf{e} = Y - \hat{Y}$$

A ideia é estudar o comportamento conjunto e individual dos resíduos, cotejando-os com as suposições feitas sobre os erros.

As estimativas dos erros recebem o nome de **resíduos**. É o estudo dessas estimativas, ou seja, é a análise dos resíduos que ajuda a verificar se a análise da regressão linear simples feita é aceitável.

Uma das maneiras mais usadas para análise dos resíduos é a representação gráfica bidimensional dos mesmos, usando a variável auxiliar X como uma das componentes do par. Iremos investigar a nuvem de dispersão gerada pelo conjunto de pontos: $(X : ep_i)$, onde ep_i denomina-se resíduo padronizado do resíduo e_i.

Para obter os resíduos padronizados (**ep_i**), basta dividir os resíduos pela raiz quadrada do quadrado médio dos resíduos (QMR) da análise da variância para a regressão.

A expressão dos resíduos padronizados fica, então:

$$ep_i = e_i / \sqrt{QMR}$$

Exemplo de Cálculo dos Resíduos e de Construção do Gráfico de Resíduos Padronizados

Um analista pesquisou uma amostra de 30 pessoas que haviam comprado memórias RAM de particulares e revendido a outras pessoas. O preço de compra é X e o de revenda, Y. Os dados estão apresentados abaixo. Vamos obter o gráfico dos resíduos padronizados:

X (R$)	Y (R$)
10	12
20	21
30	26
40	32
50	35
60	40
70	45
80	54
90	55
100	60
110	70
120	71
130	81
140	82
150	85
160	93
170	95
180	98
190	100
200	110
210	115
220	120
230	125
240	133
250	135
260	145
270	150
280	152
290	155
300	160

Estatística Aplicada à Informática e às suas novas Tecnologias

Quadro da ANOVA

Fonte de Variação	SQ	ϕ	QM	F	Valor-p
Tratamentos	56789,1	1	56789,1	9555,96	**0,000**
Resíduo	166,40	28	**5,94**		
Total	56955,5	29			

Com a reta de regressão $\hat{Y} = 10,59 + 0,50X$, fazendo $e = Y - \hat{Y}$ e, então, aplicando $ep_i = e_i / \sqrt{5,94}$, temos a tabela abaixo:

X	Y	$\hat{Y}$	e_i	ep_i
10	12	15.6	-3.6	-1.51
20	21	20.6	0.4	0.15
30	26	25.7	0.3	0.14
40	32	30.7	1.3	0.55
50	35	35.7	-0.7	-0.30
60	40	40.7	-0.7	-0.31
70	45	45.8	-0.8	-0.32
80	54	50.8	3.2	1.34
90	55	55.8	-0.8	-0.35
100	60	60.9	-0.9	-0.36
110	70	65.9	4.1	1.72
120	71	70.9	0.1	0.04
130	81	75.9	5.1	2.12
140	82	81.0	1.0	0.43
150	85	86.0	-1.0	-0.41
160	93	91.0	2.0	0.83
170	95	96.0	-1.0	-0.43
180	98	101.1	-3.1	-1.28
190	100	106.1	-6.1	-2.54
200	110	111.1	-1.1	-0.47
210	115	116.1	-1.1	-0.48
220	120	121.2	-1.2	-0.49
230	125	126.2	-1.2	-0.50

240	133	131.2	1.8	0.74
250	135	136.3	-1.3	-0.52
260	145	141.3	3.7	1.55
270	150	146.3	3.7	1.54
280	152	280	152	280
290	155	290	155	290
300	160	300	160	300

O gráfico dos resíduos padronizados é o que se segue:

Gráfico dos Resíduos Padronizados:

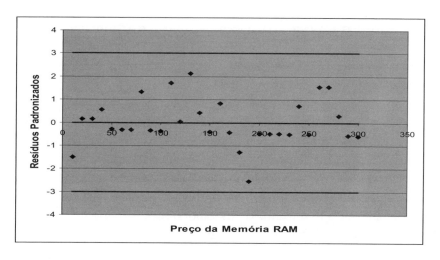

Ausência de Pontos Discrepantes (*Outlier*)

Dados discrepantes (*outlier*) é um valor muito maior ou muito menor do que o esperado. Pode-se verificar *outliers* no próprio gráfico de resíduos.

O valor discrepante pode ficar visível se for desenhado um gráfico de resíduos.

Valores fora do intervalo de -3 a +3 devem ser considerados suspeitos.

Caso haja presença de *outlier*, a medida tomada seria a identificação das causas plausíveis para o evento e, caso não seja por erro de digitação ou mensuração, deverá(ão) ser eliminado(s). Se for por erro de digitação ou mensuração, o(s) dado(s) deverá(ão) ser corrigido(s).

464 • Estatística Aplicada à Informática e às suas novas Tecnologias

A manutenção de *outlier* na análise causa sérios desajustes à linha de regressão, distorcendo completamente a modelagem e comprometendo os testes de significância.

Exemplo :

Do exemplo do preço de venda e preço de revenda de memórias RAM, vamos realizar a análise de *outlier*:

Como todos os valores estão dentro do intervalo de –3 e +3, logo não existe *outlier* neste estudo.

Independência ou Não Autocorrelação Residual

Para fazer uma análise de regressão, é preciso pressupor que os erros são variáveis aleatórias independentes: os resíduos devem ser distribuídos aleatoriamente em torno da reta de regressão. Estes não devem ter correlação entre si. Um dos recursos para se avaliar a independência dos resíduos é pela inspeção gráfica: no gráfico eles não devem apresentar nenhum tipo de tendência (positiva ou negativa) e, sim, aleatoriedade.

Um dos motivos que podem causar a autocorrelação é a omissão da variável importante para o modelo de regressão. Se uma variável explicativa de grande relevância for omitida do modelo, o comportamento dos resíduos refletirá a tendência dessa variável porque, ao não ser incluída, ela passa a "pertencer" ao resíduo.

Para verificar a independência dos resíduos basta construir o gráfico dos resíduos e verificar a aleatoriedade dos pontos. Se a pressuposição de independência estiver satisfeita, os resíduos devem ficar dispersos em torno de zero, sem um padrão definido aleatoriamente.

Exemplo :

Do exemplo dos preços de venda e revenda de memórias RAM, vamos realizar a análise de *autocorrelação* dos erros:

Pela análise do gráfico de resíduos, observamos que parece haver aleatoriedade dos erros no geral, sem um padrão relevante no gráfico.

Variância Constante (Homocedasticidade)

Quando os resíduos se distribuem aleatoriamente em torno da reta de regressão e de forma constante, ou seja, a variância dos resíduos é igual a uma constante para todo X, temos que o pressuposto da homogeneidade está satisfeita.

Para verificar a homecedasticidade basta verificar se os pontos no gráfico de resíduos mantém a mesma compacidade ao longo da variável auxiliar X.

Exemplo 1:

Do exemplo dos preços de venda e revenda de memórias RAM, vamos realizar a análise de *heterocedasticidade dos erros*:

Pela análise do gráfico de resíduos, observamos que parece haver homogeneidade na variância dos resíduos à medida que X cresce.

Exemplo 2:

O que você diria sobre a violação da homocedasticidade dos erros, representados no gráfico abaixo?

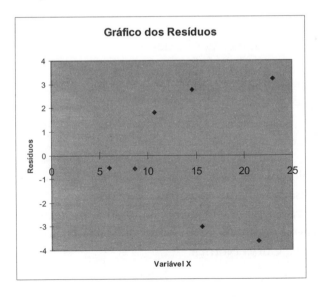

466 • Estatística Aplicada à Informática e às suas novas Tecnologias

Resposta:

Pela análise do gráfico de resíduos, observamos que parece haver heterocedasticidade na variância dos resíduos à medida que X cresce.

Normalidade

Os testes de significância e os intervalos de confiança das estimativas do modelo de regressão são baseados no pressuposto da normalidade, isto é, que os resíduos apresentem distribuição normal. A violação da normalidade pode estar ligada a alguns aspectos relacionados ao modelo, tais como omissão de variáveis explicativas importantes, inclusão de variáveis irrelevantes para o modelo, utilização de relação matemática incorreta para análise entre as variáveis do modelo.

Contudo, porém, em linhas gerais, o pesquisador não precisa se preocupar com a não-normalidade, a não ser que os dados não transgridam fortemente a forma gaussiana.

Para verificar o atendimento a este pressuposto, temos várias alternativas que já estudamos:

- Histograma;
- Coeficientes de assimetria;
- Inspeção no Gráfico dos Resíduos.

A análise pela inspeção no gráfico de resíduos consiste em verificar se 99% dos pontos plotados no gráfico se concentram no intervalo de –3 a 3.

Exemplo:

Do exemplo dos preços de venda e revenda de memórias RAM, vamos realizar a análise da violação da normalidade dos erros.

Pela observação do seu gráfico de resíduos padronizados, 100% dos valores da série de resíduos estão dentro do intervalo –3 a 3, respeitando a probabilidade da Curva Normal.

Exemplo Geral:

Vamos calcular os resíduos do exemplo 5, que relaciona o número de parcelas (X) em função do valor das parcelas (Y) na compra de um tipo de memória RAM de certa marca em um *site* de compra na seção de artigos de informática.

Temos que:

$\hat{Y} = 37,84 - 2,62X$ e que da Tabela da ANOVA QMR = **132,99**, logo:

X	Y	$\hat{Y}$	$e = Y - \hat{Y}$	epi
1	70,0	35.18	34.82	3.12
2	36,05	32.57	3.48	0.31
3	24,27	29.95	–5.68	–0.51
4	18,38	27.34	–8.96	–0.80
5	14,85	24.72	–9.87	–0.89
6	12,49	22.10	–9.61	–0.86
7	10,81	19.49	–8.68	–0.78
8	9,55	16.87	–7.32	–0.66
9	8,57	14.26	–5.69	–0.51
10	7,79	11.64	–3.85	–0.35
11	7,15	9.03	–1.88	–0.17
12	6,62	6.41	0.21	0.02
13	6,16	3.80	2.36	0.21
14	5,78	1.18	4.60	0.41
15	5,44	–1.43	6.87	0.62
16	5,15	–4.05	9.20	0.82

Relacionando a variável auxiliar X e os erros padronizados e utilizando a planilha *Excel*, temos o gráfico dos resíduos padronizados:

Gráfico dos Resíduos

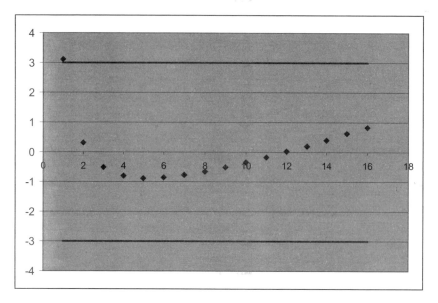

Análise de Resíduos

Pela observação do gráfico, constatamos algumas violações aos pressupostos básicos. Existe um ponto suspeito e uma nítida tendência nos erros, uma séria violação ao pressuposto da independência. Isso invalida todo o modelo de regressão estimado e sugere-se estudar o ponto discrepante e, principalmente, a variável explicativa para o modelo.

Importância da Análise dos Resíduos

Os **gráficos de resíduos** são de importância vital para uma análise de regressão completa. As informações que eles fornecem são tão básicas para uma análise digna de crédito, que esses gráficos deveriam ser sempre incluídos como parte de uma análise de regressão. Portanto, uma estratégia que poderia ser empregada para evitar a adoção de modelos de regressão inadequados envolveria o seguinte método:

Capítulo 14 Regressão Linear Simples • **469**

1º) Sempre iniciar com um gráfico de dispersão para observar a possível relação entre X e Y, calcular o coeficiente de correlação de Pearson para confirmar a inspeção gráfica e realizar o seu teste de significância;

2º) Estimar os valores dos coeficientes da linha de regressão, se a correlação linear for aceitável;

3º) Calcular o coeficiente de explicação do modelo;

4º) Realizar os testes de existência de regressão linear;

5º) Verificar a violação dos pressupostos básicos e, caso haja algum, tomar as providências cabíveis;

6º) Se a avaliação feita nos itens acima não indicar violação nos pressupostos, então podem-se considerar os aspectos de inferência da análise de regressão e explicar a variável dependente pela variável independente e fazer previsões.

Atividades Propostas

1) Abaixo se relaciona cabos de monitores (em metros) e seu preço de venda (em reais). Obtenha a reta de regressão.

Cabo de Monitores (em metros)	Preço de venda (em reais)
1,5	30,00
1,8	40,00
2,0	60,00
3,0	80,00
5,0	120,00

Solução:

Quadro de Cálculo

Cabo de Monitores (em metros)	Preço de venda (em reais)	X^2	Y^2	XY
1.5	30	2.3	900	45
1.8	40	3.2	1600	72
2.0	60	4.0	3600	120
3.0	80	9.0	6400	240
5.0	120	25.0	14400	600
13.3	**330**	**43.5**	**26900.0**	**1077**

Solução:

$$b = \frac{1077 - \dfrac{13.3 \times 330}{5}}{43.5 - \dfrac{(13.3)^2}{5}} = 24,52$$

Em seguida,

$$\overline{X} = (\Sigma X)/n = 13.3/5 = 2,66$$

$$\overline{Y} = (\Sigma Y)/n = 330/5 = 66$$

$$a = \overline{Y} - b \cdot \overline{X} = 66 - 24,52 \times 2,66 = 0,78$$

Logo, a equação da reta será:

$$\hat{Y} = 0,78 + 24,52X$$

2) Uma pesquisa foi elaborada para verificar a influência de três linguagens de programação distintas nas taxas de erros de sintaxe de 12 algoritmos diferentes para execução de uma tarefa. Teste pela análise da variância, ao nível de 5% de significância, se existem diferenças de médias de taxas de erros entre as linguagens de programação e realize o **Teste de Tukey**, se necessário, entre a linguagem de programação 1 e 2.

Linguagem de Programação 1	Linguagem de Programação 2	Linguagem de Programação 3
6	8	3
5	9	2
7	10	3
6	9	4

Solução:

Análise da Variância:

Formulação das Hipóteses:

H_0: $\mu_1=\mu_2=\mu_3=\mu$
H_1: pelo menos das $\mu_i \neq \mu$

Cálculo de Valores Intermediários:

$C=(24+36+12)/12 = \mathbf{432}$

$\Sigma\Sigma\, x^2 = 110 + 181 + 190 + 29 = \mathbf{510}$

$SQT= 510- 432 = \mathbf{78}$

$SQTr= [\, 24^2/4+36^2/4+12^2/4] - 432 = \mathbf{72}$

$SQR= 78-72= \mathbf{6}$

Quadro da ANOVA

FV	SQ	ϕ	QM	F
Explicada	72	2	36	
Residual	6	9	0,66	**F=(36/0,66)=54,54**
Total	78	11	-	

$\phi_1=2$ e $\phi_2=9 \rightarrow$ **valor-p= 0,001**.

Decisão:

O valor-p é menor que o nível de significância, **rejeita-se** a hipótese nula. Existem diferenças de médias de taxas de erros de sintaxe entre as linguagens de programação.

Teste de Tukey:

$$dms = q\sqrt{QMR/r} = 4,95 \cdot \sqrt{0,66/4} = 2$$

$$\left|\overline{X}_1 - \overline{X}_2\right| = \left|6 - 9\right| = 3$$

Decisão:

3> 2, a diferença entre as médias de taxas de erros de sintaxe entre as linguagens de programação 1 e 2 é **significante**.

3) Foram atribuídas 12 tarefas diferentes a 4 sistemas computacionais distintos e realizadas as medições de seus tempos de execução, em segundos. Pela análise da variância, ao nível de 5% de significância, teste se existe diferença de desempenho dos sistemas computacionais na execução das atividades.

Tempos de Execução de Tarefas por Sistemas Computacionais

Sistema Computacional A	Sistema Computacional B	Sistema Computacional C	Sistema Computacional D
6	10	16	22
2	8	18	20
4	12	14	24

Capítulo 14   Regressão Linear Simples   •   **473**

Solução:

C= $(12+30+48+66)^2/12$ = **2028**

$\Sigma \Sigma X^2$ = [56+308+776+1460] = **2600**

SQT = 2600 - 2028 = **572**

SQTr = [$12^2/3+30^2/3+48^2/3+66^2/3$] - 2028 = **540**

SQR = 572 - 540 = **32**

Quadro da ANOVA

Fonte de Variação	SQ	ϕ	QM	F
Tratamentos	540	3	180	**F = 45**
Resíduo	32	8	4	
Total	572	11		

Cálculo do valor-p:

Consultando a tabela com ϕ_1= 3 no numerador e ϕ_2= 8 no denominador, o valor $-p$ = 0,001.

Decisão:

0,001< 0,05; rejeita-se H_0. A credibilidade da hipótese nula é baixa. As diferenças de médias são significantes. Existe diferença de desempenho dos sistemas computacionais na execução das atividades.

474 • Estatística Aplicada à Informática e às suas novas Tecnologias

4) Um estudo quer mostrar quais dos programas computacionais, A, B ou C, é significantemente melhor do que o outro. Para tanto, foram levantadas as taxas de erro de cada um dos programas em dois sistemas operacionais diferentes. Realize a análise solicitada.

Taxas de Erro (%) por Sistemas Computacionais

Programa Computacional A	Programa Computacional B	Programa Computacional C
2	8	12
4	6	10

Solução:

Programa Computacional A	Programa Computacional B	Programa Computacional C
2	8	12
4	6	10
6	**14**	**22**

$C = (6 + 14 + 22)^2/6 = \mathbf{294}$

$\Sigma \Sigma X^2 = [20 + 100 + 244] = \mathbf{364}$

$SQT = 364 - 294 = \mathbf{70}$

$SQTr = [\, 6^2/2 + 14^2/2 + 22^2/2\,] - 294 = 358 - 294 = \mathbf{64}$

$SQR = 70 - 64 = \mathbf{6}$

$$QMTr = \frac{64}{2} = 32$$

$$QMR = \frac{6}{3} = 2$$

$$F = \frac{32}{3} = 16$$

Quadro da Anova

Fonte de Variação	SQ	ϕ	QM	F
Tratamentos	64	2	32	**F = 16**
Resíduo	6	3	2	
Total	70	5		

Cálculo do valor-p:

Consultando a tabela com $\phi_1 = 2$ no numerador e $\phi_2 = 3$ no denominador, o valor $-p = 0,05$.

Decisão:

$0,05 = 0,05$; rejeita-se H_0. As diferenças de médias são significantes. Os programas computacionais são significativamente melhores do que os outros. Contudo, pela ANOVA, ainda não sabemos quem é melhor que quem. Para tanto devemos aplicar o **Teste de Tukey**.

Tabela de Médias dos Tratamentos

Programas Computacionais	Médias
A	3
B	7
C	11

Cálculo da d.m.s:

Vamos calcular a d.m.s de Tukey ao nível de 5%.

$$d.m.s = q\sqrt{\dfrac{QMR}{r}}$$

$$d.m.s = 5,91\sqrt{\dfrac{2}{2}}$$

$$d.m.s = 5,91$$

Comparação das Médias dos Programas Computacionais e Teste de Tukey

Comparação das Médias dos Programas Computacionais	Valor Absoluto da Diferença	Teste de Tukey
$\overline{X_A} - \overline{X_B}$	4	Significante
$\overline{X_A} - \overline{X_C}$	8	Significante(*)
$\overline{X_B} - \overline{X_C}$	4	Significante

Conclusão:

A diferença significante foi encontrada somente entre os programas computacionais A e C. Portanto, o programa computacional A é significativamente melhor do que o C. Os programas A e B e B e C têm o mesmo desempenho.

5) Abaixo se relaciona cartão de memória para microcomputadores e seus preços de venda (em reais) disponíveis na *internet*. Obtenha o coeficiente de explicação, interprete seu resultado e teste a sua significância.

Cartão de Memória (GB)	Preço de Venda (R$)
2	15,00
4	18,00
8	40,00
16	120,00
32	130,00

Solução:

Quadro de Cálculo

Cartão de Memória (GB)	Preço de Venda (R$)	X^2	Y^2	XY
2	15	4	225	30
4	18	16	324	72
8	40	64	1600	320
16	120	256	14400	1920
32	130	1024	16900	4160
62	323	1364	33449	6502

$$b = \frac{6502 - \dfrac{62 \times 323}{5}}{1364 - \dfrac{(62)^2}{5}} = 4,19$$

$$Sxy = \sum XY - \frac{\sum X \sum Y}{n} = 2496,80$$

$$Syy = \sum Y^2 - \frac{(\sum Y)^2}{n} = 12633,20$$

$$R_2 = \frac{b \cdot SXY}{SYY} \cdot 100$$

$$R_2 = \frac{4,19 \cdot 2496,8}{12633,2} \cdot 100 = 0,83 \text{ ou } 83\%$$

Interpretação:

83% das variações médias dos preços de venda (em reais) de cartões de memórias para microcomputadores disponíveis na *internet dependem da capacidade do respectivo cartão de memória.*

b = 4,19

S_{XY} = 2496,80

S_{YY} = 12633,20

Capítulo 14 Regressão Linear Simples • 479

Quadro da ANOVA

Fonte de Variação	Soma dos Quadrados	Graus de Liberdade	Quadrado Médio	Teste F
Explicada	4,19 . 2496,8= 10461,59	1	**10461,59**	
Residual	12633,2- 10461,59=2171,61	5-2= 3	**434,32**	**F≈24,09**
Total	12633,20	5-1= 4	————	

$\phi_1=1$ e $\phi_2=3 \rightarrow$ Valor - p = **0,01**

Decisão:

Valor - p < 0,05, rejeita-se H_0. O coeficiente de explicação é significante.

6) Abaixo se relaciona telas para microcomputador (em polegadas) e quantidades ofertadas disponíveis para venda na *internet* e resultados do *Excel* de uma análise de Regressão Simples. Indique a força da correlação linear, o poder de explicação de X e a decisão do teste de significância da reta de regressão.

480 • Estatística Aplicada à Informática e às suas novas Tecnologias

Telas de Computadores (em Polegadas) X	Quantidades Ofertadas na *Internet* Y
15	50
17	20
18	15
19	12
20	10
24	8
22	5
23	4

RESUMO DOS RESULTADOS

Estatística de regressão	
R múltiplo	**0.82**
R-Quadrado	**0.68**
R-quadrado ajustado	0.63
Erro padrão	9.09
Observações	8

ANOVA

	gl	*SQ*	*MQ*	*F*	*F de significação*
Regressão	1	1056.13	1056.13	12.78	**0.01**
Resíduo	6	495.87	82.64		
Total	7	1552.00			

	Coeficientes
Interseção	**93.62**
Variável X 1	**-3.96**

Solução:

Força da Correlação Linear:

Existe forte correlação positiva entre tamanhos de telas para microcomputador e quantidades ofertadas disponíveis para venda na *internet*.

Poder de Explicação de X:

68% das variações médias das quantidades ofertadas de microcomputadores na *internet* dependem do tamanho das telas de computadores e 32% a outras variáveis.

Decisão do Teste de Significância da Reta de Regressão:

Valor-p=0,01<0,05, rejeita-se H_0. O coeficiente de explicação é significante, o que implica na significância da reta de regressão.

7) Foram registradas na tabela abaixo a capacidade de entrada e saída de papel em impressoras (em número de folhas). Construa o gráfico de resíduos padronizados da regressão linear e conclua sobre o atendimento aos pressupostos básicos.

Capacidade de Entrada de Papel (X)	Capacidade de Saída de Papel (Y)
250	150
150	100
100	100
150	100
250	150
150	100
150	100
150	100
150	100
250	150
150	100
100	100
250	150
250	150
150	100
100	100

Solução:

Temos que:

$\hat{Y} = 48,26 + 0,39X$ e que da Tabela da ANOVA **QMR = 67,17**:

X	Y	$\hat{Y}$	$e = Y - \hat{Y}$	ep_i
250	150	146.24	3.76	0.48
150	100	107.05	-7.05	-0.89
100	100	87.46	12.54	1.58
150	100	107.05	-7.05	-0.89
250	150	146.24	3.76	0.48
150	100	107.05	-7.05	-0.89
150	100	107.05	-7.05	-0.89
150	100	107.05	-7.05	-0.89
150	100	107.05	-7.05	-0.89
250	150	146.24	3.76	0.48
150	100	107.05	-7.05	-0.89
100	100	87.46	12.54	1.58
250	150	146.24	3.76	0.48
250	150	146.24	3.76	0.48
150	100	107.05	-7.05	-0.89
100	100	87.46	12.54	1.58

Relacionando a variável auxiliar X e os erros padronizados (ep_i) e utilizando a planilha **Excel**, temos o gráfico dos resíduos padronizados:

Gráfico dos Resíduos

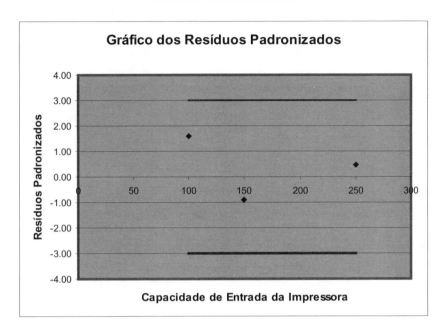

Análise de Resíduos:

Pela observação do gráfico, não há pontos suspeitos fora dos limites de -3 a 3, os erros se distribuem de forma aleatória, independentes e respeitam as probabilidades da curva normal (mais que 99% dos pontos se situam entre -3 a 3). Pela inspeção gráfica, todos os pressupostos básicos da análise de regressão simples foram satisfeitos.

484 • Estatística Aplicada à Informática e às suas novas Tecnologias

8) Na tabela abaixo, relaciona-se o quanto os servidores púbicos federais terão que pagar ao FUNPRESP para manter os salários integrais ao se aposentarem, segundo o tempo de contribuição. Faça a análise dos resíduos no tocante ao atendimento aos pressupostos básicos de regressão.

Tempo de Contribuição (X)	Valor da Contribuição Adicional Mensal (Y)
34	0.00
33	4.86
32	11.38
31	18.48
30	26.15
29	34.26
28	43.32
27	53.07
26	63.56
25	75.12
24	87.78
23	101.51
22	116.78
21	133.65
20	157.43
19	173.00
18	196.32
17	222.32
16	252.03
15	285.91
14	324.55
13	369.70
12	422.67
11	485.13
10	565.55

Nota: Para salários de R$ 4500,00

Capítulo 14 Regressão Linear Simples • 485

Solução:

Temos que:

$\hat{Y} = 618,91 + 20,45X$ e que da Tabela da ANOVA QMR = 3149,42:

X	Y	$\hat{Y}$	$e = Y - \hat{Y}$	epi
34	0.00	-76.44	76.44	1.39
33	4.86	-55.98	60.84	1.11
32	11.38	-35.53	46.91	0.85
31	18.48	-15.08	33.56	0.61
30	26.15	5.37	20.78	0.38
29	34.26	25.82	8.44	0.15
28	43.32	46.27	-2.95	-0.05
27	53.07	66.72	-13.65	-0.25
26	63.56	87.18	-23.62	-0.43
25	75.12	107.63	-32.51	-0.59
24	87.78	128.08	-40.30	-0.73
23	101.51	148.53	-47.02	-0.86
22	116.78	168.98	-52.20	-0.95
21	133.65	189.43	-55.78	-1.02
20	157.43	209.88	-52.45	-0.95
19	173.00	230.34	-57.34	-1.04
18	196.32	250.79	-54.47	-0.99
17	222.32	271.24	-48.92	-0.89
16	252.03	291.69	-39.66	-0.72
15	285.91	312.14	-26.23	-0.48
14	324.55	332.59	-8.04	-0.15
13	369.70	353.04	16.66	0.30
12	422.67	373.50	49.17	0.90
11	485.13	393.95	91.18	1.66

Relacionando a variável auxiliar X e os erros padronizados (ep_i) e utilizando a planilha **Excel**, temos o gráfico dos resíduos padronizados:

Gráfico dos Resíduos

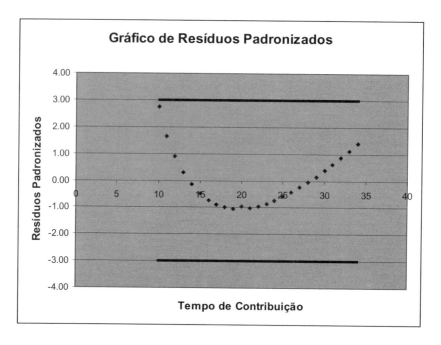

Análise de Resíduos:

Pela análise do gráfico acima, percebe-se de imediato a violação do pressuposto da independência dos resíduos, configurando-se em resíduos autocorrelacionados. Esta violação é grave e invalida os resultados da análise de regressão.

9) Foram pesquisados na *internet* 30 programas antivírus. De cada programa observado, foi anotado o número de estrelas (satisfação) e os *downloads* recebidos até a data da coleta de dados. Resultados da análise de regressão encontram-se abaixo. Verifique a significância da reta de regressão e faça a interpretação do gráfico de resíduos no tocante ao atendimento aos pressupostos básicos.

Estrelas	Downloads
1.00	1000
1.00	1050
1.00	1100
2.00	2000
2.50	2500
2.50	2550
3.00	3000
3.00	3050
3.00	3100
3.00	3150
3.50	3155
3.50	3200
3.50	3250
3.50	3330
3.50	3350
3.50	3400
3.50	3450
4.00	3990
4.00	4000
4.00	4100
4.00	4165
4.00	4255
4.00	4300
4.00	4350
4.00	4400
4.00	4450
4.00	4455
4.50	4600
4.50	4650
4.50	4700

RESUMO DOS RESULTADOS

Estatística de regressão	
R múltiplo	**0.98**
R-Quadrado	**0.97**
R-quadrado ajustado	0.96
Erro padrão	200.80
Observações	30

ANOVA

	gl	SQ	MQ	F	F de significação
Regressão	1	31638259	31638258.75	784.68	**0.00**
Resíduo	28	1128958	40319.93		
Total	29	32767217			

	Coeficientes
Interseção	**−100.17**
Variável X 1	**1050.55**

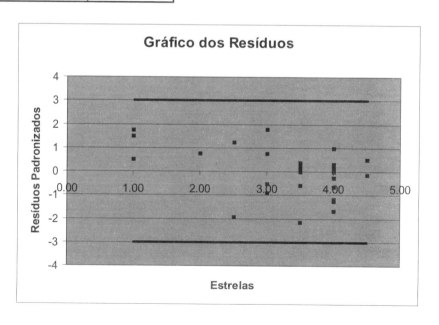

Solução:

Decisão do Teste de Significância da Reta de Regressão:

Valor - p = 0,00 < 0,05, rejeita-se H_0. O coeficiente de explicação é significante, o que implica na significância da reta de regressão.

Análise de Resíduos:

Pela observação do gráfico, não há *outliers*, pontos fora dos limites de –3 a 3. Os erros se distribuem de forma aleatória, independentes e respeitam as probabilidades da curva normal (mais que 99% dos pontos se situam entre –3 a 3). Pela inspeção gráfica, todos os pressupostos básicos da análise de regressão simples foram satisfeitos.

10) Um estudo foi desenvolvido para verificar o quanto o comprimento de um cabo da porta *serial* de microcomputadores influencia na qualidade da transmissão de dados, medida através do número de falhas em 100.000 lotes de dados transmitidos (taxa de falhas). Os resultados foram:

Comprimento do Cabo (m)	Taxa de Falha (%)
8	2,2
8	2,1
9	3,0
9	2,9
10	4,1
10	4,5
1	6,2
1	5,9
12	9,8
12	8,7
13	12,5
13	13,1
14	19,3
14	17,4
15	28,2

Estabeleça a equação (reta) de regressão e obtenha o gráfico de resíduos padronizados através da planilha eletrônica ***Excel***. Verifique se o modelo linear é adequado.

Solução:

Diagrama de Dispersão e a Reta de Regressão:

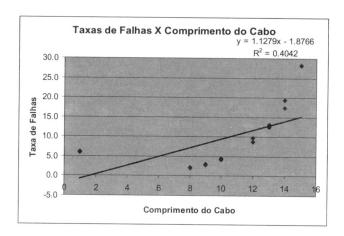

$$\hat{Y} = -1,88 + 1,13X$$

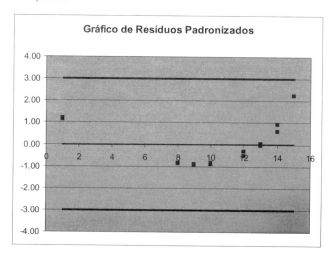

Gráfico dos Resíduos

Interpretação:

Observado o gráfico dos resíduos verificamos que não existe *outlier* e os erros se ajustam à distribuição normal. Contudo, há a violação evidente do pressuposto da aleatoriedade, o que inviabiliza a análise de regressão através do modelo proposto. É fortemente recomendada a revisão do modelo, inclusive aplicando uma transformação nos dados.

11) Um usuário de telefone celular de uma operadora registrou o tempo médio de suas chamadas em cada dia de um determinado mês e seu respectivo custo. Os resultados da pesquisa se encontram na tabela abaixo. Obtenha a equação da reta, o coeficiente de correlação e o coeficiente de explicação. Interprete os resultados e faça uma previsão de custo médio para um dia em que o usuário permaneceu uma média de 15 segundos no celular.

Tempo Médio de Chamada (Em segundos)	Custo Médio de Chamada (Em R$)
0.50	0.20
1.25	0.63
2.00	0.98
2.75	1.38
3.50	1.70
4.25	2.13
5.00	2.50
5.75	2.70
6.50	3.50
7.25	3.65
8.00	4.20
8.75	4.30
9.50	4.70
10.25	5.13
11.00	5.50
11.75	5.88
12.50	6.25
13.25	6.63

14.00	6.89
14.75	7.50
15.50	7.76
16.25	8.13
17.00	8.50
17.75	8.88
18.50	9.25
19.25	9.63
20.00	10.00
20.75	10.38
21.50	10.75
22.25	11.13

Solução:

Quadro de Cálculo

Tempo Médio de Chamada (Em segundos) (X)	Custo Médio de Chamada (Em R$) (Y)	X^2	Y^2	XY
0.50	0.20	0.25	0.04	0.10
1.25	0.63	1.56	0.39	0.78
2.00	0.98	4.00	0.96	1.96
2.75	1.38	7.56	1.89	3.78
3.50	1.70	12.25	2.89	5.95
4.25	2.13	18.06	4.52	9.03
5.00	2.50	25.00	6.25	12.50
5.75	2.70	33.06	7.29	15.53
6.50	3.50	42.25	12.25	22.75
7.25	3.65	52.56	13.32	26.46
8.00	4.20	64.00	17.64	33.60
8.75	4.30	76.56	18.49	37.63
9.50	4.70	90.25	22.09	44.65
10.25	5.13	105.06	26.27	52.53
11.00	5.50	121.00	30.25	60.50
11.75	5.88	138.06	34.52	69.03
12.50	6.25	156.25	39.06	78.13
13.25	6.63	175.56	43.89	87.78

14.00	6.89	196.00	47.47	96.46
14.75	7.50	217.56	56.25	110.63
15.50	7.76	240.25	60.22	120.28
16.25	8.13	264.06	66.02	132.03
17.00	8.50	289.00	72.25	144.50
17.75	8.88	315.06	78.77	157.53
18.50	9.25	342.25	85.56	171.13
19.25	9.63	370.56	92.64	185.28
20.00	10.00	400.00	100.00	200.00
20.75	10.38	430.56	107.64	215.28
21.50	10.75	462.25	115.56	231.13
22.25	11.13	495.06	123.77	247.53
341.25	**170.71**	**5145.94**	**1288.15**	**2574.46**

Equação da Reta:

$$b = \frac{257,46 - \dfrac{341,25 \times 170,71}{30}}{5145 - \dfrac{(341,25)^2}{30}} = 0,5$$

Em seguida,

$$\overline{X} = (\Sigma X)/n = 341,25/30 = 11,38 \text{ segundos}$$

$$\overline{Y} = (\Sigma Y)/n = 170,71/30 = 5,69$$

$$a = \overline{Y} - b \cdot \overline{X} = 5,69 - 0,5 \times 11,38 = 0$$

Logo, a equação da reta será:

$$\hat{Y} = 0,5X$$

Coeficiente de Correlação:

494 • Estatística Aplicada à Informática e às suas novas Tecnologias

$$r = \frac{(n \sum XY) - (\sum X)(\sum Y)}{\sqrt{\left[n \sum X^2 - (\sum X)^2\right] \cdot \left[n \sum Y^2 - (\sum Y)^2\right]}}$$

$$r = \frac{(30 \times 257,46) - (341,25)(170,71)}{\sqrt{\left[30 \times 514,94 - (341,25)^2\right] \cdot \left[30 \times 1288,15 - (170,71)^2\right]}}$$

$$r = (18979,01) / (1898,25) = 0,9997$$

Grau de correlação: fortíssima correlação linear positiva entre tempo médio de chamadas e custo médio de chamadas diárias.

Coeficiente de Explicação:

$R^2 = (0,9997)^2 = \textbf{0,9994}$ ou **99,94%**

O custo médio diário das chamadas do usuário é explicado quase que exclusivamente pelo tempo médio diário que ele leva ao telefone no dia.

12) Abaixo são apresentados os vinte países com maior número de usuários de *internet* no mundo. Calcule o grau de correlação linear e a equação da reta no ***Excel*** entre as variáveis das colunas em destaque e obtenha a previsão de usuários de *internet* para um país com cerca de 240 milhões de habitantes.

País ou Região	População em 2011	Número de Usuários em 2000	Número de Usuários em 2011	% da População	% do Mundo
China	1336718015	22500000	485000000	0.36	0.23
Estados Unidos	313232044	95354000	245000000	0.78	0.12
Índia	1189172906	5000000	100000000	0.08	0.05
Japão	126475664	47080000	99182000	0.78	0.05
Brasil	203429773	5000000	75982000	0.37	0.04
Alemanha	81471834	24000000	65125000	0.80	0.03
Rússia	138739892	3100000	59700000	0.43	0.03
Reino Unido	62698362	15400000	51442100	0.82	0.02

França	65102719	8500000	45262000	0.70	0.02
Nigéria	155215573	200000	43982200	0.28	0.02
Indonésia	245613043	2000000	39600000	0.16	0.02
Coréia	48754657	19040000	39440000	0.81	0.02
Irã	77891220	250000	36500000	0.47	0.02
Turquia	78785548	2000000	35000000	0.44	0.02
México	113724226	2712400	34900000	0.31	0.02
Itália	61016804	13200000	30026400	0.49	0.01
Filipinas	101833938	2000000	29700000	0.29	0.01
Espanha	46754784	5387800	29093984	0.62	0.01
Vietnã	90549390	200000	29268606	0.32	0.01
Argentina	41769726	2500000	27568000	0.66	0.01

Solução:

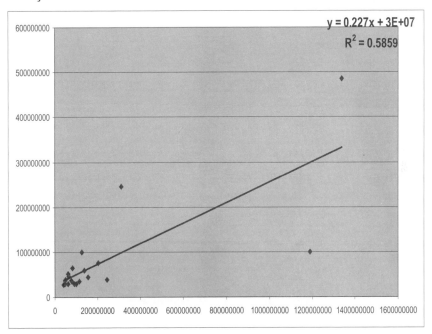

$$r = \sqrt{0,5859} = 0,7654$$

Grau de correlação: forte correlação linear positiva entre as variáveis.

Equação da Reta:

$$\hat{Y} = 30.000.000 + 0,227X$$

Previsão:

$$\hat{Y} = 30.000.000 + 0,227X$$

$$\hat{Y} = 30.000.000 + 0,227(240.000.000) = 84.480.000$$
usuários de *internet*.

Interpretação:

Para um país com 240 milhões de habitantes, estima-se **84.480.000 usuários de *internet*.**

13) É apresentada abaixo a quantidade de pessoas conectadas a *Web* no Brasil. Obtenha no ***Excel*** o coeficiente de explicação do modelo de regressão linear (interprete o resultado) entre as variáveis das colunas em destaque, a equação da reta e a previsão para a quantidade de internautas conectados quando o Brasil atingir uma população de 250 milhões de habitantes.

Data da Pesquisa	População Total IBGE	Internautas (milhões)	% da População Brasileira
2011 /jun	203.40	75.98	0.37
2008 / dez	196.30	67.51	0.34
2007 / dez	188.60	42.60	0.23
2006 / dez	186.70	30.01	0.17
2005 / jan	185.60	25.90	0.14
2004 / jan	178.40	20.05	0.12
2003 / jan	176.00	14.32	0.08

2002 / ago	175.00	13.98	0.08
2001 / set	172.30	12.04	0.07
2000 / nov	169.70	9.84	0.06
1999 / dez	166.40	6.79	0.07
1998 / dez	163.20	2.35	0.01
1997 / dez	160.10	1.30	0.01
1997 / jul	160.10	1.15	0.01

Solução:

Resultado no Excel:

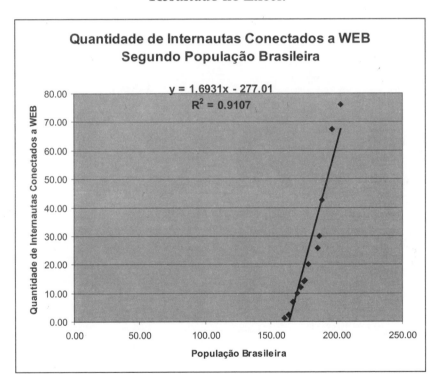

Coeficiente de Explicação:

$R^2 = 0,91$

Interpretação: 91% das variações da quantidade de *internautas* conectados a *WEB* no Brasil são devidas ao volume da população brasileira no momento. 9% por cento se devem a outros fatores.

Equação da Reta:

$$\hat{Y} = -277,01 + 1,69X$$

Previsão:

$$\hat{Y} = -277,01 + 1,69X$$

$$\hat{Y} = -277,01 + 1,69X(250) = 145,49$$

milhões de *internautas* conectados a *Web* no Brasil.

Interpretação:

Quando chegarmos a 250 milhões de habitantes, teremos uma previsão de **145,49** milhões de internautas conectados a *Web* no Brasil.

 Bibliografia

1. **BARBETTA**, PEDRO ALBERTO; **REIS**, MARCELO MENEZES; **BORNIA**, ANTONIO CEZAR. *Estatística para Cursos de Engenharia e Informática*. São Paulo. Editora Atlas, 2004.
2. **BARNETT**, V. *Sample Survey: Principies and Methods*. 3rd Edition. London: Arnold, 1974.
3. **BOLFARINE**, H.; **BUSSAB**, W. O. *Elementos de Amostragem*. São Paulo: ABE-Projeto Fisher, 2005.
4. **BOLFARINE**, HELENO; **SANDOVAL**, MÔNICA CARNEIRO. *Introdução à Inferência Estatística*. Rio de Janeiro. Coleção Matemática Aplicada, 2000.
5. **BUSSAB**. W. O.; **MORETTIN**, P. A. *Estatística Básica*. 5ª edição. São Paulo. Saraiva, 2003.
6. **CONOVER**, W J. (1998) *Practical Nonparametric Statistics*. 3rd Edition. New York: John Wiley.
7. **COSTA**, Giovani G . O. *Curso de Estatística Básica: Teoria e Prática*. São Paulo. Editora Atlas, 2011.
8. **COSTA**, Giovani G . O. *Curso de Estatística Inferencial e Probabilidades: Teoria e Prática*. São Paulo. Editora Atlas, 2012.
9. **COSTA**, Giovani G. O.; **GIANNOTTI**, Juliana D. G. *Estatística Aplicada ao Turismo*. Volumes 1 e 2. 3ª edição. Rio de Janeiro: Fundação CECIERJ, 2010.
10. **COSTA NETO**, PEDRO LUIZ DE OLIVEIRA. *Estatística*. Editora Edgard Blücher Ltda. São Paulo, 2002.
11. **CRESPO**, ANTÔNIO ARNOT. *Estatística Fácil*. São Paulo. Editora Saraiva, 2000.
12. **DE GROOT**, M.H.; **SCHERVISH**, MJ. *Probability and Staíistics*. 3rd edition, NewYork: Addison-//weley, 2002.

13. **DURBIN**, J.; **WATSON**, G. S. *"Testing for Serial Correlation in Least Squares Regression, I."* Biometrika 37, 409–428,1950.

14. **DURBIN**, J.; **WATSON**, G. S. *"Testing for Serial Correlation in Least Squares Regression, II."* Biometrika 38, 159–179,1951.

15. **FREUND**, JOHN E.; **SIMON**, GARY A. *Estatística Aplicada: economia, administração e contabilidade.* Tradução: Alfredo Alves de farias. 9ª edição. Porto Alegre: Bookman, 2000.

16. **GAUSS**, CARL FRIEDRICH. *Theoria Motus Corporum Coelestium in Sectionibus Conicis Solem Ambientium.* Estados Unidos. Paperback, 2011.

17. **HAIR**, JOSEPH F. et al. *Análise Multivariada de Dados.* Tradução: AdonaiSchlup SabtáAnna e Anselmo Chaves Neto. Porto Alegre: Bookman., 5ª edição. 2005.

18. **HOFFMANN**, Rodolfo. *(2006) Análise de Regressão.* 4ª edição. *São Paulo: Hucitec.*

19. **JARQUE,** CARLOS M.; **BERA**, ANIL K. *"Efficient tests for normality, homoscedasticity and serial independence of regression residuals".* Economics Letters **6** (3): 255–259. doi:10.1016/0165-1765(80)90024-5,1980

20. **JARQUE,** CARLOS M.; **BERA**, ANIL K. *"Efficient tests for normality, homoscedasticity and serial independence of regression residuals: Monte Carlo evidence".* Economics Letters **7** (4): 313–318. doi:10.1016/0165-1765(81)90035-5, 1981

21. **JARQUE**, CARLOS M.; **BERA**, ANIL K. *"A test for normality of observations and regression residuals".* International Statistical Review **55** (2): 163–172. JSTOR 1403192, 1987.

22. **JUDGE**; et al. *Introduction and the theory and practice of econometrics* (3rd ed.). pp. 890–892, 1982.

23. **JOHNSON**, Richard; WICHERN, Dean. *Applied Multivariate Statistical Analysis.* 6. ed. New Jersey: Prentice Hall, 2007.

24. **JÚNIO,** Joseph F. Hair et al. *Fundamentos de Métodos de Pesquisa em Administração.* São Paulo: Bookman, 2010.

25. **KOLMOGOROV**, A. *"Sulla determinazione empirica di una legge di distribuzione"* G. Inst. Ital. Attuari, 4, 83,1933

26. **KUTNER**, MICHAEL at al. *Applied Linear Statistical Models.* 5. ed. New York: McGraw-Hill/Irwin, 2004.

Bibliografia • 501

27. **LARSON**, RON.; **FARBER**, BETSY. *Estatística Aplicada*. São Paulo. Pearson Prentice Halll, 2004.

28. **LEVINE,** DAVID M.; **BERENSON,** MARK L.. *Estatística: Teoria e Aplicações Usando Microsoft Excel em Português*. Rio de Janeiro. Livros Técnicos e Científicos S.A, 2000.

29. **MAGALHÃES**, M.N; **LIMA,** A.C.P DE - *Noções de Probabilidade e Estatística*. 5ª ed... São Paulo: Ed. Edusp, 2005.

30. **MOORE,** DAVID S. *A Estatística Básica e Sua Prática*. Tradução: Cristiana Filizola Carneiro Pessoa. 3ª ed. Rio de Janeiro: LTC, 2005.

31. **MORETTIN**, LUIZ GONZAGA. *Estatística Básica*. Volumes 1 e 2. São Paulo. Perarson Makron Books, 2000.

32. **MORETTIN**, PEDRO A; **TOLOI**, CLÉLIA M. *Séries Temporais*. São Paulo. 2ª Ed. Editora Atual, 1987.

33. **NETER**, J. at al– *Applied Linear Regression Models*. 3rd ed., Irwin, 1996.

34. **OLIVEIRA,** FRANCISCO ESTEVAM MARTINS. *Estatística e Probabilidades*. São Paulo. Editora Atlas, 1999.

35. **PESARAN**, H. M and B. *Working with Microfit 4.0: Interactive Economteric Analysis*. London: Oxford University Press, 1997.

36. **PESARAN**, H; **SHIN**, Y. and **SMITH**, R. *Bound testing approaches to the analysis of level relationships. Journal of Applied E conometrics*.16, 289-326, 2001.

37. **PESARAN**, H; **SHIN**, Y. and **SMITH**, R. *Bound testing approaches to the analysis of level relationships. University of Cambridge, Revised-DAE Working*, 2000.

38. **ROSS**, Sheldon. *A First Course in Probability*. 7. ed. New Jersey: Prentice Hall, 2005.

39. **ROSS**, Sheldon. *Introduction to Probability Models*. 9. ed. New York: Academic Press, 2006.

40. **SIEGEL**, SIDNEY. *Nonparametric Statistic for the Behavioral Sciences*. USA: McGraw-Hill, 1956.

41. **SILVA**, Nilza Nunes. *Amostragem Probabilística*. 1ª ed. São Paulo: Edusp, 1997.

42. **SMAILES**, JOANNE; **McGrane**, ANGELA. *Estatística Aplicada à Administração com Excel*. São Paulo. Editora Atlas, 2002

43. **VIEIRA**, Sônia. *Bioestatística - Tópicos Avançados*. 2ª ed. Rio de Janeiro: Campus Elsevier, 2004.

44. VIEIRA, Sônia. *Estatística para a qualidade*. Rio de Janeiro: Campus Elsevier,1999.

45. VIEIRA, Sônia. *Análise da Variância (ANOVA)*. São Paulo. Editora Atlas, 2006.

46. SMIRNOV, N.V. *"Tables for estimating the goodness of fit of empirical distributions"*, *Annals of Mathematical Statistic*, 19, 279, 1948.

 Anexos

Anexo 1
Formulário

Estatística Descritiva

$n = (Z^2 \cdot P \cdot Q) / E^2$

Confiança(%)	Escore Z
68	1,00
90	1,65
95	2,00
99	3,00

$n = [Z^2 \cdot P \cdot Q \cdot N] / [e^2 \cdot (N-1) + Z^2 \cdot P \cdot Q]$

$n_0 = \dfrac{1}{e^2}$

$n = \dfrac{N \cdot n_0}{N \cdot n_0}$

$K = 1 + 3,3 \log N$

$h = R \setminus K$

$\text{Coeficiente} = \dfrac{A}{A+B}$

$\text{Coeficiente} = \dfrac{\text{Parte}}{\text{Todo}}$

$$\text{Índice} = \frac{A}{B}$$

$$N_I = \frac{X_1}{X_0} 100$$

X_1 = valor do ano a ser comparado
X_0 = valor do ano – base de comparação

$$\overline{X} = \frac{\Sigma X}{n}$$

$$\overline{X} = \frac{\Sigma Xf}{n}$$

$$\overline{X} = \frac{\Sigma xf}{n}$$

$$EM_e = \frac{n}{2}$$

$$EM_e = \frac{n+1}{2}$$

$$M_e = I_i + h\left[\frac{EM_e - 'Fac}{Fme}\right]$$

$$M_o = I_i + h\left[\frac{fpost}{fant + fpost}\right]$$

Separatriz Dados Não Agrupados:

100% dos dados ------------------- n
Porcentagem da separatriz ------------------- EQ_i ou EP_i

Separatriz Dados Agrupados:

$$EQ_i = \frac{i \cdot n}{4}$$

$$Q_i = l_i + \left[\frac{EQ_i - 'Fac}{f_{EQi}} \right]$$

$$EP_i = \frac{i \cdot n}{100}$$

$$P_i = l_i + h\left[\frac{EP_i - 'Fac}{f_{EPi}} \right]$$

$$S^2 = \frac{\Sigma\left(X - \overline{X}\right)^2}{n}$$

$$S = \sqrt{\frac{\Sigma\left(X - \overline{X}\right)^2}{n}}$$

$$S = \sqrt{\frac{\Sigma X^2 f - \frac{\left(\Sigma Xf\right)^2}{n}}{n}}$$

$$CV = \frac{S}{\overline{X}} \cdot 100$$

CV $\leq$ 15% , baixa dispersão (dados homogêneos)
15% < CV $\leq$ 30%, média dispersão
CV > 30% , alta dispersão (dados muito heterogêneos)

$$Ass = \frac{3\left(\overline{X} - M_c\right)}{S}$$

As = 0, a distribuição é simétrica.
As > 0, a distribuição é assimétrica positiva.
As < 0, a distribuição é assimétrica negativa.

| As | $\leq$ 0,15, distribuição praticamente simétrica.
0,15 < | As | $\leq$ 1, assimetria moderada.
      | As | > 1, forte assimetria.

$$K = \frac{Q_3 - Q_1}{2\left(P_{90} - P_{10}\right)}$$

K = 0,263,distribuição mesocúrtica.
K< 0,263,distribuição leptocúrtica (distribuição em cume).
K > 0,263,distribuição platicúrtica (distribuição plana).

Probabilidades

$P(E) = P(E_1 + E_2)$

$P(E_1 + E_2) = P(E_1) + P(E_2) - P(E_1 \cap E_2)$

$P(E) = \lim_{n \to \infty} \left[F(E)/n \right]$

$$P(E) = \frac{n(E)}{n(S)}$$

$P(E_1 \cap E_2) = P(E_1) . P(E_2)$

$P(E_1 \cap E_2) = P(E_1) . P(E_2/E_1)$

$$P(E_2 / E_1) = \frac{P(E_2 \cap E_1)}{P(E_1)}$$

$$P(E_2 / E_1) = \frac{n(E_2 \cap E_1)}{n(E_1)}$$

$$P(B) = P(E_1 \cap B) + P(E_2 \cap B) + P(E_3 \cap B) + ... + P(E_n \cap B) = \sum_{i=1}^{n} P(E_i \cap B)$$

$$P(B) = \sum_{l=1}^{n} \left[P((E_i) \cdot P(B / E_i)) \right]$$

$$P(E_i / B) = \frac{P(E_i) \cdot P(B / E_i)}{\sum_{l=1}^{n} \left[P(E_i) \cdot P(B / E_i) \right]}$$

$$F(x) = P(X \leq x)$$

$$E(X) = \sum_{l=1}^{n} XP(X)$$

$$V(X) = \sum_{l=1}^{n} X^2 P(X) - \left[E(X) \right]^2$$

$$P(a \leq X \leq b) = \int_{a}^{b} f(x) dx$$

$$E(X) = \mu = \int_{-\infty}^{\infty} xf(x) dx$$

$$Var(X) = E(X^2) - \left[E(X) \right]^2, com\ E(X^2) = \int_{-\infty}^{\infty} x^2 f(x) dx.$$

$$P(x) = p^x \cdot q^{1-x}$$

$$E(x) = p$$

$$V(x) = pq$$

$$P(X = x) = \underset{n}{\overset{x}{C}} \; p^{x} \cdot q^{(n-x)}$$

$$E(X) = n \cdot p$$

$$V(X) = n \cdot p \cdot q$$

$$P(X = x) = \frac{e^{-\mu} \cdot \mu^{x}}{x!}$$

$$E(X) = \mu$$

$$V(X) = \mu$$

$$f(x) = \frac{1}{b-a} \; \text{ para } \; a \leq X \leq b$$

$$E(X) = (a+b)/2$$

$$V(X) = (b-a)^{2} / 12$$

$$f(T) = \lambda e^{-\lambda t}$$

$$F(t) = P(T \leq t) = 1 - e^{-\lambda t} \qquad F(t) = 0$$

$$P(T \geq t) = e^{-\lambda t}$$

$$E(X) = \frac{1}{\lambda^{2}}$$

$$f(x) = \frac{1}{\sigma\sqrt{2\pi}} \cdot e^{-1/2[(x-\mu)/\sigma]^2}$$

$$E(X) = \mu$$

$$V(X) = \sigma^2$$

$$f(z) = \frac{1}{\sqrt{2\pi}} \cdot e^{-1/2(z)^2}$$

$$z = \frac{\overline{X} - \mu}{\sigma}$$

$$X_{n+1} = (C_0 + C \cdot X_n) \cdot \text{Mod } M$$

$\text{Mod } M = $ resto inteiro de $(C_0 + C \cdot X_n)$

$$X_{n+1} = \left[\frac{(C_0 + C \cdot X_n)}{M} - \text{parte inteira de} (C_0 + C \cdot X_n)/M \right]$$

$$r_{n+1} = x_{n+1} / M$$

AAS-Excel:

1. Colocar na célula A1 o número 1;
2. Editar → preencher → série → coluna → linear → incremento: 1 → limite: tamanho da população;
3. Na coluna B, preencher a população com os dados da variável observada na população;
4. Na coluna C, na célula C1, colocar a função: =aleatorio( ). Copiar o número gerado para as outras células da coluna C;
5. Selecionar a coluna C → editar → copiar → editar → colar especial → valores
6. Selecionar toda a planilha;
7. Dados → classificar → classificar por coluna C → crescente;
8. Pronto: temos uma amostra gerada para qualquer tamanho de amostra

Uniforme [0,1] no Excel:

= aleatório()

Uniforme [1;n] no Excel:

= aleatórioentre(1;n)

Sequência com Distribuição de Bernoulli no Excel:

= $SE(r_i < p;0;1)$, i=1,m

m=simulações

Sequência com Distribuição de Binomial no Excel:

Soma de n sequências geradas de Bernoulli em m simulações

Sequência com Distribuição de Poisson no Excel:

1. Gerar uma sequência "r " de números aleatórios com distribuição uniforme [0,1];
2. Fazer x=0 , p=p_0 e s=p;
   $p_0 = e^{-\lambda}$
3. Enquanto r>s, fazer:
   (a)x= x + 1
   (b) p = (p.λ)/x
   (c) s= s + p
   Retornar x.

Sequência com Distribuição de Poisson no Excel:

Ferramentas → análise de dados → geração de número aleatório → número aleatório (escolha o número de sequências aleatórias de poisson deseja gerar) → número de número aleatório (escolha o tamanho da sequência) → escolha a distribuição de Poisson → escolha o parâmetro de poisson λ.

Sequência com Distribuição Exponencial:

$X = (-1/\lambda). \ln(1-a)$

$X = -E(t). \ln(1-a)$

Sequência com Distribuição Exponencial no Excel:

$=- (1/2)*(LN(1-r_i)), i=1,m$

m= simulações

Sequência com Distribuição de Normal:

$P(Z \le \mathbf{z}) = r$

Sequência com Distribuição de Normal no Excel:

$=INV.NORM(r_i;0;1), i=1,m$

m= simulações

Desempenho de Computadores:

Tempo de Execução:

$$t = \frac{NI \times NMC}{FR}$$

Desempenho de Computadores:

$$Des = \frac{1}{Tempo\ de\ Execução}$$

Tempo de Execução com o Melhoramento:

$$t_m = \frac{t_u}{\alpha} + t_n$$

Milhões de Instruções por Segundo (MIPS)

$$MIPS = \frac{NI}{t \times 10^6}$$

Inferência estatística

$$t = \frac{\overline{X} - \mu}{S / \sqrt{n}}, \phi = n - 1$$

$$\phi = n - K$$

$$E(t) = 0$$

$$V(t) = \frac{\phi}{\phi - 2}$$

$$\overline{x} - z\left(\sigma / \sqrt{n}\right) < \mu < \overline{x} - z\left(\sigma / \sqrt{n}\right)$$

$$\overline{x} - z\left(S / \sqrt{n}\right) < \mu < \overline{x} + z\left(S / \sqrt{n}\right)$$

$$\overline{x} - t\left(S / \sqrt{n}\right) < \mu < \overline{x} + t\left(S / \sqrt{n}\right), \phi = n - 1.$$

$$P - Z\sqrt{pq / n} < \pi < P + Z\sqrt{pq / n}$$

$$\text{Valor} - p = P\left(Z < \text{ou} \geq \frac{\text{Estimativa} - \text{hipótese nula}}{\text{Erro} - \text{padrão da estimativa}}\right)$$

$$\text{Valor} - p = P\left(Z < \text{ou} \geq \frac{\overline{x} - \mu_0}{\sigma / \sqrt{n}}\right)$$

$$\text{Valor} - p = P\left(Z < \text{ou} \geq \frac{\overline{x} - \mu_0}{S / \sqrt{n}}\right)$$

$$\text{Valor} - p = P\left(t < \text{ou} \geq \frac{\text{Estimativa} - \text{hipótese nula}}{\text{Erro} - \text{padrão da estimativa}}\right)$$

$$\text{Valor} - p = P\left(t < \text{ou} \geq \frac{\overline{x} - \mu_0}{S / \sqrt{n}}\right), \phi = n - 1.$$

$$\text{Valor} - p = P\left(Z > \text{ou} < \frac{p - \pi_0}{\sqrt{[\pi_0(1 - \pi_0)]/n}}\right)$$

$$r = \frac{n \sum x_i y_i - \sum(x_i)\sum(y_i)}{\sqrt{[n \sum x_i^2 - (\sum x_i)^2] \cdot [n \sum y_i^2 - (\sum y_i)^2]}}$$

$$t = \frac{r}{(\sqrt{1 - r^2})/\sqrt{n - 2}}, \phi = n - 2$$

$$\hat{Y} = aX + b$$

$$a = \frac{n \sum x_i y_i - \sum x_i y_i}{n \sum x_i^2 - (\sum x_i)^2}$$

$$b = \overline{Y} - a\overline{X}$$

$$R^2 = \frac{\text{VariaçãoExplicada}}{\text{VariaçãoTotal}} = \frac{\text{VE}}{\text{VT}} =$$

$$R^2 = \frac{b \cdot \text{SXY}}{\text{SYY}} \cdot 100$$

$$S_{XY} = \sum XY - \frac{\sum X \sum Y}{n}$$

$$S_{YY} = \sum Y^2 - \frac{\left(\sum Y\right)^2}{n}$$

$$0 \leq R^2 \leq 1$$

a) Se $R^2 = 0 \rightarrow$ o modelo adotado não explica em nada a realidade

b) Se $R^2 = 1 \rightarrow$ o modelo adotado explica a realidade com perfeição

$$F = \frac{\text{VE}}{\text{VR}}$$

ANOVA- EXISTÊNCIA DE REGRESSÃO

Fonte de Variação	Soma dos Quadrados	Graus de Liberdade	Quadrado Médio	Teste F
Explicada	**SQTr** = b . SXY	1	**QMTr** = b.SXY	
Residual	**SQR** =SYY– bSXY	n–2	**QMR** = (SQR)/(n-2)	F=QMTr/ QMR
Total	**SQT** = SYY	n–1	————	

Anexo 2

Tabela 1
Tabela da Normal

Distribuição Normal Reduzida (0< Z < z)

z	0	1	2	3	4	5	6	7	8	9
0,0	0,0000	0,0040	0,0080	0,0120	0,0160	0,0199	0,0239	0,0279	0,0319	0,0359
0,1	0,0398	0,0438	0,0478	0,0517	0,0557	0,0596	0,0636	0,0675	0,0714	0,0753
0,2	0,0793	0,0832	0,0871	0,0910	0,0948	0,0987	0,1026	0,1064	0,1103	0,1141
0,3	0,1179	0,1217	0,1255	0,1293	0,1331	0,1368	0,1406	0,1443	0,1480	0,1517
0,4	0,1554	0,1591	0,1628	0,1664	0,1700	0,1736	0,1772	0,1808	0,1844	0,1879
0,5	0,1915	0,1950	0,1985	0,2019	0,2054	0,2088	0,2123	0,2157	0,2190	0,2224
0,6	0,2257	0,2291	0,2324	0,2357	0,2389	0,2422	0,2454	0,2486	0,2517	0,2549
0,7	0,2580	0,2611	0,2642	0,2673	0,2704	0,2734	0,2764	0,2794	0,2823	0,2852
0,8	0,2881	0,2910	0,2939	0,2967	0,2995	0,3023	0,3051	0,3078	0,3106	0,3133
0,9	0,3159	0,3186	0,3212	0,3238	0,3264	0,3289	0,3315	0,3340	0,3365	0,3389
1,0	0,3413	0,3438	0,3461	0,3485	0,3508	0,3531	0,3554	0,3577	0,3599	0,3621
1,1	0,3643	0,3665	0,3686	0,3708	0,3729	0,3749	0,3770	0,3790	0,3810	0,3830
1,2	0,3849	0,3869	0,3888	0,3907	0,3925	0,3944	0,3962	0,3980	0,3997	0,4015
1,3	0,4032	0,4049	0,4066	0,4082	0,4099	0,4115	0,4131	0,4147	0,4162	0,4177
1,4	0,4192	0,4207	0,4222	0,4236	0,4251	0,4265	0,4279	0,4292	0,4306	0,4319
1,5	0,4332	0,4345	0,4357	0,4370	0,4382	0,4394	0,4406	0,4418	0,4429	0,4441
1,6	0,4452	0,4463	0,4474	0,4484	0,4495	0,4505	0,4515	0,4525	0,4535	0,4545
1,7	0,4554	0,4564	0,4573	0,4582	0,4591	0,4599	0,4608	0,4616	0,4625	0,4633
1,8	0,4641	0,4649	0,4656	0,4664	0,4671	0,4678	0,4686	0,4693	0,4699	0,4706
1,9	0,4713	0,4719	0,4726	0,4732	0,4738	0,4744	0,4750	0,4756	0,4761	0,4767
2,0	0,4772	0,4778	0,4783	0,4788	0,4793	0,4798	0,4803	0,4808	0,4812	0,4817
2,1	0,4821	0,4826	0,4830	0,4834	0,4838	0,4842	0,4846	0,4850	0,4854	0,4857
2,2	0,4861	0,4864	0,4868	0,4871	0,4875	0,4878	0,4881	0,4884	0,4887	0,4890
2,3	0,4893	0,4896	0,4898	0,4901	0,4904	0,4906	0,4909	0,4911	0,4913	0,4916
2,4	0,4918	0,4920	0,4922	0,4925	0,4927	0,4929	0,4931	0,4932	0,4934	0,4936
2,5	0,4938	0,4940	0,4941	0,4943	0,4945	0,4946	0,4948	0,4949	0,4951	0,4952
2,6	0,4953	0,4955	0,4956	0,4957	0,4959	0,4960	0,4961	0,4962	0,4963	0,4964
2,7	0,4965	0,4966	0,4967	0,4968	0,4969	0,4970	0,4971	0,4972	0,4973	0,4974

516 • Estatística Aplicada à Informática e às suas Novas Tecnologias

2,8	0,4974	0,4975	0,4976	0,4977	0,4977	0,4978	0,4979	0,4979	0,4980	0,4981
2,9	0,4981	0,4982	0,4982	0,4983	0,4984	0,4984	0,4985	0,4985	0,4986	0,4986
3,0	0,4987	0,4987	0,4987	0,4988	0,4988	0,4989	0,4989	0,4989	0,4990	0,4990
3,1	0,4990	0,4991	0,4991	0,4991	0,4992	0,4992	0,4992	0,4992	0,4993	0,4993
3,2	0,4993	0,4993	0,4994	0,4994	0,4994	0,4994	0,4994	0,4995	0,4995	0,4995
3,3	0,4995	0,4995	0,4995	0,4996	0,4996	0,4996	0,4996	0,4996	0,4996	0,4997
3,4	0,4997	0,4997	0,4997	0,4997	0,4997	0,4997	0,4997	0,4997	0,4997	0,4998
3,5	0,4998	0,4998	0,4998	0,4998	0,4998	0,4998	0,4998	0,4998	0,4998	0,4998
3,6	0,4998	0,4998	0,4999	0,4999	0,4999	0,4999	0,4999	0,4999	0,4999	0,4999
3,7	0,4999	0,4999	0,4999	0,4999	0,4999	0,4999	0,4999	0,4999	0,4999	0,4999
3,8	0,4999	0,4999	0,4999	0,4999	0,4999	0,4999	0,4999	0,4999	0,4999	0,4999
3,9	0,5000	0,5000	0,5000	0,5000	0,5000	0,5000	0,5000	0,5000	0,5000	0,5000

Anexo 3

Tabela 2
Tabela da t–Student

Valores de t, segundo os graus de liberdade (ϕ) e o valor de α.

Monocaudal, α	0,25	0,10	0,05	0,025	0,01	0,005
Bicaudal, α	0,50	0,20	0,10	0,05	0,02	0,01
ϕ						
1	1,000	3,078	6,314	12,706	31,821	63,657
2	0,816	1,886	2,920	4,303	6,965	9,925
3	0,765	1,638	2,353	3,182	4,541	5,841
4	0,741	1,533	2,132	2,776	3,747	4,604
5	0,727	1,476	2,015	2,571	3,365	4,032
6	0,718	1,440	1,943	2,447	3,143	3,707
7	0,711	1,415	1,895	2,365	2,998	3,499
8	0,706	1,397	1,860	2,306	2,896	3,355
9	0,703	1,383	1,833	2,262	2,821	3,250
10	0,700	1,372	1,812	2,228	2,764	3,169
11	0,697	1,363	1,796	2,201	2,718	3,106
12	0,695	1,356	1,782	2,179	2,681	3,055
13	0,694	1,350	1,771	2,160	2,650	3,012
14	0,692	1,345	1,761	2,145	2,624	2,977
15	0,691	1,341	1,753	2,131	2,602	2,947

16	0,690	1,337	1,746	2,120	2,583	2,921
17	0,689	1,333	1,740	2,110	2,567	2,898
18	0,688	1,330	1,734	2,101	2,552	2,878
19	0,688	1,328	1,729	2,093	2,539	2,861
20	0,687	1,325	1,725	2,086	2,528	2,845
21	0,686	1,323	1,721	2,080	2,518	2,831
22	0,686	1,321	1,717	2,074	2,508	2,819
23	0,685	1,319	1,714	2,069	2,500	2,807
24	0,685	1,318	1,711	2,064	2,492	2,797
25	0,684	1,316	1,708	2,060	2,485	2,787
26	0,684	1,315	1,706	2,056	2,479	2,779
27	0,684	1,314	1,703	2,052	2,473	2,771
28	0,683	1,313	1,701	2,048	2,467	2,763
29	0,683	1,311	1,699	2,045	2,462	2,756
∞	0,674	1,282	1,645	1,960	2,326	2,576

Anexo 4

Tabela 3
Valor-p por Valores de F

ϕ_2	Valor-p	ϕ_1										
		1	2	3	4	5	6	8	10	20	40	∞
1	0,250	5,83	7,50	8,20	8,58	8,82	8,98	9,19	9,32	9,58	9,71	9,85
	0,100	39,90	49,50	53,60	55,80	57,20	58,20	59,40	60,20	61,70	62,50	63,30
	0,050	161,00	200,00	216,00	225,00	230,00	234,00	239,00	242,00	248,00	251,00	254,00
2	0,250	2,57	3,00	3,15	3,23	3,28	3,31	3,35	3,38	3,43	3,45	3,48
	0,100	8,53	9,00	9,16	9,24	9,29	9,33	9,37	9,39	9,44	9,47	9,49
	0,050	18,50	19,00	19,20	19,20	19,30	19,30	19,40	19,40	19,40	19,50	19,50
	0,010	98,50	99,00	99,20	99,20	99,30	99,30	99,40	99,40	99,40	99,50	99,50
	0,001	998,00	999,00	999,00	999,00	999,00	999,00	999,00	999,00	999,00	999,00	999,00
3	0,250	2,02	2,28	2,36	2,39	2,41	2,42	2,44	2,44	2,46	2,47	2,47

518 • Estatística Aplicada à Informática e às suas Novas Tecnologias

	0,100	5,54	5,46	5,39	5,34	5,31	5,28	5,25	5,23	5,18	5,16	5,13
	0,050	10,10	9,55	9,28	9,12	9,10	8,94	8,85	8,79	8,66	8,59	8,53
	0,010	34,10	30,80	29,50	28,70	28,20	27,90	27,50	27,20	26,70	26,40	26,10
	0,001	167,00	149,00	141,00	137,00	135,00	133,00	131,00	129,00	126,00	125,00	124,00
4	*0,250*	1,81	2,00	2,05	2,06	2,07	2,08	2,08	2,08	2,08	2,08	2,08
	0,100	4,54	4,32	4,19	4,11	4,05	4,01	3,95	3,92	3,84	3,80	3,76
	0,050	7,71	6,94	6,59	6,39	6,26	6,16	6,04	5,96	5,80	5,72	5,63
	0,010	21,10	18,00	16,70	16,00	15,50	15,20	14,80	14,50	14,00	13,70	13,50
	0,001	74,10	61,30	56,20	53,40	51,70	50,50	49,00	48,10	46,10	45,10	44,10
5	*0,250*	1,69	1,85	1,88	1,89	1,89	1,89	1,89	1,89	1,88	1,88	1,87
	0,100	4,06	3,78	3,62	3,52	3,45	3,40	3,34	3,30	3,21	3,16	3,10
	0,050	6,61	5,79	5,41	5,19	5,05	4,95	4,82	4,74	4,56	4,46	4,36
	0,010	16,30	13,30	12,10	11,40	11,00	10,70	10,30	10,10	9,55	9,29	9,02
	0,001	47,20	37,10	33,20	31,10	29,80	28,80	27,60	26,90	25,40	24,60	23,80
6	*0,250*	1,62	1,76	1,78	1,79	1,79	1,78	1,77	1,77	1,76	1,75	1,74
	0,100	3,78	3,46	3,29	3,18	3,11	3,05	2,98	2,94	2,84	2,78	2,72
	0,050	5,99	5,14	4,76	4,53	4,39	4,28	4,15	4,06	3,87	3,77	3,67
	0,010	13,70	10,90	9,78	9,15	8,75	8,47	8,10	7,87	7,40	7,14	6,88
	0,001	35,50	27,00	23,70	21,90	20,80	20,00	19,00	18,40	17,10	16,40	15,80
7	*0,250*	1,57	1,70	1,72	1,72	1,71	1,71	1,70	1,69	1,67	1,66	1,65
	0,100	3,59	3,26	3,07	2,96	2,88	2,83	2,75	2,70	2,59	2,54	2,47
	0,050	5,59	4,74	4,35	4,12	3,97	3,87	3,73	3,64	3,44	3,34	3,23
	0,010	12,20	9,55	8,45	7,85	7,46	7,19	6,84	6,62	6,16	5,91	5,65
	0,001	29,30	21,70	18,80	17,20	16,20	15,50	14,60	14,10	12,90	12,30	11,70

Anexos • 519

8	0,250	1,54	1,66	1,67	1,66	1,66	1,65	1,64	1,63	1,61	1,59	1,58
	0,100	3,46	3,11	2,92	2,81	2,73	2,67	2,59	2,54	2,42	2,36	2,29
	0,050	5,32	4,46	4,07	3,84	3,69	3,58	3,44	3,35	3,15	3,04	2,93
	0,010	11,30	8,65	7,59	7,01	6,63	6,37	6,03	5,81	5,36	5,12	4,86
	0,001	25,40	18,50	15,80	14,40	13,50	12,90	12,00	11,50	10,50	9,92	9,33

Tabela 3
Valor-p por Valores de F
(Continuação)

ϕ_2	Valor-p	ϕ_1										
		1	2	3	4	5	6	8	10	20	40	∞
9	0,250	1,51	1,62	1,63	1,63	1,62	1,61	1,60	1,59	1,56	1,55	1,53
	0,100	3,36	3,01	2,81	2,69	2,61	2,55	2,47	2,42	2,30	2,23	2,16
	0,050	5,12	4,26	3,86	3,63	3,48	3,37	3,23	3,14	2,94	2,83	2,71
	0,010	10,6	8,02	6,99	6,42	6,06	5,80	5,47	5,26	4,81	4,57	4,31
	0,001	22,9	16,4	13,90	12,60	11,70	11,10	10,40	9,89	8,90	8,37	7,81
10	0,250	1,49	1,60	1,60	1,59	1,59	1,58	1,56	1,55	1,52	1,51	1,48
	0,100	3,28	2,92	2,73	2,61	2,52	2,46	2,38	2,32	2,20	2,13	2,06
	0,050	4,96	4,10	3,71	3,48	3,33	3,22	3,07	2,98	2,77	2,66	2,54
	0,010	10,00	7,56	6,55	5,99	5,64	5,39	5,06	4,85	4,41	4,17	3,91
	0,001	21,00	14,90	12,60	11,30	10,50	9,92	9,20	8,75	7,80	7,30	6,76
12	0,250	1,56	1,56	1,56	1,55	1,54	1,53	1,51	1,50	1,47	1,45	1,42
	0,100	3,18	2,81	2,61	2,48	2,39	2,33	2,24	2,19	2,06	1,99	1,90
	0,050	4,75	3,89	3,49	3,26	3,11	3,00	2,85	2,75	2,54	2,43	2,30
	0,010	9,33	6,93	5,95	5,41	5,06	4,82	4,50	4,30	3,86	3,62	3,36
	0,001	18,6	13,00	10,80	9,63	8,89	8,38	7,71	7,29	6,40	5,93	5,42

520 • Estatística Aplicada à Informática e às suas Novas Tecnologias

14	0,250	1,44	1,53	1,53	1,52	1,51	1,50	1,48	1,46	1,43	1,41	1,38
	0,100	3,10	2,73	2,52	2,39	2,31	2,24	2,15	2,10	1,96	1,89	1,80
	0,050	4,60	3,74	3,34	3,11	2,96	2,85	2,70	2,60	2,39	2,27	2,13
	0,010	8,86	5,51	5,56	5,04	4,69	4,46	4,14	3,94	3,51	3,27	3,00
	0,001	17,10	11,80	9,73	8,62	7,92	7,43	6,80	6,40	5,56	5,10	4,60
16	0,250	1,42	1,51	1,51	1,50	1,48	1,48	1,46	1,45	1,40	1,37	1,34
	0,100	3,05	2,67	2,46	2,33	2,24	2,18	2,09	2,03	1,89	1,81	1,72
	0,050	4,49	3,63	3,24	3,01	2,85	2,74	2,59	2,49	2,28	2,15	2,01
	0,010	8,53	6,23	5,29	4,77	4,44	4,20	3,89	3,69	3,26	3,02	2,75
	0,001	16,10	11,00	9,00	7,94	7,27	6,81	6,19	5,81	4,99	4,54	4,06
18	0,250	1,41	1,50	1,49	1,48	1,46	1,45	1,43	1,42	1,38	1,35	1,32
	0,100	3,01	2,62	2,42	2,29	2,20	2,13	2,04	1,98	1,84	1,75	1,66
	0,050	4,41	3,55	3,16	2,93	2,77	2,66	2,51	2,41	2,19	2,06	1,92
	0,010	8,29	6,01	5,09	4,58	4,25	4,01	3,71	3,51	3,08	2,84	2,57
	0,001	15,40	10,40	8,49	7,46	6,81	6,35	5,76	5,39	4,59	4,15	3,67
20	0,250	1,40	1,49	1,48	1,46	1,45	1,44	1,42	1,40	1,36	1,33	1,29
	0,100	2,97	2,59	2,38	2,25	2,16	2,09	2,00	1,94	1,79	1,71	1,61
	0,050	4,35	3,49	3,10	2,87	2,71	2,60	2,45	2,35	2,12	1,99	1,84
	0,010	8,10	5,85	4,94	4,43	4,10	3,87	3,56	3,37	2,94	2,69	2,42
	0,001	14,80	9,95	8,10	7,10	6,46	6,02	5,44	5,08	4,29	3,86	3,38
30	0,250	1,38	1,45	1,44	1,42	1,41	1,39	1,37	1,35	1,30	1,27	1,23
	0,100	2,88	2,49	2,28	2,14	2,05	1,98	1,88	1,82	1,67	1,57	1,46
	0,050	4,17	3,32	2,92	2,69	2,53	2,42	2,27	2,16	1,93	1,79	1,62
	0,010	7,56	5,39	4,51	4,02	3,70	3,47	3,17	2,98	2,55	2,30	2,01
	0,001	13,30	8,77	7,05	6,12	5,53	5,12	4,58	4,24	3,49	3,07	2,59

Anexos • 521

Tabela 3
Valor-p por Valores de F
(Continuação)

ϕ_2	Valor-p	ϕ_1										
		1	2	3	4	5	6	8	10	20	40	∞
40	0,250	1,36	1,44	1,42	1,40	1,39	1,37	1,35	1,33	1,28	1,24	1,19
	0,100	2,84	2,44	2,23	2,09	2,00	1,93	1,83	1,76	1,61	1,51	1,38
	0,050	4,08	3,23	2,84	2,61	2,45	2,34	2,18	2,08	1,84	1,69	1,51
	0,010	7,31	5,18	4,31	3,83	3,51	3,29	2,99	2,80	2,37	2,11	1,80
	0,001	12,60	8,25	6,60	5,70	5,13	4,73	4,21	3,87	3,15	2.73	2,23
60	0,250	1,35	1,42	1,41	1,38	1,37	1,35	1,32	1,30	1,25	1,21	1,15
	0,100	2,79	2,39	2,18	2,04	1,95	1,87	1,77	1,71	1,54	1,44	1,29
	0,050	4,00	3,15	2,76	2,53	2,37	2,25	2,10	1,99	1,75	1,59	1,39
	0,010	7,08	4,98	4,13	3,65	3,34	3,12	2,82	2,63	2,20	1,94	1,60
	0,001	12,00	7,76	6,17	5,31	4,76	4,37	3,87	3,54	2,83	2,41	1,89
120	0,250	1,34	1,40	1,39	1,37	1,35	1,33	1,30	1,28	1,22	1,18	1,10
	0,100	2,75	2,35	2,13	1,99	1,90	1,82	1,72	1,65	1,48	1,37	1,19
	0,050	3,92	3,07	2,68	2,45	2,29	2,17	2,02	1,91	1,66	1,50	1,25
	0,010	6,85	4,79	3,95	3,48	3,17	2,96	2,66	2,47	2,03	1,76	1,38
	0,001	11,40	7,32	5,79	4,95	4,42	4,04	3,55	3,24	2,53	2,11	1,54
∞	0,250	1,32	1,39	1,37	1,35	1,33	1,31	1,28	1,25	1,19	1,14	1,00
	0,100	2,71	2,30	2,08	1,94	1,85	1,77	1,67	1,60	1,42	1,30	1,00
	0,050	3,84	3,00	2,60	2,37	2,21	2,10	1,94	1,83	1,57	1,39	1,00
	0,010	6,63	4,61	3,78	3,32	3,02	2,80	2,51	2,32	1,88	1,59	1,00
	0,001	10,80	6,91	5,42	4,62	4,10	3,74	3,27	2,96	2,27	1,84	1,00

Tabela 4
Tabela de Tukey 0,01

ϕ_R	Nº de Colunas da ANOVA (K)									
	2	3	4	5	6	7	8	9	10	11
1	90,00	135,00	164,00	186,00	202,00	216,00	227,00	237,00	246,00	253,00
2	14,00	19,00	22,30	24,70	26,60	28,20	29,50	30,70	31,70	32,60
3	8,26	10,60	12,20	13,30	14,20	15,00	15,60	16,20	16,70	17,10
4	6,51	8,12	9,17	9,96	10,60	11,10	11,50	11,90	12,30	12,60
5	5,70	6,97	7,80	8,42	8,91	9,32	9,67	9,97	10,20	10,50
6	5,24	6,33	7,03	7,56	7,97	8,32	8,61	8,87	9,10	9,30
7	4,95	5,92	6,54	7,01	7,37	7,68	7,94	8,17	8,37	8,55
8	4,74	5,63	6,20	6,63	6,96	7,24	7,47	7,68	7,87	8,03
9	4,60	5,43	5,96	6,35	6,66	6,91	7,13	7,32	7,49	7,65
10	4,48	5,27	6,77	6,14	6,43	6,67	6,87	7,05	7,21	7,36
11	4,39	5,14	5,62	5,97	6,25	6,48	6,67	6,84	6,99	7,13
12	4,32	5,04	5,50	5,84	6,10	6,32	6,51	6,67	6,81	6,94
13	4,26	4,96	5,40	5,73	5,98	6,19	6,37	6,53	6,67	6,79
14	4,21	4,89	5,32	5,63	5,88	6,08	6,26	6,41	6,54	6,66
15	4,17	4,83	5,25	5,56	5,80	5,99	6,16	6,31	6,44	6,55
16	4,13	4,78	5,19	5,49	5,72	5,92	6,08	6,22	6,35	6,46
17	4,10	4,74	5,14	5,43	5,66	5,85	6,01	6,15	6,27	6,38
18	4,07	4,70	5,09	5,38	5,60	5,79	5,94	6,08	6,20	6,31
19	4,05	4,67	5,05	5,33	5,55	5,73	5,89	6,02	6,14	6,25
20	4,02	4,64	5,02	5,29	5,51	5,69	5,84	5,97	6,09	6,19
24	3,96	4,54	4,91	5,17	5,37	5,54	5,69	5,81	5,92	6,02
30	3,89	4,45	4,80	5,05	5,24	5,40	5,54	5,65	5,76	5,85
40	3,82	4,37	4,70	4,93	5,11	5,27	5,39	5,50	5,60	5,69
60	3,76	4,28	4,60	4,82	4,99	5,13	5,25	5,36	5,45	5,53
120	3,70	4,20	4,50	4,71	4,87	5,01	5,12	5,21	5,30	5,38
∞	3,64	4,12	4,40	4,60	4,76	4,88	4,99	5,08	5,16	5,23

Tabela 4
Tabela de Tukey 0,01
(Continuação)

ϕ_R	Nº de Colunas da ANOVA (K)								
	12	13	14	15	16	17	18	19	20
1	260,00	266,00	272,00	277,00	282,00	286,00	290,00	294,00	298,00
2	33,40	34,10	34,80	35,40	36,00	36,50	37,00	37,50	37,90
3	17,50	17,90	18,20	18,50	18,80	19,10	19,30	19,50	19,80
4	12,80	13,10	13,30	13,50	13,70	13,90	14,10	14,20	14,40
5	10,70	10,90	11,10	11,20	11,40	11,60	11,70	11,80	11,90
6	9,49	9,65	9,81	9,95	10,10	10,20	10,30	10,40	10,50
7	8,71	8,86	9,00	9,12	9,24	9,35	9,46	9,55	9,65
8	8,18	8,31	8,44	8,55	8,66	8,76	8,85	8,94	9,03
9	7,78	7,91	8,03	8,13	8,23	8,32	8,41	8,15	8,22
10	7,48	7,60	7,71	7,81	7,91	7,99	8,07	8,15	8,22
11	7,25	7,36	7,46	7,56	7,65	7,73	7,81	7,88	7,95
12	7,06	7,17	7,26	7,36	7,44	7,52	7,59	7,66	7,73
13	6,90	7,01	7,10	7,19	7,27	7,34	7,42	7,48	7,55
14	6,77	6,87	6,96	7,05	7,12	7,20	7,27	7,33	7,39
15	6,66	6,76	6,84	6,93	7,00	7,07	7,14	7,20	7,26
16	6,56	6,66	6,74	6,82	6,90	6,97	7,03	7,09	7,15
17	6,48	6,57	6,66	6,73	6,80	6,87	6,94	7,00	7,05
18	6,41	6,50	6,58	6,65	6,72	6,79	6,85	6,91	6,96
19	6,34	6,43	6,51	6,58	6,65	6,72	6,78	6,84	6,89
20	6,29	6,37	6,45	6,52	6,59	6,65	6,71	6,76	6,82
24	6,11	6,19	6,26	6,33	6,39	6,45	6,51	6,56	6,61
30	5,93	6,01	6,08	6,14	6,20	6,26	6,31	6,36	6,41
40	5,77	5,84	5,90	5,96	6,02	6,07	6,12	6,17	6,21
60	5,60	5,67	5,73	5,79	5,84	5,89	5,93	5,98	6,02
120	5,44	5,51	5,56	5,61	5,66	5,71	5,75	5,79	5,83
∞	5,29	5,35	5,40	5,45	5,49	5,54	5,57	5,61	5,65

Tabela 4
Tabela de Tukey 0,05

ϕ_R	Nº de Colunas da ANOVA (K)									
	2	3	4	5	6	7	8	9	10	11
1	18,00	27,00	32,80	37,10	40,40	43,10	45,40	47,40	49,10	50,60
2	6,08	8,33	9,80	10,90	11,70	12,40	13,00	13,50	14,00	14,40
3	4,50	5,91	6,82	7,50	8,04	8,48	8,85	9,18	9,46	9,72
4	3,93	5,04	5,76	6,29	6,71	7,05	7,35	7,60	7,83	8,03
5	3,64	4,60	5,22	5,67	6,03	6,33	6,58	6,80	6,99	7,17
6	3,46	4,34	4,90	5,30	5,63	5,90	6,12	6,32	6,49	6,65
7	3,34	4,16	4,68	5,06	5,36	5,61	5,82	6,00	6,16	6,30
8	3,26	4,04	4,53	4,89	5,17	5,40	5,60	5,77	5,92	6,05
9	3,20	4,95	4,41	4,76	5,02	5,24	5,43	5,59	5,74	5,87
10	3,15	3,88	4,33	4,65	4,91	5,12	5,30	5,46	5,60	5,72
11	3,11	3,82	4,26	4,57	4,82	5,03	5,20	5,35	5,49	5,61
12	3,08	3,77	4,20	4,51	4,75	4,95	5,12	5,27	5,39	5,51
13	3,06	3,73	4,15	4,45	4,69	4,88	5,05	5,19	5,32	5,43
14	3,03	3,70	4,11	4,41	4,64	4,83	4,99	5,13	5,25	5,36
15	3,01	3,67	4,08	4,37	4,59	4,78	4,94	5,08	5,20	5,31
16	3,00	3,65	4,05	4,33	4,56	4,74	4,90	5,03	5,15	5,26
17	2,98	3,63	4,02	4,30	4,52	4,70	4,86	4,99	5,11	5,21
18	2,97	3,61	4,00	4,28	4,49	4,67	4,82	4,96	5,07	5,17
19	2,96	3,59	3,98	4,25	4,47	4,65	4,79	4,92	5,04	5,14
20	2,95	3,58	3,96	4,23	4,45	4,62	4,77	4,90	5,01	5,11
24	2,92	3,53	3,90	4,17	4,37	4,54	4,68	4,81	4,92	5,01
30	2,89	3,49	3,85	4,10	4,30	4,46	4,60	4,72	4,82	4,92
40	2,86	3,44	3,79	4,04	4,23	4,39	4,52	4,63	4,73	4,82
60	2,83	3,40	3,74	3,98	4,16	4,31	4,44	4,55	4,65	4,73
120	2,80	3,36	3,68	3,92	4,10	4,24	4,36	4,47	4,56	4,64
∞	2,77	3,31	3,63	3,86	4,03	4,17	4,29	4,39	4,47	4,55

Anexos • 525

Tabela 4
Tabela de Tukey 0,05
(Continuação)

ϕ_R	Nº de Colunas da ANOVA (K)								
	12	13	14	15	16	17	18	19	20
1	52,00	53,20	54,30	55,40	56,30	57,20	58,00	58,80	59,60
2	14,70	15,10	15,40	15,70	15,90	16,10	16,40	16,60	16,80
3	9,95	10,20	10,30	10,50	10,70	10,80	11,00	11,10	11,20
4	8,21	8,37	8,52	8,66	8,79	8,91	9,03	9,13	9,23
5	7,32	7,47	7,60	7,72	7,83	7,93	8,03	8,12	8,21
6	6,79	6,92	7,03	7,14	7,24	7,34	7,43	7,51	7,59
7	6,43	6,55	6,66	6,76	6,85	6,94	7,02	7,10	7,17
8	6,18	6,29	6,39	6,48	6,57	6,65	6,73	6,80	6,87
9	5,98	6,09	6,19	6,28	6,36	6,44	6,51	6,58	6,64
10	5,83	5,93	6,03	6,11	6,19	6,27	6,34	6,40	6,47
11	5,71	5,81	5,90	5,98	6,06	6,13	6,20	6,27	6,33
12	5,61	5,71	5,80	5,88	5,95	6,02	6,09	6,15	6,21
13	5,53	5,63	5,71	5,79	5,86	5,93	5,99	6,05	6,11
14	5,46	5,55	5,64	5,71	5,79	5,85	5,91	5,97	6,03
15	5,40	5,49	5,57	5,65	5,72	5,78	5,85	5,90	5,96
16	5,35	5,44	5,52	5,59	5,66	5,73	5,79	5,84	5,90
17	5,31	5,39	5,47	5,54	5,61	5,67	5,73	5,79	5,84
18	5,27	5,35	5,43	5,50	5,57	5,63	5,69	5,74	5,79
19	5,23	5,31	5,39	5,46	5,53	5,59	5,65	5,70	5,75
20	5,20	5,28	5,36	5,43	5,49	5,55	5,61	5,66	5,71
24	5,10	5,18	5,25	5,32	5,38	5,44	5,49	5,55	5,59
30	5,00	5,08	5,15	5,21	5,27	5,33	5,38	5,43	5,47
40	4,90	4,98	5,04	5,11	5,16	5,22	5,27	5,31	5,36
60	4,81	4,88	4,94	5,00	5,06	5,11	5,15	5,20	5,24
120	4,71	4,78	4,84	4,90	4,95	5,00	5,04	5,09	5,13
∞	4,62	4,68	4,74	4,80	4,85	4,89	4,93	4,97	5,01

Tabela 4
Tabela de Tukey 0,10

ϕ_R	Nº de Colunas da ANOVA (K)									
	2	3	4	5	6	7	8	9	10	11
1	8,93	13,40	16,40	18,50	20,20	21,50	22,60	23,60	24,50	25,20
2	4,13	5,73	6,77	7,54	8,14	8,63	9,05	9,41	9,72	10,00
3	3,33	4,47	5,20	5,74	6,16	6,51	6,81	7,26	7,29	7,49
4	3,01	3,98	4,59	5,03	5,39	5,68	5,93	6,14	6,33	6,49
5	2,85	3,72	4,26	4,66	4,98	5,24	5,46	5,65	5,82	5,97
6	2,75	3,56	4,07	4,44	4,73	4,97	5,17	5,34	5,50	5,64
7	2,68	3,45	3,93	4,28	4,55	4,78	4,97	5,14	5,28	5,41
8	2,63	3,37	3,83	4,17	4,43	4,65	4,83	4,99	5,13	5,25
9	2,59	3,32	3,76	4,08	4,34	4,54	4,72	4,87	5,01	5,13
10	2,56	3,27	3,70	4,02	4,26	4,47	4,64	4,78	4,91	5,03
11	2,54	3,23	3,66	3,96	4,20	4,40	4,57	4,71	4,84	4,95
12	2,52	3,20	3,62	3,92	4,16	4,35	4,51	4,65	4,78	4,89
13	2,50	3,18	3,59	3,88	4,12	4,30	4,46	4,60	4,72	4,83
14	2,49	3,16	3,56	3,85	4,08	4,27	4,42	4,56	4,68	4,79
15	2,48	3,14	3,54	3,83	4,05	4,23	4,39	4,52	4,64	4,75
16	2,47	3,12	3,52	3,80	4,03	4,21	4,36	4,49	4,61	4,71
17	2,46	3,11	3,50	3,78	4,00	4,18	4,33	4,46	4,58	4,68
18	2,45	3,10	3,49	3,77	3,98	4,16	4,31	4,44	4,55	4,65
19	2,45	3,09	3,47	3,75	3,97	4,14	4,29	4,42	4,53	4,63
20	2,44	3,08	3,46	3,74	3,95	4,12	4,27	4,40	4,51	4,61
24	2,42	3,05	3,42	3,69	3,90	4,07	4,21	4,34	4,44	4,54
30	2,40	3,02	3,39	3,65	3,85	4,02	4,16	4,28	4,38	4,47
40	2,38	2,99	3,35	3,60	3,80	3,96	4,10	4,21	4,32	4,41
60	2,36	2,96	3,31	3,56	3,75	3,91	4,04	4,16	4,25	4,34
120	2,34	2,93	3,28	3,52	3,71	3,86	3,99	4,10	4,19	4,28
∞	2,33	2,90	3,24	3,48	3,66	3,81	3,93	4,04	4,13	4,21

Tabela 4
Tabela de Tukey 0,10
(Continuação)

ϕ_R	Nº de Colunas da ANOVA (K)								
	12	13	14	15	16	17	18	19	20
1	25,90	26,50	27,10	27,60	28,10	28,50	29,00	29,30	29,70
2	10,30	10,50	10,70	10,90	11,10	11,20	11,40	11,50	11,70
3	7,67	7,83	7,98	8,12	8,25	8,37	8,48	8,58	8,68
4	6,63	6,78	6,91	7,02	7,13	7,23	7,33	7,41	7,50
5	6,10	6,22	6,34	6,44	6,54	6,63	6,71	6,79	6,86
6	5,76	5,87	5,98	6,07	6,16	6,25	6,32	6,40	6,47
7	5,53	5,64	5,74	5,83	5,91	5,99	6,06	6,13	6,19
8	5,36	5,46	5,56	5,64	5,72	5,80	5,87	5,93	6,00
9	5,23	5,33	5,42	5,51	5,58	5,66	5,72	5,79	5,85
10	5,13	5,23	5,32	5,40	5,47	5,54	5,61	5,67	5,73
11	5,05	5,15	5,23	5,31	5,38	5,45	5,51	5,57	5,63
12	4,99	5,08	5,16	5,24	5,31	5,37	5,44	5,49	5,55
13	4,93	5,02	5,10	5,18	5,25	5,31	5,37	5,43	5,48
14	4,88	4,97	5,05	5,12	5,19	5,26	5,32	5,37	5,43
15	4,84	4,93	5,01	5,08	5,15	5,21	5,27	5,32	5,38
16	4,81	4,89	4,97	5,04	5,11	5,17	5,23	5,28	5,33
17	4,77	4,86	4,93	5,01	5,07	5,13	5,19	5,24	5,30
18	4,75	4,83	4,90	4,98	5,04	5,10	5,16	5,21	5,26
19	4,72	4,80	4,88	4,95	5,01	5,07	5,13	5,18	5,23
20	4,70	4,78	4,85	4,92	4,99	5,05	5,10	5,16	5,20
24	4,63	4,71	4,78	4,85	4,91	4,97	5,02	5,07	5,12
30	4,56	4,64	4,71	4,77	4,83	4,89	4,94	4,99	5,03
40	4,49	4,56	4,63	4,69	4,75	4,81	4,86	4,90	4,95
60	4,42	4,49	4,56	4,62	4,67	4,73	4,78	4,82	4,86
120	4,35	4,42	4,48	4,54	4,60	4,65	4,69	4,74	4,78
∞	4,28	4,35	4,41	4,47	4,52	4,57	4,61	4,65	4,69

Estatística Aplicada à Informática e às suas Novas Tecnologias – Volume 1

Autor: Giovani Glaucio de Oliveira Costa
440 páginas
1ª edição - 2014
Formato: 16 x 23
ISBN: 978-85-399-0556-0

"Estatística Aplicada à Informática e às suas Novas Tecnologias" não pressupõe conhecimentos anteriores do assunto, pois foi escrito para quem se inicia no aprendizado dessa matéria.

O livro enfatiza a relação das técnicas estatísticas com a Informática e suas novas tecnologias, o que o diferencia dos livros-texto de Estatística, que tem foco em formalismos matemáticos da pesquisa quantitativa. Decorre que é uma obra fácil de ler e explora o uso efetivo de técnicas estatísticas nas áreas de sistemas de informação, ciência da computação e engenharia da computação, incluindo solução de problemas que envolvem hoje novas tecnologias, como, internet, redes sociais, chats de bate papo e smartphones, usando exemplos do cotidiano do profissional de Informática e do internauta.

O texto, de leitura moderna e agradável, é repleto de exemplos e exercícios, extraídos da vida real, da pesquisa acadêmica e de negócios. Para facilitar a fixação de conceitos, logo após a explicação teórica é apresentado, pois, um ou mais exemplos. O livro propõe todos os exercícios na área de Informática resolvidos. São apresentados também, textos com projetos e/ou pesquisas em "cases" na área de Informática.

À venda nas melhores livrarias.

Estatística com BrOffice

Autor: Marcos José Mundim
432 páginas
1ª edição - 2010
Formato: 16 x 23
ISBN: 978-85-7393-903-3

A suíte de escritório BROffice.org vem conquistando um número crescente de usuários, como alternativa livre e gratuita ao caro similar da Microsoft e à pirataria. Totalmente compatível com o MSOffice, a suíte fornece ferramentas que possibilitam a execução de toda a análise estatística básica. Dedicado a profissionais de diferentes áreas, como engenharias, medicina, sociologia, economia, etc., o livro apresenta uma revisão dos conceitos da estatística básica, descritiva e inferencial. Mostra como utilizar as ferramentas estatísticas incluídas no BROffice.org para a solução de problemas, desde o simples cálculo de média e desvio-padrão até a regressão linear múltipla e a análise de variância.

À venda nas melhores livrarias.

Impressão e acabamento
Gráfica da Editora Ciência Moderna Ltda.
Tel: (21) 2201-6662